2025年度版

京都府の
論作文・面接

過　去　問

協同教育研究会 編

協同出版

はじめに〜「過去問」シリーズ利用に際して〜

　教育を取り巻く環境は変化しつつあり，日本の公教育そのものも，教員免許更新制の廃止やGIGAスクール構想の実現などの改革が進められています。また，現行の学習指導要領では「主体的・対話的で深い学び」を実現するため，指導方法や指導体制の工夫改善により，「個に応じた指導」の充実を図るとともに，コンピュータや情報通信ネットワーク等の情報手段を活用するために必要な環境を整えることが示されています。

　一方で，いじめや体罰，不登校，暴力行為など，教育現場の問題もあいかわらず取り沙汰されており，教員に求められるスキルは，今後さらに高いものになっていくことが予想されます。

　本書の基本構成としては，論作文・面接試験の概要，過去数年間の論作文の過去問題及びテーマと分析と論点，面接試験の内容を掲載しています。各自治体や教科によって掲載年数をはじめ，論作文の書き方や面接試験対策を掲載するなど，内容が異なります。

　また原則的には一般受験を対象としております。特別選考等については対応していない場合があります。なお，実際に出題された順番や構成を，編集の都合上，変更している場合があります。あらかじめご了承ください。

　みなさまが，この書籍を徹底的に活用し，教員採用試験の合格を勝ち取って，教壇に立っていただければ，それはわたくしたちにとって最上の喜びです。

協同教育研究会

CONTENTS

第1部

論作文・面接試験
の概要

論作文試験の概要

▌論作文試験の意義

　近年の論作文では，受験者の知識や技術はもちろんのこと，より人物重視の傾向が強くなってきている。それを見る上で，各教育委員会で論作文と面接型の試験を重視しているのである。論作文では，受験者の教職への熱意や教育問題に対する理解や思考力，そして教育実践力や国語力など，教員として必要な様々な資質を見ることができる。あなたの書いた論作文には，あなたという人物が反映されるのである。その意味で論作文は，記述式の面接試験とは言え，合否を左右する重みを持つことが理解できるだろう。

　論作文には，教職教養や専門教養の試験と違い，完全な正答というものは存在しない。読み手は，表現された内容を通して，受験者の教職の知識・指導力・適性などを判定すると同時に，人間性や人柄を推しはかる。論作文の文章表現から，教師という専門職にふさわしい熱意と資質を有しているかを判断しているのである。

　論作文を書き手，つまり受験者の側から見れば，論作文は自己アピールの場となる。そのように位置付ければ，書くべき方向が見えてくるはずである。自己アピール文に，教育評論や批判，ましてやエッセイを書かないであろう。論作文は，読み手に自分の教育観や教育への熱意を伝え，自分を知ってもらうチャンスに他ならないのである

　以上のように論作文試験は，読み手(採用側)と書き手(受験者)の双方を直接的につなぐ役割を持っているのである。まずはこのことを肝に銘じておこう。

▌論作文試験とは

　文章を書くということが少なくなった現在でも，小中学校では作文，

大学では論文が活用されている。また社会人になっても，企業では企画書が業務の基礎になっている。では，論作文の論作文とは具体的にはどのようなものなのだろうか。簡単に表現してしまえば，作文と論文と企画書の要素を足したものと言える。

小学校時代から慣れ親しんだ作文は，自分の経験や思い出などを，自由な表現で綴ったものである。例としては，遠足の作文や読書感想文などがあげられる。遠足はクラス全員が同じ行動をするが，作文となると同じではない。異なる視点から題材を構成し，各々が自分らしさを表現したいはずである。作文には，自分が感じたことや体験したことを自由に率直に表現でき，書き手の人柄や個性がにじみ出るという特質がある。

一方，作文に対して論文は，与えられた条件や現状を把握し，論理的な思考や実証的なデータなどを駆使して結論を導くものである。この際に求められるのは，正確な知識と分析力，そして総合的な判断力と言える。そのため，教育に関する論文を書くには，現在の教育課題や教育動向を注視し，絶えず教育関連の流れを意識しておくことが条件になる。勉強不足の領域での論文は，十分な根拠を示すことができずに，説得力を持たないものになってしまうからである。

企画書は，現状の分析や把握を踏まえ，実現可能な分野での実務や計画を提案する文書である。新しい物事を提案し認めてもらうには，他人を納得させるだけの裏付けや意義を説明し，企画に対する段取りや影響も予測する必要がある。何事においても，当事者の熱意や積極性が欠けていては，構想すら不可能である。このように企画書からは，書き手の物事への取り組む姿勢や，将来性が見えてくると言える。

論作文には，作文の経験を加味した独自の部分と，論文の知識と思考による説得力を持つ部分と，企画書の将来性と熱意を表現する部分を加味させる。実際の論作文試験では，自分が過去にどのような経験をしたのか，現在の教育課題をどのように把握しているのか，どんな理念を持ち実践を試みようと思っているのか，などが問われる。このことを念頭に置いた上で，論作文対策に取り組みたい。

面接試験の概要

▌面接試験の意義

　論作文における筆記試験では，教員として必要とされる一般教養，教職教養，専門教養などの知識やその理解の程度を評価している。また，論作文では，教師としての資質や表現力，実践力，意欲や教育観などをその内容から判断し評価している。それに対し，面接試験は，教師としての適性や使命感，実践的指導能力や職務遂行能力などを総合し，個人の人格とともに人物評価を行おうとするものである。

　教員という職業は，児童・生徒の前に立ち，模範となったり，指導したりする立場にある。そのため，教師自身の人間性は，児童・生徒の人間形成に大きな影響を与えるものである。そのため，特に教員採用においては，面接における人物評価は重視されるべき内容であり，最近ではより面接が重視されるようになってきている。

▌面接試験とは

　面接試験は，すべての自治体の教員採用選考試験において実施されている。最近では，教育の在り方や教師の役割が厳しく見直され，教員採用の選考においても教育者としての資質や人柄，実践的指導力や社会的能力などを見るため，面接を重視するようになってきている。特に近年では，1次選考で面接試験を実施したり，1次，2次選考の両方で実施するところも多くなっている。

　面接の内容も，個人面接，集団面接，集団討議(グループ・ディスカッション)，模擬授業，場面指導といったように多様な方法で複数の面接試験を行い，受験者の能力，適性，人柄などを多面的に判断するようになってきている。

　最近では，全国的に集団討議(グループ・ディスカッション)や模擬授

6

業を実施するところが多くなり，人柄や態度だけでなく，教員としての社会的な能力の側面や実践的な指導能力についての評価を選考基準として重視するようになっている。内容も各自治体でそれぞれに工夫されていて，板書をさせたり，号令をかけさせたりと様々である。

このように面接が重視されてきているにもかかわらず，筆記試験への対策には，十分な時間をかけていても，面接試験の準備となると数回の模擬面接を受ける程度の場合がまだ多いようである。

面接で必要とされる知識は，十分な理解とともに，あらゆる現実場面において，その知識を活用できるようになっていることが要求される。知っているだけでなく，その知っていることを学校教育の現実場面において，どのようにして実践していけるのか，また，実際に言葉や行動で表現することができるのか，といったことが問われている。つまり，知識だけではなく，智恵と実践力が求められていると言える。

なぜそのような傾向へと移ってきているのだろうか。それは，いまだ改善されない知識偏重の受験競争をはじめとして，不登校，校内暴力だけでなく，大麻，MDMA，覚醒剤等のドラッグや援助交際などの青少年非行の増加・悪質化に伴って，教育の重要性，教員の指導力・資質の向上が重大な関心となっているからである。

今，教育現場には，頭でっかちのひ弱な教員は必要ない。このような複雑・多様化した困難な教育状況の中でも，情熱と信念を持ち，人間的な触れ合いと実践的な指導力によって，改善へと積極的に努力する教員が特に必要とされているのである。

■ 面接試験のねらい

面接試験のねらいは，筆記試験ではわかりにくい人格的な側面を評価することにある。面接試験を実施する上で，特に重視される視点としては次のような項目が挙げられる。

① 人物の総合的評価　面接官が実際に受験者と対面することで，容姿，態度，言葉遣いなどをまとめて観察し，人物を総合的に評価することができる。これは面接官の直感や印象によるところが大きい

　が，教師は児童・生徒や保護者と全人的に接することから，相手に好印象を与えることは好ましい人間関係を築くために必要な能力と言える。

②　性格・適性の判断　面接官は，受験者の表情や応答態度などの観察から性格や教師としての適性を判断しようとする。実際には，短時間での面接のため，社会的に，また，人生の上でも豊かな経験を持った学校長や教育委員会の担当者などが面接官となっている。

③　志望動機・教職への意欲などの確認　志望動機や教職への意欲などについては，論作文でも判断することもできるが，面接では質問による応答経過の観察によって，より明確に動機や熱意を知ろうとしている。

④　コミュニケーション能力の観察　応答の中で，相手の意思の理解と自分の意思の伝達といったコミュニケーション能力の程度を観察する。中でも，質問への理解力，判断力，言語表現能力などは，教師として教育活動に不可欠な特性と言える。

⑤　協調性・指導性などの社会的能力(ソーシャル・スキル)の観察　ソーシャル・スキルは，教師集団や地域社会との関わりや個別・集団の生徒指導において，教員として必要とされる特性の一つである。これらは，面接試験の中でも特に集団討議(グループ・ディスカッション)などによって観察・評価されている。

⑥　知識・教養の程度や教職レディネスを知る　筆記試験において基本的な知識・教養については評価されているが，面接試験においては，さらに質問を加えることによって受験者の知識・教養の程度を正確に知ろうとしている。また，具体的な教育課題への対策などから，教職への準備の程度としての教職レディネス(準備性)を知る。

第2部

京都府の
論作文・面接
実施問題

2024年度　論作文実施問題

【全校種・1次試験】40分

●テーマ

> 　京都府教育委員会では,「第2期　京都府教育振興プラン」において,「多様な他者と関わり対話を通じて学びあうという学校の営みを大切にしながら, これからの学びを支えるICTや先端技術を効果的に活用し, 時代の変化に応じた教育を行わなければなりません」と示しています。
>
> 　この「多様な他者と関わり対話を通じて学びあうという学校の営み」を大切にするとした理由や背景について, あなたの考えを述べなさい。また, そうした理由や背景を踏まえて,「時代の変化に応じた教育」をあなたはどのように実践していきたいと考えますか, 具体的に述べなさい。

●方針と分析

(方針)

　第2期京都府教育振興プランが強調する「多様な他者と関わり, 対話を通じて学び合う営み」を大切にした学校教育を進めることの意義や背景, 重要性などについて論じたうえで, 時代の変化に応じた教育をどのように進めていくか具体的に述べる。

(分析)

　令和3年1月の中央教育審議会答申「『令和の日本型学校教育』の構築を目指して～全ての子供たちの可能性を引き出す, 個別最適な学びと, 協働的な学びの実現～」では,「明治から続く我が国の学校教育の蓄積である『日本型学校教育』の良さを受け継ぎながら更に発展さ

せ……，新学習指導要領を着実に実施することが求められており」と
して，良さを受け継ぎ発展させていくことを求めている。この「良さ」
について，答申では「本来の日本型学校教育の持つ，授業において子
供たちの思考を深める『発問』を重視してきたことや，子供一人一人
の多様性と向き合いながら一つのチーム(目標を共有し活動を共に行う
集団)としての学びに高めていく，という強みを最大限に生かしていく
ことが重要である」としている。

　また，小学校学習指導要領解説の総則編においても「児童や学校の
実態，指導の内容に応じ，『主体的な学び』，『対話的な学び』，『深い
学び』の視点から授業改善を図ることが重要である」としたうえで，
「対話的な学び」について「子供同士の協働，教職員や地域の人との
対話，先哲の考え方を手掛かりに考えること等を通じ，自己の考えを
広げ深める『対話的な学び』が実現できているかという視点」を大切
にすることを強調している。

　第2期京都府教育振興プランでは，「目指す人間像」として，めまぐ
るしく変化していく社会において，変化を前向きにとらえて主体的に
行動し，よりよい社会と幸福な人生を創り出せる人を掲げ，そのため
に「はぐくみたい力」として「主体的に学び考える力」「多様な人と
つながる力」「新たな価値を生み出す力」の3つを挙げている。ここに，
「多様な他者と関わり，対話を通じて学び合う営み」を大切にすべき
基本があると考えられる。

●作成のポイント

　小論文の構成は，序論・本論・結論の三部構成とする。

　序論では，京都府教育振興プランが強調する「多様な他者と関わり，
対話を通じて学び合う営み」を大切にした学校教育を進めることの意
義や背景，重要性について論じる。めまぐるしく変化していく社会だ
からこそ，変化を前向きにとらえて主体的に行動し，多くの人との対
話・協働を通してよりよい社会と幸福な人生を創り出すことの重要性
を強調したい。

　本論では，そうした学校教育を重視していくためにどのような教育活動を行うか，二つ程度に整理して論じる。本論の内容は校種にもよるが，一つは学級経営，もう一つは学習指導など，異なる視点からの方策にすると，幅広い考えをもっていることのアピールとなるだろう。

　結論では，これからの京都府を担っていく人材を育成するため，学び続ける京都府の教師として研究・研修に励み，情熱をもって教育にあたる旨の強い決意を述べて，小論文をまとめる。

2023年度　論作文実施問題

【全校種・1次試験】40分
※テーマA，テーマ Bのいずれかが出題される。

●テーマ A

　京都府教育委員会では，子どもたちに目指す人間像として「めまぐるしく変化していく社会において，変化を前向きにとらえて主体的に行動し，よりよい社会と幸福な人生を創り出せる人」と定めています。
　この「目指す人間像」が示された理由や背景について，あなたの考えを述べなさい。また，この「目指す人間像」の実現に向け，あなたはどのような教育活動に取り組んでいきたいと考えますか，具体的に述べなさい。

●方針と分析

(方針)
　「変化を前向きにとらえて主体的に行動し，よりよい社会と幸福な人生を創り出せる人」を育成することの重要性について論じたうえで，この人間像の育成に向けてどのような教育活動に取り組んでいくか具体的に論述する。

(分析)
　令和3年1月26日，中央教育審議会は「『令和の日本型学校教育』の構築を目指して～全ての子供たちの可能性を引き出す，個別最適な学びと，協働的な学びの実現～(答申)」を示した。その中で「経済協力開発機構(OECD)では……子供たちがウェルビーイング(Well-being)を実現していくために自ら主体的に目標を設定し，振り返りながら，責

任ある行動がとれる力を身に付けることの重要性が指摘されている」と述べられており，「ウェルビーイング」という用語が用いられている。また，ウェルビーイングと目指す社会，資質・能力に関して，この答申と同時期に並行して審議された内閣官房の教育再生実行会議の第十二次提言では，「ポストコロナ期における新たな学びの在り方を考えていくに当たって，……一人一人の多様な幸せであるとともに社会全体の幸せでもあるウェルビーイング(Well-being)の理念の実現を目指すことが重要であるとの結論に至りました。この幸せとは，経済的な豊かさだけでなく，精神的な豊かさや健康も含まれ，このような幸せが実現される社会は，多様性と包摂性のある持続可能な社会でもあります。こうした社会を実現していくためには，一人一人が自分の身近なことから他者のことや社会の様々な問題に至るまで関心を寄せ，社会を構成する当事者として，自ら主体的に考え，責任ある行動をとることができるようになることが大切です。こうした個人を育むためには，我が国の教育を学習者主体の視点に転換していく必要があります。」と述べられており，ウェルビーイングが，個々の幸福だけでなくよりよい社会との両立を目指す概念であることがよく分かる。

　また京都府教育委員会においては，目指す人間像の必要な力のひとつとして多様な人とつながる力が，あげられている。多様な人との関わりの中，どのように主体的に動いていけるかが鍵となっている。ここに，設問の人間像の理由が存在しているといえるだろう。

●作成のポイント

　小論文の構成は，序論・本論・結論の三部構成とする。

　序論では，京都府が目指す人間像である「変化を前向きにとらえて主体的に行動し，よりよい社会と幸福な人生を創り出せる人」を育成することの重要性について論じる。変化が激しい社会だからこそ，主体的に行動することの重要性を論じたい。また，よりよい社会と幸福な人生を一体として考えることの重要性も指摘したい。

　本論では，そうした人間を育成していくためにどのような教育活動

を行うか，二つ程度に整理して論じる。本論の内容は校種にもよるが，一つは学級経営，もう一つは学習指導など，異なる視点からの方策にすると，幅広い考えをもっていることのアピールとなるだろう。

　結論では，これからの京都を担っていく人材を育成するため，学び続ける京都市の教師として研究・研修に励み，情熱をもって教育にあたる旨の強い決意を述べて小論文をまとめる。

●テーマ B

> 　京都府教育委員会では，「教育環境日本一プロジェクト」の共通アプローチとして，ICTの積極的な活用を示しています。
>
> 　教育現場においてICTの積極的な活用が求められている理由について，昨今の子どもを取り巻く環境や課題を踏まえ，あなたの考えを述べなさい。また，あなたはICT活用の利点を生かしてどのような教育活動に取り組んでいきたいと考えますか，その効果とともに具体的な活用事例をあげながら述べなさい。

●方針と分析

(方針)

　学校教育において，ICTの活用が積極的に求められる意味や意義について論じたうえで，ICTの利点を活用してどのような教育活動に取り組んでいくか具体的に論述する。

(分析)

　新型コロナウイルス感染症の流行に伴い，文部科学省のGIGAスクール構想が先取りして進められた。GIGAスクール構想とは「1人1台端末及び高速大容量の通信ネットワークを一体的に整備するとともに，並行してクラウド活用推進，ICT機器の整備調達体制の構築，利活用優良事例の普及，利活用のPDCAサイクル徹底等を進めることで，多様な子供たちを誰一人取り残すことのない，公正に個別最適化され

た学びを全国の学校現場で持続的に実現させる。」という構想である。

　この構想に関して、文部科学大臣メッセージでは「1人1台端末環境は、もはや令和の時代における学校の『スタンダード』であり、特別なことではありません。これまでの我が国の150年に及ぶ教育実践の蓄積の上に、最先端のICT教育を取り入れ、これまでの実践とICTとのベストミックスを図っていくことにより、これからの学校教育は劇的に変わります。」と述べている。ここでは、「これまでの教育活動の成果を踏まえて最先端のICT教育を取り入れる」という考え方に着目することが重要である。また、同メッセージでは「ICT環境の整備は手段であり目的ではないということです。子供たちが変化を前向きに受け止め、豊かな創造性を備え、持続可能な社会の創り手として、予測不可能な未来社会を自立的に生き、社会の形成に参画するための資質・能力を一層確実に育成していくことが必要です。その際、子供たちがICTを適切・安全に使いこなすことができるようネットリテラシーなどの情報活用能力を育成していくことも重要です。」と述べていることにも着目しておきたい。

　さらに、学習指導要領解説・総則編では、「情報活用能力は、世の中の様々な事象を情報とその結び付きとして捉え、情報及び情報技術を適切かつ効果的に活用して、問題を発見・解決したり自分の考えを形成したりしていくために必要な資質・能力である」と、その重要性を指摘している。そのうえで「各学校において日常的に情報技術を活用できる環境を整え、全ての教科等においてそれぞれの特質に応じ、情報技術を適切に活用した学習活動の充実を図ることが必要である」としている。

　京都府教育委員会もこうした政府の方針を受けて「教育環境日本一プロジェクト」を立ち上げた。子育て環境日本一を実現するために教育環境の充実が必須であり、同プロジェクトでは、さまざまな教育課題に対してICTを活用しながら重点的・横断的な改善をめざすとしている。また、京都府教育委員会では、「主体的に学び考える力」「多様な人とつながる力」「新たな価値を生み出す力」という3つの力の育成

を重視しており，このような力を子どもたちや教員が育むためには，ICTの活用は欠かせないという考え方に立っている。

●作成のポイント

　小論文の構成は，序論・本論・結論の三部構成とする。

　序論では，学校教育においてICTを活用することの意味，意義，重要性について論じる。1人1台端末環境は，もはや令和の時代における学校の「スタンダード」であるという時代背景，情報及び情報技術を，適切かつ効果的に活用する必要性などに触れて論じたい。

　本論では，ICTの利点を生かしてどのような教育活動に取り組むか，二つ程度に整理して論じる。本論の内容は校種にもよるが，一つは情報の収集と分析，もう一つは情報の発信など，異なる視点からの方策にすると，幅広い考えをもっていることのアピールとなるだろう。

　結論では，そうしたこれからの京都を担っていく人材を育成するため，ICTを効果的に活用できるよう自身の研究・研修に励み，情熱をもって教育にあたる旨の強い決意を述べて小論文をまとめる。

2022年度　論作文実施問題

【全校種・1次試験】　40分
※テーマA，テーマBのいずれかが出題される。

●テーマA

　京都府教育委員会では，「認知能力と非認知能力を一体的にはぐくむ教育の展開」を学校教育の重点の中に掲げていますが，その必要性について，昨今の子どもを取り巻く状況や課題を踏まえ，あなたの考えを述べなさい。

　また，これらの能力を一体的にはぐくむために，あなたはどのような取組をしていきたいと考えますか，具体的に述べなさい。

【注】

認知能力：知識の量や技能の習熟度など学力テスト・検査等により「数値で示すことが可能とされる力」

非認知能力：コミュニケーション能力や自尊心，社会性など「数値で示すことが困難とされる力」

●方針と分析

(方針)

　「認知能力と非認知能力を一体的にはぐくむ教育の展開」の必要性について，昨今の子どもを取り巻く状況や課題を踏まえ，自分自身の考えを述べるとともに，これらの能力を一体的にはぐくむために，教員としてどのような取組をしていきたいか，具体的に述べる。

(分析)

　まず，キーワードとなる「認知能力」「非認知能力」をもう少し詳しく見てみたい。令和元年10月に策定された京都府総合計画(京都夢実

現プラン)では，認知能力の例として「知識や技能」，非認知能力の例として「意欲や粘り強さ」をあげている。これを学習指導要領の「資質能力の三つの柱」に当てはめると「知識や技能」は「知識及び技能」，「意欲や粘り強さ」は「学びに向かう力，人間性等」となるだろう。また，同資料ではこれらを育成するために児童生徒自ら課題を発見し，解決する「課題解決型学習」を実施するとしている。さらに「令和3年度 学校教育の重点」(京都府教育委員会)によれば，「認知能力と非認知能力を一体的にはぐくむ教育」を展開するため「資質能力の三つの柱」をバランスよく育成すること。その基礎として「基礎・基本の定着」(各種学力調査等の結果を組織的な授業改善や個別支援等に効果的に活用する)，「生徒指導の機能」(児童生徒一人一人が分かる喜びや学ぶ楽しさを感じられるよう生徒指導の機能を活かす)の2つをあげているが，主に前者は「認知能力」，後者は「非認知能力」に該当するとみてよいだろう。以上を踏まえ，その必要性などを考えていく。

　学校を取り巻く状況や課題については，論文が書きやすい内容をあらかじめ準備しておくとよい。なお，「令和3年度 学校教育の重点」では取り組むべき主な課題としていじめ，不登校，子どもの貧困，人権教育の推進をあげている。また，「第2期 京都府教育振興プラン」も参考になるだろう。ここでは東日本大震災のような大規模災害，新型コロナウイルス感染症の影響による社会の停滞，AIやICT，先端技術を必要とする超スマート社会やグローバル社会への対応等をあげている。

●作成のポイント

　文章を前・後半の2部構成とし，前半では，設問にある「認知能力と非認知能力を一体的にはぐくむ教育の必要性」についての自身の考えをまとめる。後半では，教員として取り組みたい，それらの教育の実践例を具体的に述べる。

　「認知能力と非認知能力を一体的にはぐくむ教育の展開」の前提となる「昨今の子どもを取り巻く状況や課題」については上記事項を踏

まえ，めまぐるしく変化する社会において，変化を前向きにとらえて主体的に行動する力，さらには対人コミュニケーション能力や自尊心(自己肯定感)・社会性(キャリア・ビジョンや社会的問題意識)を育む力の育成を学校教育の中でどう取り入れるか考える。

　実践例においては，新学習指導要領の「主体的・対話的で深い学び」の実践例に相当するアクティブ・ラーニングの手法を，自身の担当教科ないしは総合学習，課外活動等の場で具体的にどのように取り入れるかを論述するとよい。

●テーマB

> 　京都府教育委員会では，目指す人間像に向けて子どもたちにはぐくみたい力として，「主体的に学び考える力」「多様な人とつながる力」「新たな価値を生み出す力」を掲げていますが，その必要性について，昨今の子どもを取り巻く状況や課題を踏まえ，あなたの考えを述べなさい。
>
> 　また，これら3つの力をはぐくむため，あなたはどのような取組をしていきたいと考えますか，1つの力を例に挙げ，具体的に述べなさい。

●方針と分析

(方針)

　目指す人間像に向けて子どもたちにはぐくみたい3つの力の必要性について，昨今の子どもを取り巻く状況や考えを踏まえ，自分自身の考えを述べるととともに，教員としてこれらの力をはぐくむために，どのような取組をしていきたいか，3つの力から一例をあげて具体的に述べる。

(分析)

　設問で示されている「3つの力」は，「第2期 京都府教育振興プラン」

に記されている。本プランでは，昨今の子どもを取り巻く状況や課題として，東日本大震災のような大規模災害，新型コロナウイルス感染症の影響による社会の停滞，AIやICT，先端技術を必要とする超スマート社会やグローバル社会への対応等をあげ，これらのめまぐるしく変化する社会に，変化を前向きにとらえて主体的に行動し，よりよい社会と幸福な人生を創り出せる人を「目指す人間像」として掲げている。この「3つの力」はアクティブ・ラーニング，すなわち「主体的・対話的で深い学び」に内容的に一致していることも踏まえるとよいだろう。

●作成のポイント

　設問で問われている内容が2点あることから，答案は前・後半の2部構成とし，前半では「3つの力」の必要性について，インターネットによる情報の多様化や高度化，グローバル化社会への対応能力など，昨今の子どもを取り巻く状況や課題を踏まえて自身の考えを論述する。後半では自身が教員としての立場で，これら3つの力のうち1つを例に挙げ，その力をはぐくむための取組について，自身の担当教科における授業または学級担任としての学校活動におけるアイデアや実践例を具体的に展開する。

　たとえば「多様な人とつながる力」の「多様な人」とは，学校を取り巻く地域住民や外国人らが含まれることから，社会学習および社会見学・社会実習の場を活用したキャリア教育，地域に住む外国人との交流体験を通じての多文化共生への学びの取組などを提示することが可能だろう。アクティブ・ラーニングについては，調べ学習やグループ学習，ディスカッションやプレゼンテーションなどを通じた発表や議論の場を増やすことで，発言機会とトレーニング，情報発信や提供，問題解決策の提示といった，自主的に調べ，考える機会を与える実践的な授業の取組等を中心に論述するとよい。

2021年度　論作文実施問題

【全校種・1次試験】40分

●テーマ

※次のA，Bのいずれかが出題される。

A　京都府教育委員会では，「一人一人を大切にし，個性や能力を最大限に伸ばす」ことを重点目標の一つとして掲げ，教育活動を推進しています。

　すべての児童生徒が豊かな未来を切り拓いていけるよう，それぞれの個性や能力を最大限に伸ばしていく取組を行う上で，どのような点に留意する必要かあると考えますか。昨今の子どもを取り巻く状況や課題に触れながら述べなさい。また，このことを踏まえ，具体的にどのような教育活動を進めていこうと思いますか。あなたの考えを述べなさい。

B　京都府教育委員会では，人権尊重の意識を高め，自分と他者の人権を大切にする教育を進めるとともに，児童生徒が自立的に社会に参画できる力を養うよう「一人一人を大切にした教育」を進めています。

　昨今の子どもを取り巻く状況や課題を踏まえ，あなたが考える「一人一人を大切にした教育」とはどのようなものか述べなさい。また，具体的にどのような教育活動を進めていこうと思いますか。あなたの考えを述べなさい。

●方針と分析

(方針)

　テーマA，Bともに「一人一人を大切にした教育」がテーマであること，昨今の子どもを取り巻く状況や課題に触れること，具体的な教育活動を述べることが示されている。ただし，Aでは上記要件のほかに「個性や能力を最大限に伸ばすこと」，Bでは人権教育を意識した内容が求められるだろう。

(分析)

　両テーマとも「京都府教育振興プラン(平成28年度改定版)」(京都府教育委員会)の重点目標4「一人一人を大切にし，個性や能力を最大限に伸ばす」からの出題とみてよいだろう。当該資料では本目標の具体的施策として，魅力ある学校づくりの推進，人権教育の推進，特別支援教育の推進，幼児教育の推進，キャリア教育の推進，スポーツの推進をあげている。

　本資料では，昨今の子どもを取り巻く状況や課題について，近年では高校・大学への進学率が高まっていることから，「生徒一人一人の能力・適性，興味・関心，進路希望など多様化したニーズに応じた府立高校の特色化を図ること」「今後どのように学び，働くかなど，ライフデザインについて早い段階から考えさせるとともに，生徒の希望進路の実現に向けた取組を進めること」を課題としている。また，通級による特別な指導を受ける児童生徒や特別支援学校に在籍する児童生徒数の増加，法令などを根拠とした共生社会への推進，交流活動を中心とした小学校と幼稚園・保育園との連携，キャリア教育を踏まえたライフデザイン教育の推進などが示されている。

　さらに，人権教育についてはさらなる児童生徒への人権教育の充実ほか，教職員の研修の充実，地域の実情に応じた人権教育の推進，人権問題に関するビデオライブラリーの充実，インターネット上の人権侵害など，匿名性や情報発信の容易さを悪用した人権課題に対応する取組の充実が示されている。これらの内容を踏まえて，論文を作成するとよい。

●作成のポイント

　論文にはいくつかの形式があるが，ここでは序論・本論・結論で考えることにする。なお，京都府の論文用紙はマス目ではなく，行形式になっている。したがって，文字数の増減はある程度可能だが，採点者が読みやすい文字の大きさや文字間を意識したい。

　序論では，子どもを取り巻く現状と課題，および個性や能力を最大限に伸ばす取組の留意点，または「一人一人を大切にした教育」の概要について述べる。両テーマとも子どもを取り巻く現状と課題が根拠となること，本論で具体的な教育活動を論じることを踏まえると，現状と課題を先にするほうが文章の流れがスムーズになりやすい。行数は13行を目安とする。

　本論では具体的教育活動について述べる。Aでは学級活動やホームルーム活動におけるキャリア教育やライフデザイン教育の推進，Bでは学級活動やホームルーム活動等での人権教育推進が最も多い回答と予想されるが，自身の受験する教科の授業における指導でもよいだろう。行数は13行を目安とする。ただし，序論と本論は内容的に密接しているので，まとめて示す方法も考えられる。

　結論では，「一人一人を大切にした教育」など京都府の教育方針を踏まえ，児童生徒の育成に貢献する決意を述べて，論文を締める。行数は3行を目安とする。

2020年度　　論作文実施問題

【1次試験】　(40分)

●テーマ

　京都府教育委員会では，教員が資質能力の向上を図る際の目標となるものとして，「求められる京都府の教員像」において，「教員に必要な5つの力」を掲げています。

　この5つの力のうち，「気づく力」，は，様々な教育課題に対応するためには，アンテナを高く張り，児童生徒の小さな変化に気づくことができる，教員としての感性が大切であるというメッセージを込めて，最初に掲げています。

　この教員に求められる感性をどのように捉えるか，その必要性に触れながら，あなたの考えを述べなさい。また，その感性をどのように磨いていきますか，具体的に述べなさい。

●方針と分析

(方針)

　まず，教師の感性としての「気づき」について，受験者の考えを具体的に説明する。次に，それをどのように育てていきたいのかも説明する。

(分析)

　教師の自己への気づき，自己省察力に関する知識を問う出題である。すなわち，日常生活の中で，児童生徒の個，集団にあるよいところや問題に気づく力のことを指す。省察力が豊かな教師は，児童生徒のよさを読み取る「尺度」(価値観)をたくさん持っている。そのため，よいところを伸ばすことで子どもの学びの意欲を促進し，問題に気づく

ことで大きな救いになり，保護者の信頼を得ることもできる。そうした教師の受け止めは，子どもたちに多様な個性を認める価値観(自他の人権意識)を育て，自己肯定感や安心感をもつことができる。例えば，授業の中で受け持ちの児童生徒の考えをほめたときに，ぶっきら棒な返事，素っ気ない反応をされたとする。一見するとそれは，子どもの態度の問題と考えがちである。けれども，「自己省察」ができる教師は，実は子どもなりの言葉で説明したかったのに，教師の側が大人の言葉で言い換えて，先に答えを言ってしまい，子どもの達成感や自己肯定感を奪うことになっていたのではないかという気づきを得ることができる。さらには，子どもが必死に自分の言葉で述べようという表情や動作をしていることに気づくこともできる。こうした気づきを磨くには，先輩教師との意見交換，研究者を招いた研究会への出席や本人の読書や研究会出席などの努力，子どもに接する現場において複数の可能性を常に念頭にする意識などがあるだろう。こうした内容への理解を問う出題である。

●作成のポイント

　論文であるので，序論・本論・結論の三段構成を意識したい。序論では，教師の感性としての「気づき」とはどういうものかを説明し，それがなぜ大切なのかを簡単に説明しよう。本論では，自己への気づきや自己省察力の詳しい内容につき，教育学の知識を生かしながら，説明していこう。この段落で，教師の気づきが子どもたちに多様な個性を認める価値観(自他の人権意識)を育て，自己肯定感や安心感をもつことができることなどを述べよう。また，子どもの言動や服装などの表れを観察することにより，虐待や貧困などの家庭の問題を浮かびあげていけることなどを述べてもよい。いずれの内容にせよ，こうした教師の気づきは子どもに大きな救いになることを述べよう。その上で，こうした気づきを磨くための努力の方法を説明しよう。結論では，教師になる立場として，不断の学びや研究を積んでいく決意を述べていこう。

2019年度　論作文実施問題

【1次試験】　40分

●テーマ

「主体的・対話的で深い学び」とはどのような学びであるか，あなたの考えを述べなさい。
　また，「主体的・対話的で深い学び」を実現するために，どのような教育活動を進めることが大切であると考えますか，具体的に述べなさい。

●方針と分析

（方針）

　「主体的・対話的で深い学び」とはどのような学びなのかを述べたうえで，「主体的・対話的で深い学び」を実現するための教育活動を具体的に論じる。

（分析）

　本テーマのメインである「主体的・対話的で深い学び」は，今回の学習指導要領における主な改訂の方向性の一つであり，中央教育審議会答申などでは「アクティブ・ラーニング」の視点から学習過程の改善を示している。そのため，受験生としては教職教養の段階でぜひおさえておきたい知識と言えるだろう。

　「主体的・対話的で深い学び」については，主体的な学び，対話的な学び，深い学びの3つに分けて考えることが必要であろう。文部科学省の資料によると，それぞれについて以下のように説明されている。

・主体的な学び…学ぶことに興味や関心を持ち，自己のキャリア形成の方向性と関連付けながら，見通しをもって粘り強く取り組み，自己

の学習活動を振り返って次につなげる学び。

・対話的な学び…子供同士の協働，教職員や地域の人との対話，先哲の考え方を手掛かりに考えること等を通じ，自己の考えを広げ深める学び。

・深い学び…学びの過程の中で，各教科等の特質に応じた「見方・考え方」を働かせながら，知識を相互に関連付けてより深く理解したり，情報を精査して考えを形成したり，問題を見いだして解決策を考えたり，思いや考えを基に創造したりする学び。

　一方，京都府総合教育センターでは，これらの学びにおけるポイントを示している。深い学びについては本単元で「育成したい能力」を明確にする，指導事項について言語活動を通して指導する，対話的な学びについては個々の考えを広げたり，深めたりすることのできる学習活動の場の設定，主体的な学びについては相手や目的などを明らかにし，児童生徒が目的意識や必要性を感じて学習に望めるようにする，とある。これらを踏まえ，自身の考えをまとめ，具体的な学習活動を示すとよい。

●作成のポイント

　論文の形式はいくつかあるが，ここでは「序論・本論・結論」で一例を考えたい。

　序論では，何故「主体的・対話的で深い学び」の視点に立った授業改善が求められるようになったのかという背景を踏まえ，「主体的・対話的で深い学び」とはどのような学びなのか自分の考えを述べる。ここは自身の知識をアピールする場でもあるので，冗長になることに注意しながら一定の行数を使って述べるとよい。

　本論では，具体的な教育活動について述べる。当然自身の志望する学校種，教科などを意識した学習活動を示すとよいだろう。ここでは具体性が求められているため，授業等の展開を想定しながら述べるとよい。行数は序論よりも多くなるのが一般的であろう。

　結論では，すべての教育活動を通して「主体的・対話的で深い学び」

を実現していくことの重要性と決意を述べて，論作文をまとめるとよい。

原稿用紙にはマス目ではなく，30行程度の罫があるだけなので，具体的な文字数が決められていない。ただし，できるだけ読みやすい字の大きさ，行間にゆとりをもたせる配慮も必要であろう。自身の文字の大きさ等から判断すること。

【1次試験】 40分

●テーマ

京都府教育委員会では，「京都府教育振興プラン」において，重点目標の一つに「学校の教育力向上」を掲げ，教職員の資質や能力の向上を図る取組を推進しています。

「教員に必要な資質や能力」とはどのようなものであるか，あなたの考えを述べなさい。また，それらを向上させるため，あなたは採用後にどのように取り組もうとしていますか。具体的に述べなさい。

●方針と分析

（方針）

教員には，どのような資質や能力が求められるのか，現代の社会的背景などを基に自分の考えを述べたうえで，そうした資質や能力を身に付けるために教員としてどのように取り組んでいくのかを述べる。

（分析）

まず，本資料は京都府の長期的な教育指針であり，京都府を志望する受験生は，その内容を十分理解し，自身の教育に関する考え方とのすりあわせを十分に行ってほしい。

本資料では教職員の資質・能力の向上の方針について「子どもの豊

かな成長を支えるために，大学と連携し，強い使命感と高い実践力を持つ優秀な人材を確保するとともに，学校内外での研修を充実するなど，教職員の資質や指導力の向上を図る取組を推進します」としている。また詳細な内容の一つとして，研修の充実をあげており，ICTを活用した教員研修講座の配信などをあげている。

　また，教員に求められる資質や能力について，京都府教育委員会が示している『京都府の教員に必要な5つの力』を参考にする方法も考えられる。5つの力とは児童生徒一人一人の小さな変化にも気づくことができる力，児童生徒一人一人の個性や能力を最大限に伸ばすことができる力，時代の変化や自らのキャリアステージに応じて求められる資質能力を高めながら，諸課題の解決に向け，挑戦することができる力，他の教職員，保護者や地域社会などと効果的に連携・分担しながら，チームの一員としてつながることができる力，広い視野で時代や社会，環境の変化を的確につかみ取り，未来を展望することができる力，といったことが示されている。

　これらを踏まえ，自身が重要だと考える力を資質や能力として明確に示し，その理由を述べる。

●作成のポイント

　論文の形式はいくつかあるが，ここでは「序論・本論・結論」で一例を考えたい。

　序論では，自身が向上させたい資質・能力とその理由を述べる。当該資質・能力を向上させる意味や社会的背景，「京都府教育振興プラン」等ではどのように考えられているか等を述べることができれば，論文に厚みが出るだろう。

　本論では，資質や能力を向上させるための方法について述べる。教育実習などで教員の多忙さ等を理解していると思われるので，どのようなときに，どのような方法で等，いわゆる「5W1H」を意識しながら述べるとよいと思われる。

　結論では，教育活動の充実を目指し，京都府の教員として研鑽に励

んでいくという決意述べて論作文をまとめるとよい。

　原稿用紙にはマス目ではなく，30行程度の罫があるだけなので，具体的な文字数が決められていない。ただし，できるだけ読みやすい字の大きさ，行間にゆとりをもたせる配慮も必要であろう。自身の文字の大きさ等から判断すること。

2018年度　　論作文実施問題

【全校種・1次試験】40分

●テーマ

　いじめ問題は，現在の学校教育において，解決すべき大きな課題の一つに位置づけられており，京都府では，国の「いじめ防止対策推進法」の制定を受け，「京都府いじめ防止基本方針」を策定し，いじめの防止，いじめの早期発見及びいじめへの対処のための対策を総合的かつ効果的に推進する取組を進めているところです。その一方で，依然として，全国でいじめに起因するさまざまな事象が社会問題となっている現状があります。

　このような状況を踏まえ，いじめ問題について，あなた自身の考えを述べなさい。また，いじめ問題の解決のために学校としてどのような取組を行うことが重要だと思いますか，具体的に述べなさい。

●方針と分析

(方針)

　いじめ問題に関する自分自身の考えを論述した後，学校としての取組(現場で自分自身がどのように取り組むかという内容を含む)を論述する。

(分析)

　「いじめ防止対策推進法」は第1条(目的)，第2条(定義)，第3条(基本理念)，第4条(いじめの禁止)が特に重要である。そして同法第12条の規定により策定されたのが，「京都府いじめ防止基本方針」(京都府，平成26年4月)である。同方針の「はじめに」では，いじめはいじめを受けた児童生徒の教育を受ける権利を著しく侵害する人権問題であ

り，時に生命又は身体に重大な危険を生じさせるおそれがある旨が指摘されている。

また「平成28年度「児童生徒の問題行動・不登校等生徒指導上の諸課題に関する調査」（速報値）」(平成29年10月，文部科学省)によると，いじめの認知件数は32万3808件(過去最多)であった。このうち京都府内(国公私立校)の小，中，高校，特別支援学校でのいじめの認知件数は26675件(前年度比1120件増)である。1000人当たりの認知件数は96.8件(同4.8件増)にあたり，この数値は4年連続で全国最多となる。過去に京都府は全国最多になったことについて「いじめを詳細に把握し早期に対応しようとした結果である」と述べている(「いじめの防止等のために　教職員用ハンドブック」(平成27年3月，京都府教育委員会)Ⅵいじめの未然防止　1京都府いじめ調査について)。

以上のことを念頭に，いじめ問題に関する自分自身の考えにつき，この記述を前提に論述していきたい。

学校としての取組を述べるにあたっては，まず前述の「京都府いじめ防止基本方針」の「第3　いじめの防止等のために学校が実施すべき施策」の「3　学校におけるいじめの防止等に関する措置」が参考になるだろう。特に「学校の設置者とともに，スクールカウンセラーやスクールサポーター，外部の専門家等と連携して，いじめの防止や早期発見，いじめが発生した際の対処等にあたる」という記述を押さえておきたい。

また前述の「いじめの防止等のために　教職員用ハンドブック」は，自分自身で取り組みたい事柄について記述する際の参考になる。特に「Ⅴ　いじめへの対応」支援・指導の対象(被害者，加害者，傍観者)別・段階別に，支援・指導の方針を細かく記述している。各自これらの文書を参照し，自分が重要だと思うことに焦点を当て，学校がどう取り組むのかにつき検討されたい。

なお，京都府教育委員会は，[評価の観点]を事後に公表しており，「①いじめ問題について基本的な認識を持つことができているか」，「②『いじめ』の未然防止・早期発見・早期対応のための学校として

の取組(学校現場で自分自身がどのように取り組むかという内容を含む)が具体的に述べられているか」という2点が示されている。

●作成のポイント

　本問には字数制限はないが，解答用紙にはB4サイズ(縦置き，横書き)で30行が示されている。一般的な構成である「序論」「本論」「まとめ」の3つのパートにわけて論文を作成したい。

　「序論」はいじめ問題に関する自分自身の考えを述べる。①なぜいじめが問題であるのか，②いじめが起こる背景にはどのような要因があるのか，③いじめに起因するさまざまな事象がどのような社会問題になっているか，などといった観点を取り上げると記述しやすいだろう。これらの項目について言及することで，いじめ問題について自身がどのような問題認識を持っているかをアピールする。分量は5行程度で端的にまとめる。

　「本論」では，序論で述べた事項について，解決のために学校としてどのような取組を行うか記述する。「未然防止」「早期発見」「早期対応」それぞれの観点から取組を述べられるとよいだろう。また，学校全体としての取組を挙げるだけでなく，その中で自身がどのような役割を果たすのか，どのように取り組むかについても盛り込みたい。分量は20行程度で記述する。

　最後に，「まとめ」として，以上の内容をまとめた上で記述したことに熱心に取り組む旨を述べ，教職に対する自分の熱意を採点者にアピールしたい。分量は5行程度で述べる。

　時間が40分と厳しいので，日頃の学習で自分の記述にかかる時間と文字数のバランスを把握しておくことが肝要である。

2017年度　論作文実施問題

【全校種・1次試験】40分

●テーマ

> 京都府教育委員会では,「京都府教育振興プラン」の見直しを行い,本年4月に「平成28年度改定版」をスタートさせました。
> その中で,「グローバル化に対応できる人材の育成」を主要な施策の方向性の一つとして掲げていますが,「グローバル化に対応できる人材」とはどのような人材であると思いますか,あなたの考えを述べなさい。また,そのような人材を育成するためには,学校としてどのような取組を行うことが重要だと思いますか,具体的に述べなさい。

●方針と分析

(方針)

まず「グローバル化に対応できる人材」がどのような人材であるかを論述する。次にその記述を踏まえた上で,そのような人材育成に関して学校として行うべき重要な取り組みにつき論述する。

(分析)

京都府の教育振興基本計画である「京都府教育振興プラン」(平成28年度改定版)は「第3章　京都府の教育の基本理念」においてその目指す人間像として「積み重ねられた知恵を活用し,新しい価値を創り出して世界に発信する人」を掲げ,具体的には「高い志とグローバルな視野を持って,自らの能力や可能性を最大限に伸ばし,創造力豊かにこれからの社会づくりに貢献できる人間」と説明している。また,「第5章　重点目標と主要な施策の方向性」の「重点目標5　社会の変

化に対応し，よりよい社会の構築に貢献できる力をはぐくむ」で，その「現状と課題」として「グローバル化が進展する中で，国際社会で主体的に生きる日本人として，多様な文化を理解し尊重する資質や能力を身に付けるとともに，我が国の伝統と文化を理解し，積極的に世界に発信していくことが大切」としている。そして「グローバル化に対応できる人材の育成」を今後推進することの1つにあげ，「グローバル化に対応できる人材を育成するため，外国語によるコミュニケーション能力の育成や京都の伝統や文化を学び発信できるよう取組を推進する」とある。このように京都府教育委員会が想定する「グローバル化に対応できる人材」は，コミュニケーション能力を有するだけでなく，京都の文化を学び発信できることもその要素であることに注意したい。以上を踏まえた上で，その育成のための学校の取り組みを論ずる必要がある。同プランは上記推進の具体例として「訪日教育旅行の受入，京都に居住する外国人や留学生などとの交流を通じて，外国人と積極的にふれあい，多様な文化を理解し，共生する社会の実現に向けた取組を充実」することや，「インターネットを活用した海外の学校との交流を通じて，京都の伝統や文化を海外に向けて発信するなど，コミュニケーション能力や国際感覚を磨く取組を充実」することをあげている。このような記述を参考に自分なりにその考察を行い，論述すべきと考える。

　なお，公開されている「評価の観点」として，「①グローバル化に対応できる人材像が適切に述べられているか」，「②グローバル化人材の育成に有効な学校としての取組が具体的に述べられているか」があがっている。①については「英語(外国語)によるコミュニケーション能力だけに留まらず，自国の伝統や文化の理解(日本人としてのアイデンティティ)，異文化への理解や尊重，多様な文化や価値を乗り越えて関係を構築できる協調性や柔軟性，新しい価値を創造し世界へ発信する力など，多様な視点から人材像を述べている」こととされている。また，②については「①で自分が示した人材を育成することができる，現実的で有効な取組を述べている」こと，「教職員個人ではなく学校

組織としての取組を具体的に述べている」こととされている。

●作成のポイント

　字数制限はないが，解答用紙はB4サイズで32行が示されていた。書くことができる分量はその範囲に限定されること，そして書く内容が「グローバル化に対応できる人材」の意義と，「そのような人材を育成するための学校の取組」の2つであり，この2つは書かなければならない分量がそれぞれ多いと思われるので，序論・本論・まとめの構成が望ましいと考える。

　まず，序論は5行程度で簡潔にまとめたい。前出のプランには，外国からの留学者が年々増加する傾向にあるのに比べて，日本から外国への留学者は減少傾向にあるが，徐々に増加に転じているなどの現状が紹介されているので，そうした記述などを参考にしながら本論につながるような問題提起をする。

　本論は，「グローバル化に対応できる人材」の意義と「そのような人材を育成するための学校の取組」をそれぞれ12行程度で論述したい。その際，「グローバル化に対応できる人材」の意義については，「あなたの考えを述べなさい」とあるので，同プランに記載されていることだけでなく，それを踏まえた上で自分なりの考えを論述すると高評価が得られるだろうと思われる。

　まとめは本論の要点を示す。最後に自らが「グローバル化に対応できる人材」の育成に積極的に関わっていきたい旨の意気込みを示す記述があるとよいだろう。

【全校種・1次試験】40分

●テーマ

　京都府では，「心の教育」の充実に努めるとともに，人や社会とつながり共生するための力を身に付けさせる取組を進めるために，「法やルールに関する教育」ハンドブックを平成27年3月に作成，配付しました。
　現在，このような「法やルールに関する教育」が求められている理由について，あなたの考えを述べなさい。また，児童生徒に人や社会とつながり共生するための力を身に付けさせるため，あなたはどのような教育活動を進めていこうと思いますか。具体的に述べなさい。

●方針と分析

(方針)
　児童生徒に対し「法やルールに関する教育」が求められる理由について自分の考えを述べ，児童生徒に人や社会とつながり共生するための力を身に付けさせるために，どのような教育活動を進めていきたいか具体的に論述する。

(分析)
　上記ハンドブックでは，「法やルールに関する教育」が求められる背景について，次のように説明している。学校，家庭，地域社会において人間関係の希薄化が危惧されている。また，現代社会では，人としての生き方が多様化してきたことから，社会や集団における自らの存在を実感したり，他者のよさを認めたりすることで相互を尊重し，

38

共に生きるという機会が大きく減少してきた。このような時代背景が，自己中心的な価値観の広がりや規範意識の低下といった状況を生んでいる。こうした状況は，生徒指導において困難な状況を生み出す要因になる。そこで，「法やルールに関する教育」を明確に位置付けることが求められている。

また，同ハンドブックでは，法やルールというとその遵守が大事だという理解になりがちであるが，与えられたルールを守るという受動的なものにとどまるのではなく，他者と協力し，かつ他者とつながるためにはそれぞれがルールやきまりについて考え，自分たちがルールやきまりをつくり，それを守るという体験をしながら，行動につなげていくことが必要になると記している。そのために，体験活動等を通し，自らの意見を積極的に表現し，他者の意見から学ぶことが求められる。

●作成のポイント

字数制限はないが，解答用紙はB4用紙に30行が示されているので，これに対し書いている量が著しく少ないと判断されない程度の分量でまとめる必要がある。大枠としては，序論で上記ハンドブック作成の背景について，自己と他者・社会との関わりを意識する機会が失われているという角度から，説明を行うことが要求される。本論では，自己と他者との関わり，共生について，自ら判断し，行動する力を身に付けさせるために必要な教育活動について，説明することを求められている。結論として，これまで述べた教育活動を実践していく教員としての決意を述べられればよいだろう。

留意点は，次の2つである。1つは，全体のバランスである。背景・理由説明，具体的な教育活動，いずれか1つのトピックに偏らないようにする。もう1つは，内容面である。人や社会とのつながり，共生ということと無関係に，法やルールの大切さを教え込む大切さを述べてしまうことのないようにする。

【一般選考，身体障害者特別選考，スペシャリスト特別選考・1次試験】　40分

●テーマ

　平成26年3月，文部科学省は，学力に影響を与える要因分析に関する調査研究の結果を公表しました。そこでは，家庭の社会経済的背景と子どもの学力との間には強い相関が見られるとする一方，不利な環境を克服して高い学力を身に付けている児童生徒や，児童生徒の家庭の社会経済的背景から統計的に予測される学力より，高い成果を上げている学校が存在することも示されています。

　あなたは，家庭の社会経済的背景において不利な環境にある子どもたちの学力向上を図るために，学校教育としてどのような取組が必要であると思いますか。また，あなた自身はどのような教育活動を行いたいと思いますか。考えを具体的に述べなさい。

●方針と分析

(方針)

　家庭の社会経済的背景において不利な環境にある子どもたちの学力向上を図るため，学校教育としてどのような取組が必要と思うか。また，どのような教育活動を行いたいかを具体的に述べる。

(分析)

　本問でいう「学力に影響を与える要因分析に関する調査研究の結果」とは文部科学省委託研究「平成25年度全国学力・学習状況調査（きめ細かい調査）の結果を活用した学力に影響を与える要因分析に関する調査研究」（以下，本調査）を指す。本調査では，家庭所得，父親学歴，母親学歴の3つを合成した指標(社会経済的背景)を出し，4段階に分割して児童生徒の学力との相関性を分析したものである。その結果，

テーマにあるように「家庭の社会経済的背景と子どもの学力との間には強い相関が見られるとする一方，不利な環境を克服して高い学力を身に付けている児童生徒や，児童生徒の家庭の社会経済的背景から統計的に予測される学力より，高い成果を上げている学校が存在する」ことを示している。予測される学力より，高い成果を上げている学校の共通の特徴として，本調査では「家庭学習の指導の充実」「小中連携の取組の推進」「言語活動の充実等」「基礎・基本の定着と少人数指導」などをあげている。

　具体的な教育活動については自治体単位，学校単位で行うもの等，いくつか制約があるが，学級単位で可能な方法も存在する。例えば，家庭学習に関する考え方や取り組み方に関する指導を宿題などを通して行う等が考えられる。児童生徒ごとに家庭事情が異なるため，具体的な指導も児童生徒ごとに行う必要があるかもしれない。そういったことを考慮しながら，論文を作成することが求められるだろう。

●作成のポイント

　論文は序論・本論・結論で考える。なお，原稿用紙には横罫だけ引いてあるので文字の大きさにも注意したい。序論では，社会経済的背景と学力の相関性について述べる。本調査の内容を知っていれば，その概要を示すのもよいだろう。文量は全体の5分の1程度を目安とする。

　本論では具体的取組について述べる。論点は「学校教育で必要な取組」「自身が行いたい教育活動」の2点である。どれも重要なテーマなので，偏りなく論じたいところであるが，自身の得意なテーマをやや厚めに論じてもよいだろう。教育活動の具体例としては，分析で述べたもののほかに放課後の補習授業の実施，習熟の遅い子どもたちに対する少人数指導などが考えられる。こういった内容に自身の知見を踏まえ，独自性を出すとよい。文量としては全体の5分の4程度を目安とする。

　結論では，序論・本論の内容を踏まえ，京都府の教員になる意気込みを簡記するとよいだろう。文量としては2〜3行程度でよいと思われる。

2014年度　論作文実施問題

【全校種・1次試験】

●テーマ

> 京都府では，「人権教育の推進」を主要な施策の一つとして位置づけ，人権尊重の意識を高め，自分と他者との人権を大切にする教育を進めるとともに，自立的に社会に参画できるよう，一人一人を大切にした取組を推進しています。
>
> このような中，いじめにより児童生徒が自らその命を絶つという事件が発生したことを契機に，いじめが大きな社会問題となり，国においては「いじめ防止対策推進法」が成立したところです。
>
> あなたは，いじめ問題についてどのように捉えますか。また，いじめ問題の解決に向けてどのような取組が求められると考えますか。あなたの考えを具体的に述べなさい。

●方針と分析

(方針)

　京都府では「人権教育の推進」を主要な施策の1つとして位置づけ，人権に関する教育の取組を進めている。また，いじめが社会問題になったのを契機に「いじめ防止対策推進法」が成立した。このような中で，①自分は教員としていじめの問題をどのように捉えるか，②いじめ問題の解決に向けてどのような取組が求められると考えるか，の2点について述べる。

(分析)

　いじめに対する根本認識について，文部科学省などは「いじめは決して許されないことであり，またどの子にも，どの学校にも起こり得

る」「学校教育に携わる全ての関係者が改めてこの重大性を認識し，いじめの兆候をいち早く把握して，迅速に対応する必要がある」としている。つまり，いじめは人権問題であること，決して許さないこと等の共通認識があると考えてよいだろう。しかし，実際問題としていじめによる自殺などがあり，社会問題化している。そのため，平成25(2013)年9月に，学校及び教職員の責務，いじめ防止の基本方針策定の義務などを定めた「いじめ防止対策推進法」が施行された。

一方，京都府教育委員会では「いじめ問題解決のために」(平成24年)をまとめている。本資料ではいじめの起きる原因や最近のいじめの構造を分析した上で，学級経営では「正義・公正・公平」が学級に行き渡るようにすること，児童生徒の乱暴・不穏当な発言を放置しないこと，児童生徒のルール違反を放置しないこと，教員の姿勢については，やたらと競争意識をあおるような言動・姿勢をとらないこと等をあげている。

いじめについては論文や面接などでも頻出項目の1つであるので，文部科学省のホームページや『生徒指導提要』，さらに京都府教育委員会資料などを確認し，自身はいじめをどのように捉え，どう対策するかを事前にまとめておくことが肝要である。

●作成のポイント

従来から京都府は文字数を指定しておらず，今回も約30行の解答用紙が与えられている。作成にあたって，全ての校種・職種に共通のテーマであるが，本論では特に自分の志望する校種・職種を十分に踏まえた「私の取組」であることに留意する。

序論は12行程度で「いじめは人権上の重大な問題である」という視点から，いじめ問題に関する認識とその理由を述べる。その際，「分析」で紹介した『生徒指導提要』や「いじめ問題解決のために」などの基本的認識を参考にして述べるとよい。

本論は12行程度で，序論で述べた内容を踏まえて，いじめ問題の解決に向けた「私」の具体的な取組について述べる。基本的には，①日

頃からいじめの起こらないための取組，②いじめの兆候が見られる，起きてしまったときの対応，③家庭，地域社会などと一体となった取組，などの視点から述べる。①については，学校教育活動全体を通じた取組について述べる。②については，早期発見・早期対応が基本になるだろう。養護教諭や栄養教諭については，業務の特殊性や専門的な視点から述べるとよいだろう。③については加害者の親への対応も含まれるので，一層細かな配慮が求められると思われる。

　結論では，今までの内容をまとめ，京都府の教員としていじめの解決に向けて全力で取り組む決意を述べる。

2013年度　論作文実施問題

【全校種共通】

●テーマ

規範意識や人を思いやり尊重する心など，豊かな人間性をはぐくむ教育が求められています。現在の子どもを取り巻く状況や課題を踏まえ，あなたはどのような教育活動を進めていこうと考えますか。あなたの考えを述べなさい。

●方針と分析

(方針)

規範意識や人を思いやり尊重する心など，心豊かな人間性をはぐくむ教育が求められていることに対して，現在の子どもを取り巻く具体的な状況や課題を踏まえて，自分の取り組みたい教育活動を述べる。

(分析)

今日の子どもの実態をみるとき，規範意識や心豊かな人間性をはぐくむことが不可欠な大きな教育課題となっている。その課題に教員として取り組んでいく際に，子どもを取り巻く社会的・文化的な状況や，価値観の多様化，情報社会化，大人社会の多様化，家庭の教育力の低下などの様々な状況と，そこからみえてくる教育課題を的確に認識しておくことが必要である。このテーマはそのような視点から設定されているものである。

平成22年3月に文部科学省が刊行した『生徒指導提要』では，規範意識をはぐくむことの必要性とその醸成に関する指導について提起している。また『生徒指導提要』はいじめ問題をはじめ生徒指導の理念や指導方法・留意事項，教育相談などを総合的に収録しており，非常

45

に参考になる。ぜひ熟読することを勧める。

●作成のポイント

　序論では，現在の子どもを取り巻く状況とそこから現れている全般的な課題の概略，その中で規範意識と心豊かな人間性をはぐくむことの重要性について4行程度で述べる。

　本論では，字数制限がないか20行程度で述べる。まず，子どもを取り巻く状況を新聞やインターネットなどのマスメディアや教育書，報告書・資料に基づく概略と教育実習やボランティア活動など具体的な実態・経験をもとに，規範意識や心豊かな人間性の視点からの課題を述べる。次に，そのように考える課題を踏まえて自分の進めていきたい教育活動について具体的に述べる。

　具体的な内容として，

　①　抽象的・一般論ではなく，志望する校種や職種，児童・生徒の発達段階や実態を十分に踏まえる

　②　教科や道徳，総合的な学習の時間などの学習活動，特別活動における指導など教育活動全体を通して進めていく

という2点にわたって述べる。

　結論は，3〜4行で京都府の教員として，自分の志望する校種において子どもたちの規範意識や心豊かな人間性の育成に全力で取り組む決意を述べる。

　なお作成に当たっては，文字の大きさや不揃い，文字間隔などに留意し，採点者が読みやすいように気を付ける。

2012年度　論作文実施問題

【全校種共通】

●テーマ

> 最近の子どもたちの状況や課題を踏まえ，現在どのような教育が求められていると考えますか，具体的に述べなさい。また京都府の教員として，子どもたちとどのように向き合いながら，日々の教育活動を進めていこうと思いますか，あなたの考えを述べなさい。

●方針と分析

（方針）

　①「現在どのような教育が求められているか」を，最近の子どもたちの状況・課題を踏まえて書く。②「教員として，子どもたちとどのように向き合いながら，日々の教育活動を進めていくか」について，自分の考えを書くという二段構成で文章を展開する。

（分析）

　昨今，子どもたちを取り巻く環境は複雑で難解である。学力，集団生活，食生活等，課題は数多く存在することは周知の通りだ。しかし，どの課題においても，教師は子どもたちに学習指導要領における「生きる力」を持ってもらうように，指導をしていかなければならない。これが本文の軸となるだろう。

　あなたが考える各課題における教育活動が，どうやって「生きる力」に繋がるのかを考えてみる。きめ細かい「個」に対応した指導，内外の学級活動を多く採り入れる，子どもに「分かった」という喜びを味わわせるなど，いろいろと考えられるはずである。その中で，

どのように子どもたちと接していくか，具体的な事例を盛り込んで
いくと書きやすくなる。

●作成のポイント

　序論では，現在の子どもたちの状況や教育的課題を挙げて，どの
ような教育が求められているかについて書く。「どのような教育」
の部分が自分の考えであり，「踏まえて」の部分が自分の考えの土
台になっている必要がある。

　本論では，序論で書いた内容に沿って，どのような教育活動を行
っていくべきかという具体的な内容を書いていく。教育活動に関連
した内容でまとめるとよい。例として「学力」についてであれば，
一人一人に合った指導をどのようにしていくか，などが考えられる。
さらに，子どもたちとどのように接していくかについても踏み込む
必要があるだろう。ここの部分は結論の部分に書くのも一つの手法
だ。

　結論では，自分が持っている教員としての決意を書いて，文章を
まとめ上げる。特に序論で述べた内容を絡めつつまとめ上げると，
「結論」として一層強調されるだろう。

●論文執筆のプロセス例

> **序論　160字程度**
> ・求められているものについての自分の考えを書く。
> ・子どもたちの状況・課題を踏まえて書くこと。

> **本論　480字程度**
> ・序論で書いた課題を踏まえて，進めていこうとす
> る教育活動を書く。
> ・どのように子どもたちと接していくかを述べる。

結論　160字程度
・自分の決意とともにまとめ上げる。
・序論の内容を別の表現で再度書くのもよい。

2011年度　　論作文実施問題

【全校種共通】

●テーマ

> 「コミュニケーション能力」は，社会的・職業的に自立するために必要な基盤となる能力の一つであり，将来を見通して育成していくことが求められていますが，子どものコミュニケーション能力についての現状と課題について，あなたはどのように考えますか。
>
> また，その現状と課題を踏まえ，コミュニケーション能力を育成するために，教師としてどのように工夫し，取り組もうと考えますか，具体的に述べなさい。

●テーマの分析

　子どもたちの「コミュニケーション能力の現状と課題」がこのテーマでは問われている。現状は，「人間関係を築くことが苦手な児童生徒が増えている」と言わざるを得ないであろう。その要因は，子どもの生活環境が変わり，人間関係を築く必要性がなくなったからだ。また少子化による過保護によって友人の必要性を認められなくなったことや，情報機器の発達によってリアルの友人を得ること以上の達成感が得られ，毎日が充実しているからともいえる。だが，人間は社会生活を営んでいる以上は，一人だけでの生活は成り立たないのだ。「友だちは必要だ」という認識を，学校教育でどのように持たせるかが問われている。

　学校は集団教育の場である。学校教育の充実そのものがすなわち，コミュニケーション能力の育成になることに留意したい。

50

●論点

　まず今日の子どもたちの友だち付き合いを，書き手であるあなた自身がどのようにとらえているかを示すことから始めよう。もちろん，理由もあわせて述べる。さらに，志望校種の子どもらに対し，あなただったらどうするか結論を書く。その根拠も明らかにしておく。

　全体の3分の2を占める本文では，結論の具現化を多面性を持たせるために2つの観点から述べるのがいいだろう。たとえば個人への，あるいは集団へのアプローチだ。あるいは対象となる集団を教科科目と教科外とするのも悪くない。ここで志望校種の発達段階をふまえたり，経験を活かすなりで筆者(あなた)らしい取り組み方を示す。

　最終段落は，このテーマに関する研修課題を挙げ，課題解明にどのように取り組むかを簡潔に述べるとよい。「人間は社会生活を営んでいるなかで，一人だけでの生活は成り立たない」ことを行数を割いて声高に叫ぶことよりも，「一人だけの生活は成り立たないことをどのように理解させるか」について書くことが大事である。

2010年度　　論作文実施問題

【全校種共通】

●テーマ

> 　平成20・21年に公示された学習指導要領では，基礎的・基本的な知識及び技能を確実に習得させることと，それらを活用する力を育成することが求められていますが，現状の課題について述べなさい。
> 　また，基礎的・基本的な知識及び技能を活用する力を育成するために，あなたはどのような取組をしようと考えるのか述べなさい。

●テーマの分析

　今回の学習指導要領改訂で，中央教育審議会は基本方針としては7つの柱を立てた。その3項目に「基礎的・基本的な知識・技能の習得」がある。この基礎的・基本的な知識及び技能は，ドリル学習等による徹底習得を求めたものである。それに対して思考力・判断力・表現力等の活用型学習も重視し，両者のバランスによって「生きる力」を育むとしている。

　小学校ではこの基礎的・基本的な知識及び技能に関する内容が多いが，高校になるとむしろ活用型学習が多用される。だが校種がいかに変わろうと学習意欲なくして学習成果は上がらないし，また教科によってもさまざまである。そこに教育専門職教員の真価が問われるのである。

　英語は単語の意味を覚えなければならない。暗記である。文法も基礎的・基本的なことで，これらも頭にたたき込まなければ先には進まない。あなたならどのように教えるかである。

52

●論点

　まず，学習で「基礎的・基本的な知識及び技能の習得」がいかに重要かを述べる。論文は論理的でなければならないからである。さらに，この習得に対する教師としての筆者の基本的な考えを述べる。これが前文である。

　本文では，基本的な考えの具体的な方策を2点述べる。当然のことだが，志望校種(養護教諭や栄養教諭は校種を特定する)の子どもらの発達段階を踏まえて述べる。2点とは学級集団と個人とか，単調になりやすいドリル学習での創意工夫を挙げるのもよい。この字数は全体のおおよそ3分の2をあてる。

　最終段落は，このテーマに関する筆者の研修課題などを挙げる。その課題解明にどのように努力するかを述べるのである。先に「単調になりやすいドリル学習での創意工夫」としたが，これなども大きな研修課題であろう。

2009年度　　論作文実施問題

【全校種共通】

●テーマ

> 「社会全体で教育の向上に取り組む」ということが言われていますが，現状における課題と具体的な方策について，あなたの考えを述べなさい。

●テーマの分析

　　この設問の「社会」とは，学校，家庭，地域社会の地域社会のことであろうか。また「教育」とは，対象はどの範囲であり，そして学校，家庭，社会すべての教育を指しているのであろうか。この設問を書き手(受験者のこと)はどのように読み取ったかをはっきりさせることである。

　　子どもの教育は，家庭を中心とした学校および地域社会が連携して取り組まなければならない。家庭が中心ということは，親は親権者としての責任があるからである。だが，ここでは教員採用試験論文として問われているのであるから，教師としてどうするかを述べるのである。 この設問は「教育の向上」である。教師であるわれらの使命は学校教育の向上であり，家庭教育や社会教育に口を出す立場ではない。学校教育に全力投球することが，家庭や社会の教育の向上につながるのである。ここで評論のようなことを述べてはならないということである。

　　「現状の課題」とは問題点を挙げるのではなく，近未来に対する課題と考えることである。あたらしい時代を創造し，生き抜く子どもを育成する教育課題などである。これは中央教育審議会答申や学習指導

要領にある「生きる力」の育成を基盤とした，主体的な学習や生活への意欲の高揚といえる。この課題に志望校種の教師としてどのように取り組むかである。

●論点

前文では，設問の「社会全体で教育の向上に取り組む」をどのように解釈し，そのための「現状の課題」を示す。「世界に通用する日本人の育成」が今日的教育課題であるとするならば，これを取り上げた理由を述べる。論文は論理的でなければならないからである。さらにこの課題解明にどのように取り組むか，その結論もここで述べる。

本文では，前文で示した結論を具体的にどのように実践するかを述べる。志望校種の教師として何をするかを2例挙げる。教科科目の授業と特別活動でもよいし，総合的学習でもよい。また，子ども個人と集団としてもよい。この字数は全体の3分の2を当てる。

最終段落はこの設問に関する，書き手自身の研修課題を示すとよい。その課題解明にどう努力するかを簡潔に述べるなどである。

2008年度　論作文実施問題

【全校種共通】

●テーマ

　京都府では平成19年度の学校教育指導の重点の一つとして，豊かな人間性をはぐくむ教育の推進に努めています。児童生徒の豊かな人間性をほぐくむために，教員にはどのような資質が必要だと，あなたは考えますか。

　また，豊かな人間性をはぐくむために，あなたはどのような教育実践をしようと考えていますか，具体的に述べなさい。

●テーマの分析

　ここでのテーマは，結論が教師としての資質の要求であり，その指導概念として児童・生徒に如何なる「人間性を育む」教育の種類を出題として掲げている。単に人間性を育むとは言っても，結論的にいえば，基本的に相手を思いやる優しい心の育成。それには，現在問題視されている陰湿ないじめ問題がその背景にあると思われる。その他，常識的なモラルの点も多角的に重視し考え答えなければならない。特に一般的な，ありきたりの回答より，教師の立場での回答が要求されている事を忘れてはならない。教育原理で学んだ「オオカミに育てられた人間」の人間社会での社会復帰的現象を思い出して頂きたい。ここでは，集団生活の環境の一部として，人間らしさの基本概念の総てのものに対する思いやる心を中心に内容展開していくべきである。生物にとどまることなく，公共物等の物体への扱いも視野に入れ考えるべきである。

●論点

　序論では，「豊かな人間性」とはなんであるかに始まり，何点かの例を，自己の経験と知識から述べ，本論では，自分の受験希望の教職先を考慮し，その分野でいかに，それを育んだ教育指導を行うべきか，具体例を列挙し，その効力における肯定面と否定面を一般論で展開させていき，結論部分ではあくまで，一般論で終えることなく，教師の立場の自分として想定し，見解を明白に結論として論じる必要性が求められている。

2007年度　論作文実施問題

【全校種共通】

●テーマ

> 　京都府においては，「みんなで読もう！1000万冊キャンペーン」を実施し，読書活動の推進に取り組んでいるところです。
>
> 　学校教育における読書活動の意義とはどのようなものですか。今日の教育の課題を一つ取り上げ，自らの読書体験も踏まえて，読書がその課題解決にどのような役割を果たすかを論じながら，あなたの考えを述べなさい。

●テーマの分析

　昭和63年に「朝の読書」が学校で始まり，平成14年8月では全国の公立・私立の小中高校1万校(全体の4分の1)で実施されていた。(文芸春秋14年12月号)。さらに平成18年9月8日朝の読書推進協議会の調べでは，22,856校に登るという。

　また17年10月に文部科学省が発表した平成15年度「公立学校読書活動の状況」の全校一斉の読書活動実施状況は，小学校88.2％，中学校74.4％，高校33.0％である。また，10月28日の毎日新聞には，5月の1カ月に読んだ本(教科書・参考書・マンガ・雑誌を除く)は小学生7.7冊，中学生2.9冊，高校生1.6冊とある。高校生の5割は1冊も読んでいない。

　この数字は，言われればやるが，言われなければやらないではなかろうか。

●論点

　このテーマは「今日の教育課題解明と読書との関係」を問うている。読書と関連のある教育課題とは何か。読書習慣をどのように身に付けさせるかであろう。

　前文(字数は全体の6分の1程度)で，学校教育での読書活動の意義を述べる。と同時に書き手(受験者)はこの課題にどう関わるのか，その結論を述べる。

　本文(字数は全体の3分の2)では，まず志望校種を示し，そこでの指導をどのように展開するかを2例述べる。その具体策に書き手の経験を活かす。経験談は不必要である。2例とは，担当教科科目の指導と総合的学習などである。

　結文(字数は全体の6分の1程度)では，このテーマに関する書き手の研修課題を挙げ，その課題解明にどう努力するかを述べるとよい。このテーマでは書き手自身が，読書習慣をもっているかどうかであろう。その努力を簡潔に述べるとよい。

2006年度　論作文実施問題

【全校種共通】

●テーマ

　あなたは，今日の子どもの「社会性」についてどのように捉えますか。教育上の課題と考えるものを一つ挙げ，課題解決の方策について具体的な事例を示しながら述べなさい。

●テーマの分析

　今日の子どもについて，よく言われているのが「仲間作りができない」「遊びを知らない」「モラルの欠如」等である。高度成長の恩恵を受け，少子化で大事に育てられたこともその要因であろう。家庭には自己満足の出来る機器があり，友だちを必要としないのである。

●論点

　まず「教育上の課題」を1点取り上げる。なぜそれを取り上げたかの理由も述べる。「課題」は問題点ではない。問題点を解決するための課題なのである。「モラルの欠如」が問題点なら，課題は「モラルの向上」である。

　本文では，その課題の解明にどのように取り組むかを述べる。「私はこのような考えで，このように実践する」である。

　最後に，己の抱えた多くの研修課題のうちから，今回取り上げた課題に関する一つを示し，どう研修に取り組むかを簡潔に述べるとよい。

2005年度　　論作文実施問題

【全校種共通】

●テーマ

> 「教員が変われば学校は変わる」とはどういうことか。具体的に述べよ。

●テーマの分析

子どもはどんどん変わっている。それに対応して「開かれた学校」とか「特色のある学校」が求められている。すべての学校に学校評議会が設けられ，また義務教育学校でも学校選択制が導入された地域もある。だが，いかに制度が変わろうとも，教員のものの考え方が変わらなければ，新しい時代に即応できる学校にはならないのである。

●論点

前文（全体の6分に1の字数）では，なぜ学校は変わらなければならないのかを述べる。それは子どもを中心に考える。と同時に「教員が変われば学校は変わる」となぜ言えるのかを簡潔に説明する。だがここでは評論を求めているのではない。己自身の目指す新しい教師像を述べる。

本文（全体の3分の2の字数）では，前述の新しい時代の学校にするため，教員の一人としてどうするかを述べる。その具体的な取り組みとして2例を挙げる。たとえばその1つが児童への対応であれば，もう一つは保護者とどう向き合うかである。前者はすべての児童が成就観が抱けるような授業をしたり学級にすることであろう。後者は教育内容の説明と成果の報告などである。

結文（全体の6分の1の字数）では管理職者ではない書き手にできる

ことは限られている。教員として未熟な己をどうするかをここで述べ
る。決意表明で片づけることなく，努力の一端をのぞかせるのである。

面接試験　実施問題

2024年度

◆個人面接(1次試験)

　※小学校，特別支援学校，他府県現職，スペシャリスト特別選考が対象

【質問項目例】

1　導入のための質問(ラポート形成)

　　□今日の体調，昨夜の睡眠，起床時刻など。

　　□会場は迷わなかったか，待ち時間の心境など。

　　□採用試験の勉強について。

2　受験者本人に関すること。

　　□時間を切っての自己アピール。

　　□性格の長所と短所，長所の活用法，短所克服の努力。

　　□趣味について，きっかけや魅力など。

　　□学校生活の中で一番打ち込んだもの。

　　□学校生活を通して学んだこと。

　　□部活動やボランティア活動を通して学んだこと。

　　□部活動やサークルの役職経験，その苦労や成果。

　　□顧問として技術指導可能な部活動。

　　□友人づきあい・友人関係で一番気を遣うこと。

　　□友人から相談を持ち掛けられた時の対応。

　　□友達と意見の相違がある時の対応。

3　意欲・教員としての資質

　　□教員の志望理由，志望時期。

　　□自分が教員向きである点。

　　□教職の魅力。

　　□教員に求められる資質。

　　□採用した場合の学校のメリット。

　　□印象に残る教師とその理由。

　　□児童生徒に信頼される教師の条件。

　《教育実習経験者》

　　□教育実習の苦労と克服法，学んだこと。

　　□教員から学んだこと，子どもたちから学んだこと。

　《講師経験者》

　　□講師の経験から学んだこと。

　　□学校現場で心掛けていること。

　　□心に残るアドバイス等。

　　□同僚と意見が異なる(対立した)時の対応。

　《他府県現職》

　　□京都府を志望する理由。

　　□現任校での役割についての自覚。

　　□勤務校の課題と，その解決の取り組み。

　《スペシャリスト特別選考》

　　□自分がスペシャリストといえる点。

　　□学校現場での自分の経験の活用法。

　　□教育の場に立つ心構え。

　《セカンドキャリア特別選考対象者》

　　□自分に教科の専門性があるといえる点。

　　□学校現場での自分の経験の活用法。

　　□教育の場に立つ心構え。

4　教育公務員としての心構えと識見について

　　□全体の奉仕者としての心構え。

　　□教育公務員と一般公務員の違い。

　　□教員の職務の公共性についての認識。

　　□教員のコンプライアンス，服務規律の確保についての認識。

5　学習指導，児童生徒指導について

　　□大学等の専攻学科の選考理由。

□卒業論文テーマと簡単な内容説明。

□授業における専攻・研究の活用。

□今の子どもたちに一番身につけさせたい力とその方法。

□「主体的・対話的で深い学び」について。

□新しい学習指導要領について(校種・教科別)。

□知識・技能を「活用する力」について。

□キャリア教育について。

□言語活動の充実について。

□京都府の教育施策について。

　(京都府教育振興プラン，子どものための京都式少人数教育など)

□地域の伝統文化の継承について。

□担任としての学級目標設定とその理由。

□児童生徒との適切な距離間について。

□児童生徒の問題行動等への対応(暴力行為，いじめ，不登校等)。

□教師力向上のために大切なもの。

6　教育問題，教育時事について

□関心のある教育問題と自分の見解。

□子どもの学力状況についての認識や意見。

□グローバル化に対応した英語教育について。

□「チーム学校」について。

□「特別の教科　道徳」について。

□環境教育について。

□人権教育について。

□防災教育・安全教育について。

□「生きる力」を育むための教育活動について。

□社会に開かれた教育課程について。

□学校の情報公開と保護者や地域社会との関わりについて。

□いじめ問題について。

□教員の体罰について。

□教職員の働き方改革について。

　　□合理的配慮について。
　　□その他，関心事等。

◆集団面接(1次試験)
　※小グループによる面接
　※中学校，高等学校，養護教諭，栄養教諭が対象
　▼中学英語　面接官2人　受験者3人　20分
【質問内容】
□講師として働いて学んだこと，気づいたことは。
□教員になるにあたり努力したことは。
□これまでで最も頑張ったことは。
□不祥事の防止法について。
□今の子どもにつけさせたい力，その育成法について。
□自己PR。
□最近の教育課題で気になることは。
・全く堅苦しくなく，受験者は緊張せず話せる雰囲気だった。

　▼高校英語　面接官2人　受験者2人　15分
【質問内容】
□高校の教員を目指した理由。エピソードも含めて。
□現場に立ったときをイメージして，セクハラの根絶に向けて生徒や
　教員との距離感についてどのようなことに気をつけるか。
□どんな先生になりたいか。
□教育におけるSDGsを授業でどう活用するか。

◆個人面接(2次試験)
【質問項目例】
1　導入のための質問(ラポート形成)

　　□今日の体調，昨夜の睡眠，起床時刻など。

　　□会場は迷わなかったか，待ち時間の心境など。

　　□採用試験の勉強について。

2　受験者本人に関すること

　　□時間を切っての自己アピール。

　　□性格の長所と短所，長所の活用法，短所克服の努力。

　　□趣味について，きっかけや魅力など。

　　□学校生活の中で一番打ち込んだもの。

　　□学校生活を通して学んだこと。

　　□部活動やボランティア活動を通して学んだこと。

　　□部活動やサークルの役職経験，その苦労や成果。

　　□顧問として技術指導可能な部活動。

　　□友人づきあい・友人関係で一番気を遣うこと。

　　□友人から相談を持ち掛けられた時の対応や気持ち。

　　□友達と意見の相違がある時の対応。

　　□友人間での主な話題。

3　意欲・教員としての資質

　　□教員の志望理由，志望時期。

　　□自分が教員向きである点。

　　□教職の魅力。

　　□教員に求められる資質。

　　□採用した場合の学校のメリット。

　　□印象に残る教師とその理由。

　　□児童生徒に信頼される教師の条件。

　　□なりたくないと考える教師像。

《教育実習経験者》

　　□教育実習の苦労と克服法，学んだこと。

　　□教員から学んだこと，子どもたちから学んだこと。

《講師経験者》

　　□講師の経験から学んだこと。

　　　□学校現場で心掛けていること。

　　　□心に残るアドバイス等。

　　　□同僚と意見が異なる(対立した)時の対応。

　　《他府県現職》

　　　□京都府を志望する理由。

　　　□現任校での役割についての自覚。

　　　□勤務校の課題と，その解決の取り組み。

　　《他府県出身者》

　　　□京都府を志望する理由。

　　　□併願先の有無と，両方合格時の対応。

　　　□将来設計について。

　　《スペシャリスト特別選考》

　　　□自分がスペシャリストといえる点。

　　　□学校現場での自分の経験の活用法。

　　　□教育の場に立つ心構え。

　　《セカンドキャリア特別選考対象者》

　　　□自分に教科の専門性があるといえる点。

　　　□学校現場での自分の経験の活用法。

　　　□教育の場に立つ心構え。

4　教育公務員としての心構えと識見について

　　　□全体の奉仕者としての心構え。

　　　□教育公務員と一般公務員の違い。

　　　□教員の職務の公共性についての考え。

　　　□教員の服装についての認識。

　　　□教員のコンプライアンス，服務規律の確保についての認識。

5　学習指導，生徒指導について

　　　□大学等の専攻学科の選考理由。

　　　□卒業論文テーマと簡単な内容説明。

　　　□授業や実社会における専攻・研究の活用について。

　　　□今の子どもたちに一番身につけさせたい力とその方法。

□新しい学習指導要領について(校種・教科別)。

□主体的・対話的で深い学びについて。

□外国語(英語)教育について。

□「質の高い学力」についての具体的な認識。

□知識・技能を「活用する力」について。

□京都府の教育施策について(京都府教育振興プラン，子どものための京都式少人数教育など)。

□地域の伝統文化の継承について。

□担任としての学級目標設定とその理由。

□児童生徒の問題行動等の発生状況と防止対策について(暴力行為，いじめ，不登校等)。

□児童生徒との適切な距離間について。

□教師力向上のために大切なもの。

□指導計画作成にあたっての配慮事項。

□週案の作成の意義。

□習熟度別指導の長所と短所。

□「心の教育」について具体的な内容，充実のための取組例。

□「いのちの大切さ」指導の方法。

□「人権教育」について。

□清掃活動の教育的意義。

□校則，校則違反の指導について。

□生徒指導における頭髪や服装などの基準について。

□部活動の意義，外部指導者についての認識や意見。

□体罰について。

□不登校の児童生徒への対応・外部機関との連携。

□スクールカウンセラー，スクールソーシャルワーカーとの連携について。

□学校事故の予防・発生時の対応について。

□具体事例の対応(いじめ発覚，給食への異物混入，児童虐待が疑われる等)。

□小学校(中学校，高等学校)における特別支援教育について。

□通常学級において特別に支援を要する児童生徒への対応について。

□インクルーシブ教育について。

□養護教諭との連携について。

□食育の必要性について。

□栄養教諭との連携について。

□特別支援教育についての認識，具体的な活動。

□自立と社会参加について。

□「個別の教育支援計画」の意義(目的)について。

□交流及び共同学習について。

□特別支援学校のセンター的機能についての理解。

□医療，福祉との連携について。

□養護教諭の職務を進めていく上での心構え。

□学校における養護教諭の役割。

□保健室経営について。

□健康診断結果の活用について。

□保健主事の役割。

□栄養教諭の職務を進めていく上での心構え。

□学校における栄養教諭の役割。

□食に関する指導に係る家庭や地域社会との連携における，栄養教諭としての具体的な役割。

□食育の指導におけるポイント。

6　教育問題，教育時事について

□関心のある教育問題と自分の見解。

□新型コロナウイルス感染症状況における学級経営・学校運営への影響や対応について。

□高大連携について。

□主権者教育について。

□いじめ問題について(「いじめ防止対策推進法」の趣旨と学校が果

たすべき役割，京都府の取組等)。
□グローバル化に対応した英語教育について。
和歌山県チーム学校」について。
□働き方改革について。
□「特別の教科　道徳」について。
□環境教育について。
□情報教育(ICT教育)について。
□防災教育・安全教育について。
□子どもの学校以外での学習時間についての認識や意見。
□子どもの貧困対策についての認識や意見(家庭の社会経済的背景と
　学力との関係等)。
□キャリア教育について。
□合理的配慮について。
□社会に開かれた教育課程について。
□グローバル人材の育成について。
□その他，関心事等。

▼中学英語　面接官3人　受験者1人　15分
【質問内容】
□教師に興味を持ったのはいつか。
□なぜ銀行で働いたか。
□セクハラを踏まえて生徒と関わる時に気をつけることは。
□なぜ小学校免許を取得したのか。
□異文化理解をどう教えるか。
□英語力を高めるためにしていることは。

▼高校英語　面接官3人　受験者1人　20分
【質問内容】
□迷わず会場に来られたか。
□今日の体調は。

□併願はしているか。

□なぜ京都府なのか。

□京都の教育施策について何か知っているか。

□京都府(市)内の高校について何か知っているか。

□同僚の二人が仲良くしていたらあなたはどうするか。

　→管理職に相談してもやまなかったらどうするか。

□教育実習での学びについて。

□グローバル人材の育成について。

　→グローバル人材そのもののイメージを教えてほしい。

□教職の魅力。

□教員になるにあたってのあなたの弱み。

　→授業作りの客観性以外ではどうか。

□自己アピールを1分で。

▼高校英語　面接官3人　受験者1人　20分

【質問内容】

□京都府内どこでも勤務できるか。

□京都府を志望する理由は。

□教育実習で学んだことは。

□教育公務員と一般公務員の違いは。

□同僚のセクハラへの対応は。

□いじめにどう対応するか。

□グローバルな人材とは。

□民間試験を公立学校で導入することのメリット，デメリットは。

◆教育実践力テスト(模擬授業)(2次試験)

小学校	◆ 次の①〜⑤の学習内容の中から一つ選び、その導入の指導をしなさい。 ① なっとなかよし／なつがやってきた　　　　　（生活：第1学年） ② はこの形　　　　　　　　　　　　　　　　　（算数：第2学年） ③ 登場人物について話しあおう　「モチモチの木」（国語：第3学年） ④ わたしたちの京都府　　　　　　　　　　　　（社会：第4学年） ⑤ 物や金銭の使い方と買物　　　　　　　　　　（家庭：第5学年）
中学国語	◆ 次の①〜⑤の学習内容または学習活動の中から一つ選び、その導入の指導をしなさい。 ① 『故郷』(魯迅) ② 『竹取物語』 ③ 漢文の訓読 ④ 熟語の構成 ⑤ 合意形成を目指す話し合いのしかた
中学社会	◆ 次の①〜⑤の学習内容の中から一つ選び、その導入の指導をしなさい。 ① 地理的分野「世界の諸地域　アフリカ州　産業と開発」 ② 地理的分野「日本の諸地域　中部地方　東海の産業」 ③ 歴史的分野「近世の日本　江戸幕府　農業や諸産業の発展」 ④ 歴史的分野「近代の日本　明治維新　三大改革」 ⑤ 公民的分野「三権の抑制と均衡」
中学数学	◆ 次の①〜⑤の学習内容の中から一つ選び、その導入の指導をしなさい。 ① 数量を文字で表すこと ② 座標 ③ 証明とそのしくみ ④ 一次関数の利用 ⑤ 母集団の推定
中学理科	◆ 次の①〜⑤の学習内容の中から一つ選び、その導入の指導をしなさい。 ① 第1分野「水中の物体に働く力」 ② 第1分野「気体の発生と性質」 ③ 第1分野「エネルギーとエネルギー資源」 ④ 第2分野「生物の特徴と分類の仕方」 ⑤ 第2分野「日本の天気の特徴」
中学音楽	◆ 次の①〜⑤の指導内容の中から一つ選び、その導入の指導をしなさい。 ① 歌唱の指導　独唱「花の街」　　　　　　　江間章子作詞　團伊玖磨作曲 ② 歌唱の指導　混声三部合唱「COSMOS」　　ミマス作詞・作曲　冨澤裕編曲 ③ 器楽の指導　アルトリコーダー奏「浜辺の歌」林古渓作詞　成田為三作曲 ④ 創作の指導　「俳句の抑揚を生かし，民謡音階で旋律を創ろう」 ⑤ 鑑賞の指導　能楽「敦盛」　世阿弥　作
中学美術	◆次の①〜⑤の学習活動の中から一つ選び、その導入の指導をしなさい。 ① 自分の靴をデッサンしよう ② 「やさしさ」をテーマに粘土で表現しよう（彫塑） ③ 「音楽室」「美術室」「技術室」「調理室」「被服室」から一つ選び、特別教室を表すピクトグラムをつくろう ④ 木工でお皿をつくろう（工芸） ⑤ 地元の伝統工芸品を観賞しよう

中学保体	◆ 次の①〜⑤の学習活動の中から一つ選び、その導入の指導をしなさい。 【体育】 ① 体つくり運動「体の動きを高める運動」 　　　　② 武道「剣道」 　　　　③ 体育理論「人々を結び付けるスポーツの文化的働き」 【保健】 ④ 心身の機能の発達と心の健康「精神機能の発達と自己形成」 　　　　⑤ 健康的な生活と疾病の予防「感染症の予防」
中学技術	◆ 次の①〜⑤の学習内容の中から一つ選び、その導入の指導をしなさい。 ① 材料に適した加工法と、工具や機器の安全な使用 ② エネルギー変換に関わる社会の発展と技術について ③ 植物の生育と環境条件の関係 ④ プログラムによる計測・制御 ⑤ 著作権や発信した情報に対する責任と、情報モラル
中学家庭	◆ 次の①〜⑤の学習内容の中から一つ選び、その導入の指導をしなさい。 ① 自分の成長と家族・家庭生活 ② 幼児ふれあい体験（保育園等実習）に向けて（事前学習） ③ 栄養素の種類と働き ④ 安全な住まい方 ⑤ 金銭の管理と購入
中学英語	◆次の①〜⑤の指導内容の中から一つ選び、言語の働きや目的・場面・状況も考慮し、言語活動を取り入れた導入の指導をしなさい。 ① 簡単な手紙や電子メールの形で自分の近況など伝える活動の指導 ② 関心のある事柄について、互いに会話を継続する活動の指導 ③ 日常的な話題について、事実や自分の考え，気持ちなどをまとめ、スピーチする活動の指導 ④ 店や公共交通機関などで用いられる簡単なアナウンスなどから、自分が必要とする情報を聞き取る活動の指導 ⑤ 書かれた内容や文章の構成を考えながら黙読したり、その内容を表現するよう音読したりする活動の指導
高校国語	◆次の①〜⑤の学習内容または学習活動の中から一つ選び、その導入の指導をしなさい。 ① 『舞姫』（森鷗外） ② 『土佐日記』（紀貫之） ③ 漢詩 ④ 古典文法「形容詞」 ⑤ スピーチのしかた
高校地公	◆ 次の①〜⑤の学習内容の中から一つ選び、その導入の指導をしなさい。 ① 世界史「イギリス産業革命」 ② 日本史「南北朝の動乱」 ③ 地理　「世界の気候区分」 ④ 公民　「国際政治の特質と国際法」 ⑤ 公民　「キリスト教の成立と発展」
高校数学	◆ 次の①〜⑤の学習内容の中から一つ選び、その導入の指導をしなさい。 ① 実数（数学Ⅰ　数と式） ② 三角関数の合成（数学Ⅱ　三角関数） ③ 体積（数学Ⅲ　積分法の応用） ④ 数学的帰納法（数学B　数列） ⑤ ド・モアブルの定理（数学C　複素数平面）

高校理科	◆ 次の①～⑤の学習内容の中から一つ選び、その導入の指導をしなさい。 ① 科学と人間生活「金属のさびとその防止」 ② 物理「波の伝わり方」 ③ 化学「水素イオン濃度と pH」 ④ 生物「植生と遷移」 ⑤ 地学「太陽系の誕生」
高校保体	◆ 次の①～⑤の学習活動の中から一つ選び、その導入の指導をしなさい。 【体育】 ① 武道「剣道」 ② 陸上競技「ハードル走」 ③ 体育理論「スポーツの経済的効果と高潔さ」 【保健】 ④ 現代社会と健康「生活習慣病などの予防と回復」 ⑤ 健康を支える環境づくり「様々な保健活動や社会対策」
高校美術	◆ 次の①～⑤の学習活動の中から一つ選び、その導入の指導をしなさい。 ① 様々なアングルによる印象の違いを捉えよう ② 電車のマナー向上ポスターを考えよう ③ 身の回りのユニバーサルデザインを見付けよう ④ 浮遊感を感じる抽象彫刻をつくろう（粘土） ⑤ 授業で制作した自画像を鑑賞しよう
高校英語	◆ 次の①～⑤の指導内容の中から一つ選び、言語の働きと実際のコミュニケーションを行う目的や場面、状況などを考慮し、言語活動を取り入れた授業の導入の指導をしなさい。 ① 即興で話して伝え合う活動の指導 ② 対話や放送などから必要な情報を聞き取り、話し手の意図を把握する活動の指導 ③ 説明文や論証文などから必要な情報を読み取り、概要や要点を把握する活動の指導 ④ 社会的な話題に関するディベートの指導 ⑤ ［主語＋動詞＋間接目的語＋直接目的語］のうち、「主語＋動詞＋間接目的語＋ if で始まる節」を活用した言語活動の指導
高校家庭	◆ 次の①～⑤の学習内容の中から一つ選び、その導入の指導をしなさい。 ① 青年期の自立と家族・家庭 ② 幼児ふれあい体験（保育園等実習）に向けて（事前学習） ③ 食品の選択と保存 ④ 衣生活と健康 ⑤ 契約の重要性
高校情報	◆次の①～⑤の学習内容の中から一つ選び、その導入の指導をしなさい ① 情報とデータサイエンス ② 情報通信ネットワークとデータの活用 ③ コミュニケーションとコンテンツ ④ 情報システムの情報セキュリティ ⑤ 情報やメディアの特性と問題の発見・解決
高校農業	◆ 次の①～⑤の学習内容の中から一つ選び、その導入の指導をしなさい。 ① プロジェクト学習 ② 病気・害虫からの作物の保護 ③ 水準測量の役割 ④ 作物の繁殖と育種 ⑤ 農業や農村の役割

高校工業	◆ 次の①〜⑤の学習活動の中から一つ選び、その導入の指導をしなさい。 ① 情報モラルと知的財産権 ② ガソリンエンジンの部品 ③ 歯車列の設計 ④ プログラミング言語 ⑤ CAD を活用した製図
高校商業	◆ 次の①〜⑤の学習内容の中から一つ選び、その導入の指導をしなさい。 ① ビジネスマナー　　　　　　　　接客に関するビジネスマナー ② 企業の秩序と責任　　　　　　　企業の社会的責任 ③ 決算　　　　　　　　　　　　　決算整理 ④ 情報システムとプログラミング　プログラミングの手順 ⑤ 製品政策　　　　　　　　　　　販売計画と販売予測
高校水産	◆ 次の①〜⑤の学習内容や指導内容の中から一つ選び、その導入の指導をしなさい。 ① 乗船実習に際しての安全確保について ② 実習製品を中心とする食の安心・安全確保に必要なことについて ③ 養殖業の未来について ④ スマート水産業の現状と展望について ⑤ 水産物の消費拡大に向けた取組について
特別支援学校	◆ 次の①〜⑤の指導内容の中から一つ選び、その導入の指導をしなさい。 ① 小学部「遊びの指導」 　風船を使った遊びの指導 　　（対象：風船が大好きな知的障害と聴覚障害を併せ有する低学年の児童の学級） ② 小学部「生活単元学習」 　調理実習に向けた買い物学習の事前指導 　　（対象：知的障害と肢体不自由を併せ有する高学年の児童の学級） ③ 中学部「作業学習」 　地域の公園の清掃に取り組む際の初回の指導 　　（対象：知的障害のある中学部 1 年生の生徒の学級） ④ 中学部「自立活動」 　自己理解、他者理解を深めるための指導 　　（対象：病弱者である中学部 3 年生の生徒の学級） ⑤ 高等部「特別活動」 　地域の高等学校との交流及び共同学習に向けた事前指導 　　（対象：知的障害のある高等部 1 年生の生徒の学級）
養護教諭	◆ 次の①〜⑤の指導内容の中から一つ選び、その導入の指導をしなさい。 ① 歯の健康について（対象：小・中・高校生より選択） ② プール学習前の保健指導（対象：小・中・高校生より選択） ③ 感染症予防について（対象：小・中・高校生より選択） ④ 睡眠について（対象：小・中・高校生より選択） ⑤ ICT 機器の使い方と目の健康について（対象：小・中・高校生より選択）
栄養教諭	◆次の①〜⑤の指導内容の中から一つ選び、その導入の指導をしなさい。 ① 食べもののパワーを知ろう　　　　　　　　（対象：小学校 1 年生） ② 食品ロスをなくそう　　　　　　　　　　　（対象：小学校 4 年生） ③ 栄養バランスのよい朝食メニューを考えよう（対象：小学校 6 年生） ④ 食品の選び方を考えよう　　　　　　　　　（対象：中学校 2 年生） ⑤ 生活習慣病の予防　　　　　　　　　　　　（対象：中学校 3 年生）

▼中学英語　面接官2人　受験者5人　12分

□事前に提示された模擬授業課題5つの中から1つ選び，言語活動を取り入れた導入の指導をする。

〈課題例〉

① 簡単な手紙や電子メールの形で自分の近況を伝える活動の指導

② 関心のある事柄について，互いに会話を継続する活動の指導

③ 日常的な話題について，事実や自分の考え，気持ちなどをまとめ，スピーチする活動の指導

▼高校英語　面接官2人　受験者5人　12分

□事前に与えられたテーマから選んで行う。

〈課題例〉

① 即興で話して伝え合う活動の指導

② 対話や放送などから必要な情報を聞き取り，話し手の意図を把握する活動の指導

③ 説明文や論証文などから必要な情報を読み取り，概要や要点を把握する活動の指導

④ 社会的な話題に関するディベートの指導

⑤ [主語＋動詞＋間接目的語]のうち，[主語＋動詞＋間接目的語＋if で始まる節]を活用した言語活動の指導

◆実技試験(2次試験)

▼中高英語　面接官2人(うち1人はALT)　受験者5人　20分

【課題】

□集団面接形式の英会話実技

【質問内容例】

□Do you think it is necessary for students to do homework?

□What is the most important ability among 4 acquirement?

□How do you use ICT during the lesson?

□How do you corporate with ALT?

・質問は合計5つほど(日本文化，教育，英語教育に関するもの)。一人
　ずつ質問内容は異なる。

▼中学音楽
【課題1】
□ピアノ独奏

　モーツァルト若しくはベートーヴェンのソナタの中から，任意の第
　一楽章(緩徐楽章は除く。)又は同程度以上の任意の1曲を反復省略，
　暗譜で演奏
【課題2】
□弾き歌い

　中学校の教科書の中から各自選んだ3曲のうち当日指定する1曲をピ
　アノ伴奏しながら視唱
【課題3】
□和楽器独奏

　箏，三味線，篠笛，尺八のいずれかを選択し，任意の1曲を独奏(箏
　以外は各自で準備すること)

▼中高美術
【課題1】
□任意のタイトルを設定し，段ボール紙と自分の手を鉛筆でデッサン。
【課題2】
□画紙中央の20cm×30cmの枠内にモチーフの形や特徴を生かした
　「甘い」と「苦い」の対比を表す色彩構成。

▼中学技術
【課題1】
□表計算に関する実技
【課題2】

□製図に関する実技

【課題3】

□計測に関する実技

【課題4】

□木材加工に関する実技

【課題5】

□生物育成に関する実技

▼中高家庭

【課題1】

□被服に関する実技

【課題2】

□食物に関する実技

▼中高保体

【課題1】

□マット運動

【課題2】

□水泳(け伸び・平泳ぎ・クロール)

【課題3】

□ハードル走

【課題4】

□バスケットボール，バレーボール，サッカーのうち各自選んだ1種目

【課題5】

□柔道，剣道，ダンスのうち各自選んだ1種目

▼高校情報

【課題1】

□データ集計に関する実技

【課題2】

□スライド作成に関する実技

【課題3】

□プログラミングに関する実技

【課題4】

□タイピングに関する実技

▼高校農業

【課題1】

□農業鑑定に関する実技

【課題2】

□農業機械の取り扱いに関する実技

【課題3】

□インドアガーデンの作成に関する実技

▼高校工業

【課題1】

□情報技術に関する実技

【課題2】

□製図に関する実技

【課題3】

□電気計測に関する実技

【課題4】

□回路製作に関する実技

【課題5】

□機械計測・機械加工に関する実技

▼高校商業

【課題1】

□帳票作成に関する実技

【課題2】

□教材作成に関する実技

【課題3】

□表計算に関する実技

【課題4】

□文書作成に関する実技

▼高校水産

【課題1】

□漁具の扱いに関する実技

【課題2】

□ロープスプライスに関する実技

【課題3】

□編網に関する実技

【課題4】

□解剖に関する実技

【課題5】

□ロープワークに関する実技

▼養護教諭

【課題1】

□保健指導・救急措置に関する実技

【課題2】

□心肺蘇生に関する実技

2023年度

◆個人面接(1次試験)　面接官2人　受験者1人　15分

※小学校，特別支援学校，他府県現職，スペシャリスト特別選考が対象

【質問項目例】

1　導入のための質問(ラポート形成)

□今日の体調，昨夜の睡眠，起床時刻など。

□会場は迷わなかったか，待ち時間の心境など。

□採用試験の勉強について。

2　受験者本人に関すること。

□時間を切っての自己アピール。

□性格の長所と短所，長所の活用法，短所克服の努力。

□趣味について，きっかけや魅力など。

□学校生活の中で一番打ち込んだもの。

□学校生活を通して学んだこと。

□部活動やボランティア活動を通して学んだこと。

□部活動やサークルの役職経験，その苦労や成果。

□顧問として技術指導可能な部活動。

□友人づきあい・友人関係で一番気を遣うこと。

□友人から相談を持ち掛けられた時の対応。

□友達と意見の相違がある時の対応。

3　意欲・教員としての資質

□教員の志望理由，志望時期。

□自分が教員向きである点。

□教職の魅力。

□教員に求められる資質。

□採用した場合の学校のメリット。

□印象に残る教師とその理由。

□児童生徒に信頼される教師の条件。

〈教育実習経験者〉

□教育実習の苦労と克服法，学んだこと。

□教員から学んだこと，子供たちから学んだこと。

〈講師経験者〉

□講師の経験から学んだこと。

□学校現場で心掛けていること。

□心に残るアドバイス等。

□同僚と意見が異なる(対立した)時の対応。

〈他府県現職〉

□京都府を志望する理由。

□現任校での役割についての自覚。

□勤務校の課題と, その解決の取り組み。

〈スペシャリスト特別選考〉

□自分がスペシャリストといえる点。

□学校現場での自分の経験の活用法。

□教育の場に立つ心構え。

4 教育公務員としての心構えと識見について

□全体の奉仕者としての心構え。

□教育公務員と一般公務員の違い。

□教員の職務の公共性についての認識。

□教員のコンプライアンス, 服務規律の確保についての認識。

5 学習指導, 児童生徒指導について

□大学等の専攻学科の選考理由。

□卒業論文テーマと簡単な内容説明。

□授業における専攻・研究の活用。

□今の子供たちに一番身につけさせたい力とその方法。

□「主体的・対話的で深い学び」について。

□新しい学習指導要領について(校種・教科別)。

□知識・技能を「活用する力」について。

□キャリア教育について。

□言語活動の充実について。

□京都府の教育施策について。

  (京都府教育振興プラン, 子どものための京都式少人数教育など)

□地域の伝統文化の継承について。

□担任としての学級目標設定とその理由。

□児童生徒との適切な距離間について。

□児童生徒の問題行動等への対応(暴力行為，いじめ，不登校等)。

□教師力向上のために大切なもの。

6 教育問題，教育時事について

□関心のある教育問題と自分の見解。

□子供の学力状況についての認識や意見。

□グローバル化に対応した英語教育について。

□「チーム学校」について。

□「特別の教科 道徳」について。

□環境教育について。

□人権教育について。

□防災教育・安全教育について。

□「生きる力」を育むための教育活動について。

□社会に開かれた教育課程について。

□学校の情報公開と保護者や地域社会との関わりについて。

□いじめ問題について。

□教員の体罰について。

□教職員の働き方改革について。

□合理的配慮について。

□その他，関心事等。

▼小学校

【質問内容】

□簡単な質問「朝は早かったですか」「遠い所から来られましたね」
など。

□短所克服方法，それを活かせた場面はあったか。

□大学時代，熱中したこと。

□セクハラはなぜなくならないか，根絶に向けての取組として何か提
案はあるか。

□簡単な質問「緊張はほぐれてきましたか」など。

□支援学校の授業づくりで課題を感じていること。

□教員の魅力。

□子供たちはどんな存在か。

□いじめに関する法律はなにか知っているか。

□いじめに関する学校の方針などを受けて，自分の学校でいじめを発見したらどうするか。

▼特別支援　面接官2人　受験者1人　15分

【質問内容】

□緊張していますか，などの導入的な質問。

□長所と短所。

□短所の克服方法。

□この校種を選んだ志望動機。

□教員の不祥事を防ぐためにどうすればよいか。

□地方公務員と教職公務員の違い。

□教育問題で特に気に合っていることは。

□教員の魅力は。

□教育実習で子供と関わる中で印象に残っていること。

□今まで色々と経験してきているようだが，その中で特に印象に残っていること。

◆集団面接(1次試験)

　※中学校，高等学校，養護教諭，栄養教諭が対象

　▼高校数学　面接官2人 受験者3人　20分

【質問内容】

□迷わず会場に来られたか，昨日はよく眠れたか。

□志望理由。

□教育実習で難しかったったことは。

　　→具体的な場面を教えて。

□セクハラ，パワハラがなくならないのはなぜか。またどのように根
　絶すればよいか。
□今の子どもたちに身につけさせたい力は。
　→それをどのように実践するか。
□教員に向いているところは。

▼高校英語　面接官2人　受験者2人　15分
【質問内容】
□これからの生徒が身につけるべき力。
□今の学校の抱える課題。
□セクハラはなぜなくならないのか。
□あなたがこれまでの人生で打ち込んだこと，そこから学んだこと。

▼高校家庭　面接官2人　受験者3人　20分
【質問内容】
□自己PRを1分間で。
□教員に求められる資質能力とは。
□尊敬する先生とその理由。
□教育実習や現場での経験をもとに，子どもに身につけさせたい力は。
□セクハラ・パワハラが起こってしまう理由とその防止に向けて何を
　するべきか。
※Aさん・Bさん・Cさんという風に呼ばれ，色々な順番で質問されま
　した。

▼高校保体　面接官2人　受験者3人　20分
【質問内容】
□専門競技とその魅力について。
□主体的・対話的な深い学びの深い学びとは。
□セクハラはどうするとなくなるか。
□緊張を1〜5段階で表すとどのくらいか。

□京都府の教員に求める5つの力で自信があるものは。
　→現場で活かせたことはあるか。
□1分で自己PR。
□教育公務員としての心構え。
□最近の気になる教育ニュースはあるか。

▼養護教諭　面接官2人　受験者2人　15分
【質問内容】
□教員の志望動機。
□学生時代力を入れて取り組んだこと。
□セクハラはどうしてなくならないと思うか，またどのような取組み
　をするとなくせるか。
□興味のある教育課題。
□信頼される教員とは。

◆個人面接(2次試験)
【質問項目例】
1　導入のための質問(ラポート形成)
□今日の体調，昨夜の睡眠，起床時刻など。
□会場は迷わなかったか，待ち時間の心境など。
□採用試験の勉強について。
2　受験者本人に関すること
□時間を切っての自己アピール。
□性格の長所と短所，長所の活用法，短所克服の努力。
□趣味について，きっかけや魅力など。
□学校生活の中で一番打ち込んだもの。
□学校生活を通して学んだこと。
□部活動やボランティア活動を通して学んだこと。
□部活動やサークルの役職経験，その苦労や成果。

□顧問として技術指導可能な部活動。
□友人づきあい・友人関係で一番気を遣うこと。
□友人から相談を持ち掛けられた時の対応や気持ち。
□友達と意見の相違がある時の対応。
□友人間での主な話題。
3　意欲・教員としての資質
□教員の志望理由，志望時期。
□自分が教員向きである点。
□教職の魅力。
□教員に求められる資質。
□採用した場合の学校のメリット。
□印象に残る教師とその理由。
□児童生徒に信頼される教師の条件。
□なりたくないと考える教師像。
〈教育実習経験者〉
□教育実習の苦労と克服法，学んだこと。
□教員から学んだこと，子どもたちから学んだこと。
〈講師経験者〉
□講師の経験から何を学んだか。
□学校現場で心掛けていること。
□心に残るアドバイス等。
□同僚と意見が異なる(対立した)時の対応。
〈他府県現職〉
□京都府を志望する理由。
□現任校での役割についての自覚。
□勤務校の課題と，その解決の取り組み。
〈他府県出身者〉
□京都府を志望する理由。
□併願先の有無と，両方合格時の対応。
□将来設計について。

〈スペシャリスト特別選考〉

□自分がスペシャリストといえる点。

□学校現場での自分の経験の活用法。

□教育の場に立つ心構え。

4 教育公務員としての心構えと識見について

□全体の奉仕者としての心構え。

□教育公務員と一般公務員の違い。

□教員の職務の公共性についての考え。

□教員の服装についての認識。

□教員のコンプライアンス，服務規律の確保についての認識。

5 学習指導，児童生徒指導について

□大学等の専攻学科の選考理由。

□卒業論文テーマと簡単な内容説明。

□授業や実社会における専攻・研究の活用について。

□今の子どもたちに一番身につけさせたい力とその方法。

□新しい学習指導要領について(校種・教科別)。

□主体的・対話的で深い学びについて。

□外国語(英語)教育について。

□「質の高い学力」についての具体的な認識。

□知識・技能を「活用する力」について。

□京都府の教育施策について(京都府教育振興プラン，子どものための
　京都式少人数教育など)。

□地域の伝統文化の継承について。

□担任としての学級目標設定とその理由。

□児童生徒の問題行動等の発生状況と防止対策について(暴力行為，い
　じめ，不登校等)。

□児童生徒との適切な距離間について。

□教師力向上のために大切なもの。

□指導計画作成にあたっての配慮事項。

□週案の作成の意義。

□習熟度別指導の長所と短所。

□「心の教育」について具体的な内容，充実のための取組例。

□「いのちの大切さ」指導の方法。

□「人権教育」について。

□清掃活動の教育的意義。

□校則，校則違反の指導について。

□生徒指導における頭髪や服装などの基準について。

□部活動の意義，外部指導者についての認識や意見。

□体罰について。

□不登校の児童生徒への対応・外部機関との連携。

□スクールカウンセラー，スクールソーシャルワーカーとの連携について。

□学校事故の予防・発生時の対応について。

□具体事例の対応(いじめ発覚，給食への異物混入，児童虐待が疑われる等)。

□小学校(中学校，高等学校)における特別支援教育について。

□通常学級において特別に支援を要する児童生徒への対応について。

□インクルーシブ教育について。

□養護教諭との連携について。

□食育の必要性について。

□栄養教諭との連携について。

□特別支援教育についての認識，具体的な活動。

□自立と社会参加について。

□「個別の教育支援計画」の意義(目的)について。

□交流及び共同学習について。

□特別支援学校のセンター的機能についての理解。

□医療，福祉との連携について。

□養護教諭の職務を進めていく上での心構え。

□学校における養護教諭の役割。

□保健室経営について。

□健康診断結果の活用について。

□保健主事の役割。

□栄養教諭の職務を進めていく上での心構え。

□学校における栄養教諭の役割。

□食に関する指導に係る家庭や地域社会との連携における，栄養教諭としての具体的な役割。

□食育の指導におけるポイント。

6　教育問題，教育時事について。

□関心のある教育問題と自分の見解。

□新型コロナウイルス感染症状況における学級経営

□学校運営への影響や対応について。

□高大連携について。

□主権者教育について。

□いじめ問題について(「いじめ防止対策推進法」の趣旨と学校が果たすべき役割，京都府の取組等)。

□グローバル化に対応した英語教育について。

□「チーム学校」について。

□働き方改革について。

□「特別の教科　道徳」について。

□環境教育について。

□情報教育(ICT教育)について。

□防災教育・安全教育について。

□子どもの学校以外での学習時間についての認識や意見。

□子どもの貧困対策についての認識や意見(家庭の社会経済的背景と学力との関係等)。

□キャリア教育について。

□合理的配慮について。

□社会に開かれた教育課程について。

□グローバル人材の育成について。

□京都府の求める教員像について(教員に必要な5つの力等)。

□その他，関心事等。

▼小学校教諭　面接官3人　受験者1人　20分
【質問内容】
□子どもの貧困について何か思うところはあるか。
□ヤングケアラーについて知っているか。
□担当している学校の子どもに貧困の疑いがあるとき，どう対応するか。
□現在働いている支援学校でどのような力がついたか。
□特別支援学校で現在働いているが，小学校を志望する理由は。
□小学校の志望理由，京都府を志望する理由を簡単に。

▼高校数学　面接官3人　受験者1人　16分
【質問内容】
□志望理由。
　→どうして中学数学ではなく高校数学か。
□併願しているかどうか。
□京都府どこでも勤務可能か。
□SNSを交換したいと言ってきたらどう対応するか。
　→「夜1人で寂しい。どうしてもだめ？」と言ってきたらどう対応するか。
□大学と大学院の学びの違い。
□教育実習で難しかったこと。
　→具体的な場面を教えてください。

▼高校数学　面接官3人　受験者1人　10分
【質問内容】
□京都府の高校教員を志望した理由。
□生徒をあだ名で呼ぶことについてどう考えているか。
□京都府以外の受験自治体。

□どんな授業がしたいか。

▼高校英語　面接官3人　受験者1人　20分

【質問内容】

□京都府南北どこでも勤務可能か。

□併願は。

□なぜ京都府なのか。

□目の前の生徒にどう向き合っていくか。

□学校安全について。

□学校内の安全についてどのように考えるか。

□地域連携が大事になるがどのように連携していくか。

□地域連携にあなた自身はどのように取り組んでいくか。

□放課後の黒板に特定生徒への誹謗中傷を見かけた，どう対応するか。

□セクハラに対してどのような考えを持っているか。

　　→セクハラに対してあなたはどのように取り組んでいくか。

□スクールカウンセラーとどのように連携していくか。

□スクールソーシャルワーカーとはどのような仕事か。

　　→その人とどう係わっていくか。

□1分で自己PRをしてください。

□英語を通してどのような生徒に育ってほしいか。

▼高校家庭　面接官3人　受験者1人　18分

【質問内容】

□緊張しているか。

□併願しているか。

□京都のどんなところが魅力か。

□どこでも勤務できるか。

□セクハラ・わいせつ行為に関するニュースで知っていることは。

□子どもにSNSの交換を求められたらどうするか。

□なぜ教員を志望したか。

□なぜ京都府なのか。

□部活動の経験で得たことは何か。

□生徒に部活動を通してどんなことを教えたいか。

□家庭科を学ぶ意義は。

□現代の子どもの課題は何か。

□なぜ高校志望か。

□目指す教師像。

□教師になって大切にしたいことは。

□自分がチーム学校に貢献できることは。

▼高校保体　面接官3人　受験者1人　18分

【質問内容】

□京都府どこでも勤務できるか。

□部活動指導について。

□セクハラについて。

□いじめ，不祥事等について。

□評価の観点などの知識について。

▼養護教諭

【質問内容】

□養護教諭を志望する理由。

□何度も相談にくる子どもの対応として，コンプライアンスの観点で
　何か気をつける部分はあるか。

□気になっている教育課題。

□去年の結果と反省点。

□現任校の人数は。

　→今までの勤務校の規模は。

　→小規模と今までの学校との違い。

□豊かな人間性を持っていてほしいと思っているが，何か趣味はあるか(キャンプと回答)。

　　→この夏どこにキャンプに行くか。

　　→だれとキャンプに行くのか。

　　→趣味以外にスポーツはやるか(剣道と回答)。

　　→キャンプや剣道を職務にどう活かすか。

□今までで同僚の先生と意見が対立したことはあるか。

　　→また，そのときどのように対応したか。

□奈良を受験しない理由。

　　→奈良と京都の違い。

□他の機関と連携して何か取り組みをしたか。

　　→他にはどのような取り組みをしたか。

□自分に合っていると思うのは，小中高どれだと思うか。

◆教育実践力テスト(模擬授業)(2次試験)

小学校	◆ 次の①〜⑤の学習内容の中から一つ選び、その導入の指導をしなさい。 ① さあ、はじめよう よろしくね　　　　　（国語：第1学年） ② もうすぐ3年生　　　　　　　　　　　　（生活：第2学年） ③ 折れ線グラフと表　　　　　　　　　　　（算数：第4学年） ④ 未来とつながる情報　　　　　　　　　　（社会：第5学年） ⑤ ものが燃えるしくみ　　　　　　　　　　（理科：第6学年）
中学国語	◆ 次の①〜⑤の学習内容または学習活動の中から一つ選び、その導入の指導をしなさい。 ① 『少年の日の思い出』（ヘルマン・ヘッセ） ② 『枕草子』（清少納言） ③ 故事成語（漢文） ④ 敬語 ⑤ パネルディスカッションのしかた
中学社会	◆ 次の①〜⑤の学習内容の中から一つ選び、その導入の指導をしなさい。 ① 地理的分野「世界の諸地域　北アメリカ州」 ② 地理的分野「日本の人口の変化と特色」 ③ 歴史的分野「鎌倉文化」 ④ 歴史的分野「市民革命の始まり」 ⑤ 公民的分野「地方自治と地方公共団体」
中学数学	◆ 次の①〜⑤の学習内容の中から一つ選び、その導入の指導をしなさい。 ① 空間における2直線の位置関係 ② 単項式と多項式 ③ 四分位数 ④ 三平方の定理 ⑤ 関数 $y＝ax^2$ の利用
中学理科	◆ 次の①〜⑤の学習内容の中から一つ選び、その導入の指導をしなさい。 ① 第1分野「光の反射・屈折」 ② 第1分野「化学変化」 ③ 第2分野「地震の伝わり方と地球内部の動き」 ④ 第2分野「葉・茎・根のつくりと働き」 ⑤ 第2分野「自然環境の保全と科学技術の利用」
中学音楽	◆ 次の①〜⑤の指導内容の中から一つ選び、その導入の指導をしなさい。 ① 歌唱の指導　「帰れソレントへ」　G.B.デ クルティス作詞　E.デ クルティス作曲 ② 歌唱の指導　「時の旅人」　深田じゅんこ作詞　橋本祥路作曲 ③ 器楽の指導　箏曲「さくら」　　日本古曲 ④ 創作の指導　「さまざまな花火をリズムアンサンブルで表現しよう」 ⑤ 鑑賞の指導　「ボレロ」　　　　Mラヴェル作曲
中学美術	◆次の①〜⑤の学習活動の中から一つ選び、その導入の指導をしなさい。 ① 身近なものをユニバーサルデザインの視点から見てみよう ② 自然を見つめて（静物を描く） ③ 想像の生き物を作ろう（塑像） ④ 交通安全を啓発するポスターをつくろう ⑤ 身のまわりの「美しさ」を見つけて写真に撮ろう（鑑賞の前段階として）

中学保体	◆◆ 次の①〜⑤の学習活動の中から一つ選び、その導入の指導をしなさい。 【体育】　① 武道「柔道」 　　　　② ダンス「創作ダンス」 　　　　③ 体育理論「国際的なスポーツ大会などが果たす文化的な意義や役割」 【保健】　④ 健康な生活と疾病の予防「休養及び睡眠と健康」 　　　　⑤ 傷害の防止「応急手当の実際」
中学技術	◆ 次の①〜⑤の学習内容の中から一つ選び、その導入の指導をしなさい。 ① 生活や社会を支える材料と加工の技術 ② 社会の発展と生物育成の技術 ③ プログラミングによる問題解決 ④ 電気エネルギーの変換と利用 ⑤ 安全に実習するために
中学家庭	◆ 次の①〜⑤の学習内容の中から一つ選び、その導入の指導をしなさい。 ① 高齢者との関わり ② 私らしさとT.P.O（着方の工夫） ③ 地域の食文化 ④ 購入方法と支払い方法 ⑤ 省エネルギーと持続可能な社会
中学英語	◆次の①〜⑤の指導内容の中から一つ選び、言語の働きや目的・場面・状況も考慮し、言語活動を取り入れた導入の指導をしなさい。 ① 道案内の場面を想定した話すことの指導 ② 日常的な出来事を想定した書くことの指導 ③ 関係代名詞のうち、目的格の制限的用法 ④ to 不定詞〈形容詞としての用法〉 ⑤ 現在分詞の形容詞としての用法
高校国語	◆次の①〜⑤の学習内容または学習活動の中から一つ選び、その導入の指導をしなさい。 ① 『羅生門』（芥川龍之介） ② 『平家物語』 ③ 再読文字 ④ 古典文法「動詞」 ⑤ 評論文の読み方
高校地公	◆ 次の①〜⑤の学習内容の中から一つ選び、その導入の指導をしなさい。 ① 世界史「インド古典文化」 ② 日本史「江戸時代の交通の整備と発達」 ③ 地理　「河川の地形」 ④ 公民　「労働者の権利と労働問題」 ⑤ 公民　「生命倫理」
高校数学	◆ 次の①〜⑤の学習内容の中から一つ選び、その導入の指導をしなさい。 ① 命題と証明（数学Ⅰ　数と式） ② 不等式の表す領域（数学Ⅱ　図形と方程式） ③ 一般角と弧度法（数学Ⅱ　三角関数） ④ 位置ベクトル（数学C　ベクトル） ⑤ 近似式（数学Ⅲ　微分法）

高校理科	◆ 次の①～⑤の学習内容の中から一つ選び、その導入の指導をしなさい。 ① 科学と人間生活「身近な微生物」 ② 物理「熱と仕事」 ③ 化学「共有結合の物質」 ④ 生物「自律神経系と内分泌系」 ⑤ 地学「海水の運動と循環」
高校保体	◆ 次の①～⑤の学習活動の中から一つ選び、その導入の指導をしなさい。 【体育】 ① 陸上競技「短距離・リレー」 　　　　② ダンス「創作ダンス」 　　　　③ 体育理論「スポーツ推進のための施策と諸条件」 【保健】 ④ 安全な社会生活「心肺蘇生法」 　　　　⑤ 生涯を通じる健康「加齢と健康」
高校美術	◆ 次の①～⑤の学習活動の中から一つ選び、その導入の指導をしなさい。 ① 目的や機能によって異なる椅子のデザインを鑑賞する ② 学校祭の案内ポスターを制作する（デザイン） ③ マナー向上のため15秒ＣＭづくりをする（映像メディア表現） ④ 躍動感のある人物（塑造）をつくる ⑤ 人物の動きを捉えてドローイングする
高校英語	◆ 次の①～⑤の指導内容の中から一つ選び、言語や表現の働きやコミュニケーションを行う目的や場面、状況などを考慮し、言語活動を取り入れた導入の指導をしなさい。 ① 「話すこと（やりとり）」における、やりとりを継続させるための表現などの指導 ② 情報や考え、気持ちなどを適切な理由や根拠とともに段落を書いて伝える活動の指導 ③ 「読むこと」における、文章の展開を把握するための指導 ④ 日常的な話題についてのプレゼンテーションの指導 ⑤ 「関係副詞」に関する指導
高校家庭	◆ 次の①～⑤の学習内容の中から一つ選び、その導入の指導をしなさい。 ① 人の一生と生活課題 ② 多様な食文化 ③ 被服の選択と安全 ④ 地域社会と子育て支援 ⑤ 収入と支出
高校情報	◆次の①～⑤の学習内容の中から一つ選び、その導入の指導をしなさい。 ① 情報とメディアの特性 ② 情報モラルと個人の責任 ③ アルゴリズムの基本と表現 ④ 情報システムとデータベース ⑤ ネットワークとインターネットのしくみ
高校農業	◆ 次の①～⑤の学習内容の中から一つ選び、その導入の指導をしなさい。 ① 農薬の特性と防除の方法 ② 農業における情報の役割と課題 ③ 地域環境に配慮した野菜生産 ④ 家畜の特性と飼育技術 ⑤ 森林生態系の構造と多面的機能

高校工業	◆ 次の①～⑤の学習活動の中から一つ選び、その導入の指導をしなさい。 ① 工業の見方・考え方について ② 技術者としての使命 ③ 環境と技術 ④ 交流回路の基礎 ⑤ 鉄筋コンクリートの構造
高校商業	◆ 次の①～⑤の学習内容の中から一つ選び、その導入の指導をしなさい。 ① 経済と流通　　　　　経済の基本概念 ② 記帳の効率化　　　　会計ソフトウェアの活用 ③ 情報の集計と分析　　問題の発見と解決の方法 ④ 商品と商品開発　　　商品開発の意義と手順 ⑤ ビジネス英語　　　　ビジネスの会話 ①～③については，平成30年3月に改訂された高等学校学習指導要領による科目の内容，【指導項目】によるものとする。また，④・⑤については，平成21年3月告示の学習指導要領による科目の内容によるものとする。
高校福祉	◆ 次の①～⑤の学習内容の中から一つ選び、その導入の指導をしなさい。 ① 社会保障制度の意義と役割 ② 認知症の基礎的理解 ③ 自立に向けた支援 ④ 多職種連携とチームケア ⑤ 障害の基礎的理解
特別支援学校	◆ 次の①～⑤の指導内容の中から一つ選び、その導入の指導をしなさい。 ① 小学部「自立活動」 　「内科検診」の事前指導における初回の指導 　　（対象：知的障害者である小学部1年生の児童の学級） ② 小学部「特別活動」 　文化祭のダンス発表に向けた事前指導 　　（対象：病弱者である小学部3年生の児童の学級） ③ 中学部「保健体育」 　ラジオ体操の初回指導 　　（対象：視覚障害者である中学部1年生の生徒の学級） ④ 高等部「自立活動」 　規則正しい生活習慣の確立を目指す指導 　　（対象：知的障害と肢体不自由を併せ有するC・D段階の生徒で編制する学級） ⑤ 高等部「生活単元学習」 　卒業後の生活に向けた単元の指導 　　（対象：聴覚障害と知的障害を併せ有するB～D段階の生徒で編制する学級） ※資料　発達の目安について

特別支援学校（続き）

A	おおよそ1歳半又はそれ以前の発達の段階	表情や身ぶりで意思疎通する発達の段階
B1	おおよそ1歳半以降の発達の段階	話しことばを習得する発達の段階
B2	おおよそ3歳又はそれ以上の発達の段階	話しことばを豊かにする発達の段階
C	おおよそ5、6歳又はそれ以上の発達の段階	書きことばを習得する発達の段階
D	おおよそ9歳又はそれ以上の発達の段階	書きことばによって思考できる発達の段階

（参考：就学事務の手引　発行：京都府教育庁指導部特別支援教育課）

養護教諭	◆ 次の①〜⑤の指導内容の中から一つ選び、その導入の指導をしなさい。 ① ネット依存について（対象：小・中・高校生より選択） ② 飲酒について（対象：小・中・高校生より選択） ③ がん教育（対象：小・中・高校生より選択） ④ 心の健康について（対象：小・中・高校生より選択） ⑤ ストレートネックについて（対象：小・中・高校生より選択）
栄養教諭	◆次の①〜⑤の指導内容の中から一つ選び、その導入の指導をしなさい。 ① みんなで食べるとおいしいね（食事のマナー）　　（対象：小学校2年生） ② とっているかな？成長に大切な栄養素　　　　　　（対象：小学校4年生） ③ バイキング給食にチャレンジ　　　　　　　　　　（対象：小学校5年生） ④ 朝食の効果を知ろう　　　　　　　　　　　　　　（対象：中学校1年生） ⑤ ダイエットについて考えてみよう　　　　　　　　（対象：中学校3年生）

▼高校数学　面接官3人　受験者5人　12分

※受験者が生徒役をする。面接官は見ているのみ。

※全員の模擬授業後，1人2分程度，留意点，改善点を話す。

▼高校英語　面接官2人　受験者5人　12分

※模擬授業は一人当たり12分。残りの受験生は生徒役。

※模擬授業の最後に2分間，授業の狙いなどを話す時間あり。

※生徒役の受験生をいかに動かすかが合否を分けるかもしれない。英語は特に生徒に英語を使わせることが求められるので，ペアワークを多く活用することで生徒役も明るい雰囲気で積極的に授業に参加してくれたり答えてくれたりした。面接官は一番後ろにいるので，目の前の生徒役の受験生を見つつ，面接官にも聞こえるように大きな声ではっきり授業を行うことが大切だと思った。

▼高校家庭　面接官2人　受験者4人　12分

※事前に決められているテーマをもとに12分間の授業をする。

※その後2分間でふり返りを話す場面がある。

▼高校保体　面接官2人　受験者4人　12分

※事前に課題候補が送られてきて，指導案を当日までに作成しておく（指定の様式有り）。

※導入の12分間の授業を行う。

※指導案のみ持ち込み可(回収される)。

※他の受験者は生徒役として参加する。

▼特別支援　面接官2人　受験者3人　15分

※5つの課題の中から1つ選び，授業を行う。

※5人1組で模擬授業を行う。

※他の受験者は生徒役を行う。なお，面接官は授業には参加しない。

※道具の持ち込みやいすの移動は不可。

※黒板は使用可。

※受験生同士近づかないようにという事前説明があるため，距離感が
　難しい。

▼養護教諭　面接官2人　受験者5人　12分

※1次の結果が通知される際に，計5つのテーマが知らされ，その中か
　ら好きなものを選択できる。対象とする学年や校種も自由に設定で
　きる。

※受験生が児童役を担う。

◆実技試験(2次試験)

　▼中高英語　面接官2人(うち1人はALT)　受験者5人

　【課題】

　□集団面接形式の英会話実技

　【質問内容】

　□一般的な質問(教員になって成し遂げたいことなど)

　□日本文化に関する質問(好きな日本の言葉とその理由)

　□ディスカッショントピック(40人学級でABCD評価のうち，CD評価
　　の多いクラスの評価システムは公平か，否か。)

▼中学音楽

【課題1】

□ピアノ独奏

　モーツァルト若しくはベートーヴェンのソナタの中から，任意の第一楽章(緩徐楽章は除く。)又は同程度以上の任意の1曲を反復省略，暗譜で演奏

【課題2】

□弾き歌い

　各校種の教科書の中から各自選んだ3曲のうち当日指定する1曲をピアノ伴奏しながら視唱

【課題3】

□和楽器独奏

　箏，三味線，篠笛，尺八のいずれかを選択し，任意の1曲を独奏(箏以外は各自で準備すること)

▼中学技術

【課題1】

□表計算に関する実技

【課題2】

□製図に関する実技

【課題3】

□計測こ関する実技

【課題4】

□生物育成に関する実技

【課題5】

□木材加工に関する実技

▼中高家庭

【課題1】

□被服に関する実技(30分)

・「手縫いの基礎縫い(なみぬい，本返し縫い，半返し縫い，まつり縫い，ボタンつけ，スナップつけ)」

※名札をつけて提出する

【課題2】

□食物に関する実技(40分)

・「カレイ(魚)の煮つけ」「切り干し大根の煮物」

※材料は全て使い切る，調味料は自分で計算する。

※レシピに分量が書かれているが，手順は考える。

※だしは取ってあるものが用意されていた。

※使用した器具も時間内に洗って片付ける。

▼中高保体

【課題1】

□マット運動(倒立前転，側転を含む5種目)

【課題2】

□水泳(け伸び・平泳ぎ25m・クロール25m)

【課題3】

□ハードル走(80m)

【課題4】

□バスケットボール，バレーボール，サッカーのうち各自選んだ1種目

(バスケットボール：ストップとパス→ドリブル(右左)→レイアップシュート(右左)→ジャンプシュート)

【課題5】

□柔道，剣道，ダンスのうち各自選んだ1種目

(柔道：礼法(座礼，立礼)と後ろ受身，前回り受身のみ)

▼中高美術

【課題1】

□任意のタイトルを設定し，毛糸と自分の手を鉛筆でデッサン。

【課題2】
□画紙中央の30cm×30cmの枠内にモチーフの形や特徴を生かした
「エネルギッシュ」かつ「さわやか」を表す色彩構成。

▼高校情報
【課題1】
□データ集計に関する実技
【課題2】
□プログラミングに関する実技
【課題3】
□スライド作成に関する実技
【課題4】
□タイピングに関する実技

▼高校農業
【課題1】
□農業鑑定に関する実技
【課題2】
□農業機械の取り扱いに関する実技
【課題3】
□ダイコンの播種に関する実技

▼高校工業
【課題1】
□情報技術に関する実技
【課題2】
□製図に関する実技
【課題3】
□電気計測に関する実技
【課題4】

□回路製作に関する実技
【課題5】
□機械計測・金属加工に関する実技

▼高校商業
【課題1】
□帳票作成に関する実技
【課題2】
□資料作成に関する実技
【課題3】
□表計算に関する実技
【課題4】
□文書作成に関する実技

▼養護教諭　面接官2名(1名が指示と記録，1名が児童生徒や教員役)
【課題1】
□保健指導・救急措置に関する実技
・「小学校6年生の男子児童が廊下で転倒して頭部を打撲しました。対応してください。」
【課題2】
□心肺蘇生に関する実技
・「高校生が部活動中運動場で倒れました。AEDを用いて対応してください。なお，新型コロナウイルス感染症対策として人工呼吸はしないでください。」
※受験番号と氏名を伝えるとすぐ試験が始まる。
※時間は各2～3分程度。
※タイマーが鳴るとすぐ次の内容が指示される。
※試験官の1人が児童生徒や教員役。
※机の上に救急セットがある。
※椅子とベッドに見立てたソファがある。

2022年度

◆個人面接(1次試験)　面接官2人　受験者1人　15分

※小学校，特別支援学校，他府県現職，スペシャリスト特別選考が対象

【質問項目例】

1　導入のための質問(ラポート形成)

□今日の体調，昨夜の睡眠，起床時刻など。

□会場は迷わなかったか，待ち時間の心境など。

□採用試験の勉強について。

2　受験者本人に関すること

□時間を切っての自己アピール。

□性格の長所と短所，長所の活用法，短所克服の努力。

□趣味について，きっかけや魅力など。

□学校生活の中で一番打ち込んだもの。

□学校生活を通して学んだこと。

□部活動やボランティア活動を通して学んだこと。

□部活動やサークルの役職経験，その苦労や成果。

□顧問として技術指導可能な部活動。

□友人づきあい・友人関係で一番気を遣うこと。

□友人から相談を持ち掛けられた時の対応。

□友達と意見の相違がある時の対応。

3　意欲・教員としての資質。

□教員の志望理由，志望時期。

□自分が教員向きである点。

□教職の魅力。

□教員に求められる資質。

□採用した場合の学校のメリット。

□印象に残る教師とその理由。

□児童生徒に信頼される教師の条件。

〈教育実習経験者〉

□教育実習の苦労と克服法，学んだこと。

□教員から学んだこと，子どもたちから学んだこと。

〈講師経験者〉

□講師の経験から学んだこと。

□学校現場で心掛けていること。

□心に残るアドバイス等。

□同僚と意見が異なる(対立した)時の対応。

〈他府県現職〉

□京都府を志望する理由。

□現任校での役割についての自覚。

□勤務校の課題と，その解決の取り組み。

〈スペシャリスト特別選考〉

□自分がスペシャリストといえる点。

□学校現場での自分の経験の活用法。

□教育の場に立つ心構え。

4　教育公務員としての心構えと識見について

□全体の奉仕者としての心構え。

□教育公務員と一般公務員の違い。

□教員の職務の公共性についての考え。

□教員のコンプライアンス，服務規律の確保についての認識。

5　学習指導，児童生徒指導について

□大学等の専攻学科の選考理由。

□卒業論文テーマと簡単な内容説明。

□授業における専攻・研究の活用。

□今の子どもたちに一番身につけさせたい力とその方法。

□「主体的・対話的で深い学び」について。

□新しい学習指導要領について(校種・教科別)。

□知識・技能を「活用する力」について。

□キャリア教育について。

□言語活動の充実について。

□京都府の教育施策について(京都府教育振興プラン，子どものための
　京都式少人数教育など)。

□地域の伝統文化の継承について。

□担任としての学級目標設定とその理由。

□児童生徒との適切な距離感について。

□児童生徒の問題行動等への対応(暴力行為，いじめ，不登校等)。

□教師力向上のために大切なもの。

6　教育問題，教育時事について

□関心のある教育問題と自分の見解。

□子どもの学力状況についての認識や意見。

□グローバル化に対応した英語教育について。

□「チーム学校」について。

□「特別の教科道徳」について。

□環境教育について。

□人権教育について。

□防災教育・安全教育について。

□「生きる力」を育むための教育活動について。

□社会に開かれた教育課程について。

□学校の情報公開と保護者や地域社会との関わりについて。

□いじめ問題について。

□教員の体罰について。

□教職員の働き方改革について。

□合理的配慮について。

□その他，関心事等。

▼特別支援

【質問内容】

□教員を目指すきっかけは。

□印象に残っている先生は。

□特別支援学校の免許は取れるか。
□特別支援学校教員になるきっかけ。
□教員に向いているか。
□学校生活で1番打ち込んだものは何か。
□セクハラについてどう思うか。
□教育実習では何を学んだか。
□どんな授業が印象的だったか。
□特別支援学校に教育実習に行く時にどこを気をつけるか。
□人と話すとき，どこに気をつけるか。

◆集団面接(1次試験)　面接官2人　受験者1〜3人　20分
　※中学校，高等学校，養護教諭，栄養教諭が対象
　▼小学校
　【質問内容】
　□志望理由
　　→地域に大切にされていると感じたとき。
　　→子どもたちが大切にされていると実感できる取組。
　□セクハラ，距離感について。
　□観察力とは。
　□コロナ禍の人との関わりについて。
　□連携する上で大切なこと。

　▼養護教諭
　【質問内容】
　(1人目)
　□「昨日はよく眠れたか。
　□どのような養護教諭を目指すか。
　□そのために，どんなことに取り組んでいるか。
　□セクシャルハラスメントやわいせつ行為について，どう思うか。

→あなたの考えを述べよ。

(2人目)

□ヤングケアラーについて，あなたの考えを述べよ。

□教職員との連携が大切だが，どのようにしたいか。

※挙手制ではなく，受験者3人にA，B，Cとアルファベットが割り当てられ，面接官が指名する。

※それぞれ「Aさん」「Bさん」「Cさん」と呼び合うように指示があった。

〔試験の流れ〕

※集合時間になって，すぐに面接の説明だった。

※面接は横に座っている人達と同じグループだった。

※待機教室には戻らない。

※受験票の確認をするために，机の上に出す必要がある。

※また，受験票確認の際，マスクをずらして顔を見せる。

※座席の後ろの机にかばんを置く(受験票は出さない)。

※椅子の横に立ち，受験番号と氏名を伝えたあと，着席する。

◆個人面接(2次試験)　面接官3人　12〜20分

【質問項目例】

1　導入のための質問(ラポート形成)

□今日の体調，昨夜の睡眠，起床時刻など。

□会場は迷わなかったか，待ち時間の心境など。

□採用試験の勉強について。

2　受験者本人に関すること

□時間を切っての自己アピール。

□性格の長所と短所，長所の活用法，短所克服の努力。

□趣味について，きっかけや魅力など。

□学校生活の中で一番打ち込んだもの。

□学校生活を通して学んだこと。

□部活動やボランティア活動を通して学んだこと。

□部活動やサークルの役職経験，その苦労や成果。

□顧問として技術指導可能な部活動。

□友人づきあい・友人関係で一番気を遣うこと。

□友人から相談を持ち掛けられた時の対応。

□友達と意見の相違がある時の対応。

□友人間での主な話題。

3　意欲・教員としての資質

□教員の志望理由，志望時期。

□自分が教員向きである点。

□教職の魅力。

□教員に求められる資質。

□採用した場合の学校のメリット。

□印象に残る教師とその理由。

□児童生徒に信頼される教師の条件。

□なりたくないと考える教師像。

〈教育実習経験者〉

□教育実習の苦労と克服法，学んだこと。

□教員から学んだこと，子どもたちから学んだこと。

〈講師経験者〉

□講師の経験から何を学んだか。

□学校現場で心掛けていること。

□心に残るアドバイス等。

□同僚と意見が異なる(対立した)時の対応。

〈他府県現職〉

□京都府を志望する理由。

□現任校での役割についての自覚。

□勤務校の課題と，その解決の取り組み。

〈他府県出身者〉

□京都府を志望する理由。

□併願先の有無と，両方合格時の対応。

□将来設計について。

〈スペシャリスト特別選考〉

□自分がスペシャリストといえる点。

□学校現場での自分の経験の活用法。

□教育の場に立つ心構え。

4　教育公務員としての心構えと識見について

□全体の奉仕者としての心構え。

□教育公務員と一般公務員の違い。

□教員の職務の公共性についての考え。

□教員の服装についての認識。

□教員のコンプライアンス，服務規律の確保についての認識。

5　学習指導，児童生徒指導について

□大学等の専攻学科の選考理由。

□卒業論文テーマと簡単な内容説明。

□授業や実社会における専攻・研究の活用について。

□今の子どもたちに一番身につけさせたい力とその方法。

□新しい学習指導要領について(校種・教科別)。

□主体的・対話的で深い学びについて。

□外国語(英語)教育について。

□「質の高い学力」についての具体的な認識。

□知識・技能を「活用する力」について。

□京都府の教育施策について(京都府教育振興プラン，子どものための
　京都式少人数教育など)。

□地域の伝統文化の継承について。

□担任としての学級目標設定とその理由。

□児童生徒の問題行動等の発生状況と防止対策について(暴力行為，い
　じめ，不登校等)。

□児童生徒との適切な距離感について。

□教師力向上のために大切なもの。

□指導計画作成にあたっての配慮事項。

□週案の作成の意義。

□習熟度別指導の長所と短所。

□「心の教育」について具体的な内容，充実のための取組例。

□「いのちの大切さ」の指導の方法。

□「人権教育」について。

□清掃活動の教育的意義。

□校則，校則違反の指導について。

□生徒指導における頭髪や服装などの基準について。

□部活動の意義，外部指導者についての認識や意見。

□体罰について。

□不登校の児童生徒への対応・外部機関との連携。

□スクールカウンセラー，スクールソーシャルワーカーとの連携について。

□学校事故の予防・発生時の対応について。

□具体事例の対応(いじめ発覚，給食への異物混入，児童虐待が疑われる等)。

□小学校(中学校，高等学校)における特別支援教育について。

□通常学級において特別に支援を要する児童生徒への対応について。

□インクルーシブ教育について。

□養護教諭との連携について。

□食育の必要性について。

□栄養教諭との連携について。

□特別支援教育についての認識，具体的な活動。

□自立と社会参加について。

□「個別の教育支援計画」の意義(目的)について。

□交流及び共同学習について。

□特別支援学校のセンター的機能についての理解。

□医療，福祉との連携について。

□養護教諭の職務を進めていく上での心構え。

□学校における養護教諭の役割。

□保健室経営について。

□健康診断結果の活用について。

□保健主事の役割。

□栄養教諭の職務を進めていく上での心構え。

□学校における栄養教諭の役割。

□食に関する指導に係る家庭や地域社会との連携における，栄養教諭
　としての具体的な役割。

□食育の指導におけるポイント。

6　教育問題，教育時事について

□関心のある教育問題と自分の見解。

□新型コロナウイルス感染症状況における学級経営・学校運営への影
　響や対応について。

□高大連携について。

□主権者教育について。

□いじめ問題について(「いじめ防止対策推進法」の趣旨と学校が果た
　すべき役割，京都府の取組等)。

□グローバル化に対応した英語教育について。

□「チーム学校」について。

□働き方改革について。

□「特別の教科道徳」について。

□環境教育について。

□情報教育(ICT教育)について。

□防災教育・安全教育について。

□子どもの学校以外での学習時間についての認識や意見。

□子どもの貧困対策についての認識や意見(家庭の社会経済的背景と学
　力との関係等)。

□キャリア教育について。

□合理的配慮について。

□社会に開かれた教育課程について。
□グローバル人材の育成について。
□京都府の求める教員像について(教員に必要な5つの力等)。
□その他，関心事等。

▼小学校教諭
【質問内容】
□どうして京都府の北部なのか。
□自己アピール。
　→キャプテンについて。
□教育の目的は。
□人権三法とは。
□京都府の育みたい力とは。
□いじめや不登校の対応について。

▼特別支援
【質問内容】
□他の自治体は受けたか。
□勤務地は北部でも南部でもどちらでもいいか。
□セクハラについてどう思うか。
□京都府の教員に必要な5つの力のうち，何が大切か。
□特別支援学校の免許状は取れるか。
□自立活動を6つ述べよ。
□自閉症の生徒に自立活動をするなら何を注意するか。
□どうして通信制の大学で免許を取ろうと思ったか。
□なぜ特別支援学校に志願したか。
□特別支援学校は専門知識が求められる。何か今しているか。
□学んでいることをどう活かすか。

◆教育実践力テスト(模擬授業)(2次試験)　面接官2人　受験者5人　12分

【課題】

小学校	◆ 次の①〜⑤の学習内容の中から一つ選び、その導入の指導をしなさい。 ① いちねんせいに なったよ　　　　　　　　　（生活：第1学年） ② 円と球　　　　　　　　　　　　　　　　　　（算数：第3学年） ③ 水のすがたの変化　　　　　　　　　　　　　（理科：第4学年） ④ 詩を読もう、味わおう　　　　　　　　　　　（国語：第5学年） ⑤ 持続可能な社会を生きる〜家族や地域の一員として〜　（家庭：第6学年）
中学国語	◆ 次の①〜⑤の学習内容または学習活動の中から一つ選び、その導入の指導をしなさい。 ① 『走れメロス』(太宰治) ② 『古今和歌集仮名序』(紀貫之) ③ 漢詩 ④ スピーチのしかた ⑤ 話し言葉と書き言葉
中学社会	◆ 次の①〜⑤の学習内容の中から一つ選び、その導入の指導をしなさい。 ① 地理的分野「日本の気候」 ② 歴史的分野「新しい学問と化政文化」 ③ 歴史的分野「自由民権運動の高まり」 ④ 公民的分野「国会の地位と仕組み」 ⑤ 公民的分野「消費生活を支える流通」
中学数学	◆ 次の①〜⑤の学習内容の中から一つ選び、その導入の指導をしなさい。 ① 関数 ② 相対度数 ③ 連立方程式とその解 ④ 平行線と面積 ⑤ 素因数分解
中学理科	◆ 次の①〜⑤の学習内容の中から一つ選び、その導入の指導をしなさい。 ① 第1分野「力の働き」 ② 第1分野「電気とそのエネルギー」 ③ 第1分野「化学変化と電池」 ④ 第2分野「動物の体の共通点と相違点」 ⑤ 第2分野「気象要素」
中学音楽	◆ 次の①〜⑤の指導内容の中から一つ選び、その導入の指導をしなさい。 ① 歌唱の指導　「夏の思い出」　　　江間章子 作詞　中田喜直 作曲 ② 歌唱の指導　混声3部合唱「大切なもの」 　　　　　　　　　　　　　　　　　山崎朋子 作詞・作曲 ③ 器楽の指導　アルトリコーダー二重奏「ラヴァース コンチェルト」 　　　　　　　　　　　　　D.ランデル ＆ S.リンザー 作曲 ④ 創作の指導　「沖縄音階を使って旋律を創ろう」 ⑤ 鑑賞の指導　歌曲「魔王」　　　J.W.v.ゲーテ 作詞　　F.P.シューベルト 作曲

中学美術	◆ 次の①〜⑤の学習活動の中から一つ選び、その導入の指導をしなさい。 ① 「アンコール・ワット」と「平等院鳳凰堂」を比較しながら鑑賞しよう。 ② 心ひかれる身近な風景を絵にしよう。〜水彩で表そう〜 ③ 粘土で動きのある動物をつくろう。 ④ 物語のイメージが伝わるロゴタイプをつくろう。 　〜「ごんぎつね」「不思議の国のアリス」「孫悟空」の中から1つ選んで〜 ⑤ 飲み物を飲む様々な器を比較しながら鑑賞しよう。
中学保体	◆ 次の①〜⑤の学習活動の中から一つ選び、その導入の指導をしなさい。 【体育】① ダンス「現代的なリズムのダンス」 　　　　② 球技「ゴール型」 　　　　③ 体育理論「運動やスポーツの安全な行い方」 【保健】④ 健康と環境「生活によって生じた廃棄物の衛生的な処理の必要性」 　　　　⑤ 傷害の防止「人的要因や環境要因などの関わりによる傷害の発生」
中学技術	◆ 次の①〜⑤の学習内容の中から一つ選び、その導入の指導をしなさい。 ① 技術の見方・考え方について ② 技術と生活や産業 ③ 材料を利用する技術について ④ 情報セキュリティと情報モラル ⑤ 生物育成の技術
中学家庭	◆ 次の①〜⑤の学習内容の中から一つ選び、その導入の指導をしなさい。 ① 乳幼児の生活習慣 ② 食品の選択と購入 ③ 衣服の手入れ ④ 悪質商法と消費者トラブル ⑤ 意思決定のプロセス
中学英語	◆ 次の①〜⑤の指導内容の中から一つ選び、言語の働きや目的・場面・状況も考慮し、言語活動を取り入れた導入の指導をしなさい。 ① 自己紹介を想定した書くことの指導 ② 買い物の場面を想定した話すことの指導 ③ 表現方法に留意した教科書本文の音読指導 ④ 動詞の時制及び相＜過去形＞ ⑤ 疑問文のうち、疑問詞(whose)ではじまるもの
高校国語	◆ 次の①〜⑤の学習内容または学習活動の中から一つ選び、その導入の指導をしなさい。 ① 『山月記』(中島敦) ② 『源氏物語』(紫式部) ③ 故事成語(漢文) ④ 古典文法「用言の活用」 ⑤ レポートの書き方
高校地公	◆ 次の①〜⑤の学習内容の中から一つ選び、その導入の指導をしなさい。 ① 世界史「宋代の社会と経済」 ② 日本史「殖産興業」 ③ 地理　「工業の立地」 ④ 公民　「人権保障と法の支配」 ⑤ 公民　「中国思想」

高校数学	◆　次の①～⑤の学習内容の中から一つ選び、その導入の指導をしなさい。 ①　三角比の拡張（数学Ⅰ　図形と計量） ②　条件付き確率（数学A　場合の数と確率） ③　二項定理（数学Ⅱ　いろいろな式） ④　階差数列（数学B　数列） ⑤　定積分と和の極限（数学Ⅲ　積分法）
高校理科	◆　次の①～⑤の学習内容の中から一つ選び、その導入の指導をしなさい。 ①　科学と人間生活「天然繊維と再生繊維」 ②　物理「運動エネルギー」 ③　化学「物質量」 ④　生物「ゲノムと遺伝子」 ⑤　地学「プレートテクトニクス」
高校保体	◆　次の①～⑤の学習活動の中から一つ選び、その導入の指導をしなさい。 【体育】①　ダンス「現代的なリズムのダンス」 　　　　②　球技「ゴール型」 　　　　③　体育理論「ライフスタイルに応じたスポーツとの関わり方」 【保健】④　安全な社会生活「事故の現状と発生要因」 　　　　⑤　生涯を通じる健康「働く人の健康の保持増進」
高校音楽	◆　次の①～⑤の指導内容の中から一つ選び、その導入の指導をしなさい。 ①　歌唱の指導　「Ｃaｒｏ　ｍｉｏ　ｂｅｎ」 　　　　　　　　　　　　　　作詞者不明　　G．ジョルダーニ　作曲 ②　歌唱の指導　「椰子の実」　　　島崎　藤村　作詞　　大中　寅二　作曲 ③　器楽の指導　ソプラノリコーダー輪奏「パッヘルベルのカノン」 　　　　　　　　　　　　　　　　　　　　　J．パッヘルベル　作曲 ④　創作の指導　「構成を工夫して言葉によるリズムアンサンブルをつくろう」 ⑤　鑑賞の指導　交響詩「魔法使いの弟子」 　　　　　　　　　　　　　　P．デュカス　作曲
高校書道	◆　次の①～⑤の中から一つ選び、書道Ⅰの授業において、その導入の指導をしなさい。ただし、取り扱う題材は各自で考えること。 ①　「漢字の書」楷書の学習の最初の授業 ②　「漢字の書」行書の学習の最初の授業 ③　「漢字の書」草書の学習の最初の授業 ④　「漢字の書」隷書の学習の最初の授業 ⑤　「仮名の書」仮名の学習の最初の授業
高校英語	◆　次の①～⑤の指導内容の中から一つ選び、言語や表現の働きやコミュニケーションを行う目的や場面、状況などを考慮し、言語活動を取り入れた導入の指導をしなさい。 ①　文章全体の一貫性を意識したパラグラフライティングの指導 ②　クリティカルシンキングを意識した教科書本文の「読むこと」の指導 ③　「話すこと（やりとり）」における、相手を尊重しつつ丁寧に相手の意向を尋ねる言い方の指導 ④　「聞くこと」に関する段階的な指導 ⑤　使役動詞 make/have/let/get の使い分けに関する指導

高校家庭	◆ 次の①～⑤の学習内容の中から一つ選び、その導入の指導をしなさい。 ① 社会の変化と世帯構成 ② 高齢者の心身の特徴 ③ 衣生活と環境 ④ 住居の平面図と生活 ⑤ 家庭の経済管理
高校情報	◆次の①～⑤の学習内容の中から一つ選び、その導入の指導をしなさい ① 情報社会の問題解決 ② コミュニケーションと情報デザイン ③ コンピュータとプログラミング ④ 情報通信ネットワークとデータ活用 ⑤ 情報システムとプログラミング
高校農業	◆ 次の①～⑤の学習活動の中から一つ選び、その導入の指導をしなさい。 ① 土の中の塩類濃度 ② 組織培養による増殖 ③ 家畜の成長と繁殖 ④ 農業におけるICTの活用とその現状 ⑤ 茎頂培養の特徴
高校工業	◆ 次の①～⑤の学習活動の中から一つ選び、その導入の指導をしなさい。 ① ガソリンエンジンとモーターの出力特性 ② 実習における安全教育 ③ キルヒホッフの法則 ④ 材料試験について ⑤ 工業計測について
高校商業	◆ 次の①～⑤の学習内容の中から一つ選び、その導入の指導をしなさい。 ① 企業活動の基礎　　　　　　資金調達 ② 価格の決定　　　　　　　　価格戦略 ③ 権利・義務と財産権　　　　物権と債権 ④ 情報の活用と情報モラル　　ハードウェアとソフトウェア ⑤ 連結財務諸表　　　　　　　連結財務諸表作成の基礎
高校水産	◆ 次の①～⑤の学習内容や指導内容の中から一つ選び、その導入の指導をしなさい。 ① 海上での生徒の実習における安全確保のための留意点 ② 教科「水産」を履修する高等学校として開かれた学校づくりを推進するための方策 ③ 水産物の自給率向上のために必要なこと ④ 水産業への若者の就業者を増やすための有効な取組 ⑤ 地域創生に貢献するための水産業の在り方

特別支援学校	◆ 次の①~⑤の指導内容の中から一つ選び、その導入の指導をしなさい。 ① 小学部「自立活動」 　「歯科検診」の事前指導における初回の指導 　（対象：知的障害者である小学部1年生の児童の学級） ② 小学部「自立活動」 　「点字学習」の導入の指導 　（対象：視覚障害と知的障害を併せ有する低学年の児童の学級） ③ 中学部「生活単元学習」 　地域マップを作成し、保護者や地域の人にマップを発表・紹介する単元の指導 　（対象：知的障害と肢体不自由を併せ有するA~C段階の生徒で編制する学級） ④ 中学部「自立活動」 　自分自身を見つめ、今後の目標や進路について考える指導 　（対象：病弱者である3年生の生徒の学級） ⑤ 高等部「作業学習」 　地域における花や野菜の販売学習を実施する際の事前指導 　（対象：知的障害と肢体不自由を併せ有するB~D段階の生徒で編制する学級）
養護教諭	◆ 次の①~⑤の指導内容の中から一つ選び、その導入の指導をしなさい。 ① 心の健康について　（小学生） ② 思春期の身体の変化について　（小学生） ③ 修学旅行に向けての健康管理について　（中学生） ④ 受験に向けての健康管理について　（中学生） ⑤ 喫煙防止について　（高校生）
栄養教諭	◆ 次の①~⑤の指導内容の中から一つ選び、その導入の指導をしなさい。 ① げんきのもとはあさごはん　　　　　　（対象：小学校2年生） ② 食べものの大変身　　　　　　　　　　（対象：小学校3年生） ③ 食べ物の栄養　　　　　　　　　　　　（対象：小学校5年生） ④ 地域の食文化について知ろう　　　　　（対象：中学校1年生） ⑤ 抵抗力を高める食事について考えよう　（対象：中学校3年生）

▼小学校

※受験者が児童役をする。

※0~12分導入部分をする。

※全員の模擬授業が終われば，各2分ずつでねらい，自己評価を発言する。

※児童役も評価される。

▼特別支援

※5つの課題の中から1つ選び，授業を行う。

※5人1組で模擬授業を行う。

※12分を過ぎると強制的に終了となる。

※指導メモ以外はすべて持ち込み不可。

※ホワイトボードもしくは黒板は使える。

※自分の授業の時以外は児童生徒役になる。

※起立，礼は不要。

※全員の授業が終わった後2分間で「授業のねらい」「反省」「よかった点」などを発表する。

◆実技試験(2次試験)

▼中高英語

【課題】

□集団面接形式の英会話実技

▼中高音楽

【課題1】

□ピアノ独奏

　モーツァルト若しくはベートーヴェンのソナタの中から，任意の第一楽章(緩徐楽章は除く。)又は同程度以上の任意の1曲を反復省略，暗譜で演奏

【課題2】

□弾き歌い

　各校種の教科書の中から各自選んだ3曲のうち当日指定する1曲をピアノ伴奏しながら視唱

【課題3】

□和楽器独奏

　箏，三味線，篠笛，尺八のいずれかを選択し，任意の1曲を独奏(楽器は箏以外は各自で準備すること)

▼中学技術

【課題1】

□表計算に関する実技

【課題2】
□製図に関する実技
【課題3】
□計測に関する実技
【課題4】
□生物育成に関する実技
【課題5】
□木材加工に関する実技

▼中高家庭
【課題1】
□被服に関する実技
【課題2】
□食物に関する実技

▼中高保体
【課題1】
□マット運動
【課題2】
□水泳(け伸び・平泳ぎ・クロール)
【課題3】
□ハードル走
【課題4】
□バスケットボール，バレーボール，サッカーのうち各自選んだ1種
　目
【課題5】
□柔道，剣道，ダンスのうち各自選んだ1種目

▼中学美術
【課題1】

□任意のテーマを設定し，自分自身の顔を鉛筆でデッサン。

【課題2】

□画紙中央の30cm×30cmの枠内にモチーフの形や特徴を生かした「はじける光」を表す色彩構成。

▼高校書道

【課題1】

□課題を半紙四字書きで臨書

【課題2】

□課題を縦書き二行で臨書

【課題3】

□倣書作品を縦書き二行で制作

【課題4】

□古筆を原寸大で臨書

【課題5】

□俳句を題材とし創作作品を制作

【課題6】

□短歌を題材とし漢字仮名交じりの書の作品を制作

▼高校情報

【課題1】

□データ集計に関する実技

【課題2】

□プログラミングに関する実技

【課題3】

□講義スライド作成に関する実技

▼高校農業

【課題1】

□農業鑑定に関する実技

【課題2】

□ノギスでの計測に関する実技

【課題3】

□ハボタンの播種に関する実技

▼高校工業

【課題1】

□表計算に関する実技

【課題2】

□製図に関する実技

【課題3】

□電気計測に関する実技

【課題4】

□回路製作に関する実技

【課題5】

□機械計測・金属加工に関する実技

▼高校商業

【課題1】

□帳票作成に関する実技

【課題2】

□資料作成に関する実技

【課題3】

□表計算に関する実技

【課題4】

□文書作成に関する実技

▼高校水産

【課題1】

□漁具の扱いに関する実技

【課題2】

□ロープスプライスに関する実技

【課題3】

□ダイビングに関する実技

【課題4】

□解剖に関する実技

【課題5】

□ロープワークに関する実技

▼養護教諭

【課題1】

□保健指導・救急措置に関する実技

【課題2】

□心肺蘇生に関する実技

2021年度

◆個人面接(1次試験) 面接官2人 10〜15分

※小学校，特別支援学校，他府県現職，スペシャリスト特別選考が対象

【質問項目例】

1 導入のための質問(ラポート形成)

□今日の体調，昨夜の睡眠，起床時刻など。

□会場は迷わなかったか，待ち時間の心境など。

□採用試験の勉強について。

2 受験者本人に関すること

□時間を切っての自己アピール。

□性格の長所と短所，長所の活用法，短所克服の努力。

□趣味について，きっかけや魅力など。

□学校生活の中で一番打ち込んだもの。

□学校生活を通して学んだこと。

□部活動やボランティア活動を通して学んだこと。

□部活動やサークルの役職経験，その苦労や成果。

□顧問として技術指導可能な部活動。

□友人づきあい・友人関係で一番気を遣うこと。

□友人から相談を持ち掛けられた時の対応。

□友達と意見の相違がある時の対応。

3　意欲・教員としての資質

□教員の志望理由，志望時期。

□自分が教員向きである点。

□教職の魅力。

□教員に求められる資質。

□採用した場合の学校のメリット。

□印象に残る教師とその理由。

□児童生徒に信頼される教師の条件。

〈教育実習経験者〉

□教育実習の苦労と克服法，学んだこと。

□教員から学んだこと，子どもたちから学んだこと。

〈講師経験者〉

□講師の経験から何を学んだか。

□学校現場で心掛けていること。

□心に残るアドバイス等。

□同僚と意見が異なる(対立した)時の対応。

〈他府県現職〉

□京都府を志望する理由。

□現任校での役割についての自覚。

□勤務校の課題と，その解決の取り組み。

〈スペシャリスト特別選考〉

□自分がスペシャリストといえる点。

□学校現場での自分の経験の活用法。

□教育の場に立つ心構え。

4　教育公務員としての心構えと識見について

□全体の奉仕者としての心構え。

□教育公務員と一般公務員の違い。

□教員の職務の公共性についての認識。

□教員のコンプライアンス，服務規律の確保についての認識。

5　学習指導，児童生徒指導について

□大学等の専攻学科の専攻理由。

□卒業論文テーマと簡単な内容説明。

□授業における専攻・研究の活用。

□今の子どもたちに一番身につけさせたい力とその方法。

□「主体的・対話的で深い学び」について。

□新しい学習指導要領について(校種・教科別)。

□知識・技能を「活用する力」について。

□キャリア教育について。

□言語活動の充実について。

□京都府の教育施策について(京都府教育振興プラン，子どものための
　京都式少人数教育など)。

□地域の伝統文化の継承について。

□担任としての学級目標設定とその理由。

□児童生徒との適切な距離感について。

□児童生徒の問題行動等への対応(暴力行為，いじめ，不登校等)。

□教師力向上のために大切なもの。

6　教育問題，教育時事について

□関心のある教育問題と自分の見解。

□子どもの学力状況についての認識や意見。

□グローバル化に対応した英語教育について。

□「チーム学校」について。

□「特別の教科　道徳」について。

□環境教育について。
□人権教育について。
□防災教育・安全教育について。
□「生きる力」を育むための教育活動について。
□社会に開かれた教育課程について。
□学校の情報公開と保護者や地域社会との関わりについて。
□いじめ問題について。
□教員の体罰について。
□教職員の働き方改革について。
□合理的配慮について。
□その他，関心事等。

▼小学校教諭
【質問内容】
□セクハラや児童との距離感についてどう思うか。
□学習指導要領の変わったところを述べよ。
□主体的に学習に取り組む態度をどう評価するか。
□京都府の5つの力は何か。どれが一番大切だと思うか。
□教員には，なぜ研究と修養が必要か。
□どんな学級経営をしたいか。
□特別な配慮を要する子どもへの対応について。

▼小学校教諭
【質問内容】
□昨日はよく眠れたか。
□体調は良いか。
□理想の教師像を漢字1字で表しなさい。
□教育実習では理想の教師像を実現できたか。
□子どもたちにつけさせたい力は何か。
　→その力をつけさせるため，今取り組んでいることはあるか。

□子どもに信頼される教師とはどのような教師か。

□保護者に信頼される教師とはどのような教師か。

□京都府があなたを採用した時のメリットは何か。

□セクシュアルハラスメントについて，どう考えるか。

　→男の子が膝の上に乗ったり抱き着いてくることもあると思うが，どう対処するか。

□特別支援教育が専門だが，どうして小学校を希望したのか。

□学習に困難を抱えている子どもに具体的にどのような支援ができるか。

□(合理的配慮として)タブレットなどを一人だけ使っていると「あの子だけずるい」という子どもが出てくることが予想される。どう対処するか。

□チームとしての学校について，それがどういうことかを説明し，どのように取り組みたいかを述べよ。

□同僚と意見が一致しないときはどうするか。

◆集団面接(1次試験)　面接官2人　受験者3人　15〜20分

　※中学校，高等学校，養護教諭，栄養教諭が対象

　▼中学国語

【質問内容】

□志望理由は何か。

□現場でのセクハラにどう対応するか。

□この状況下において生徒につけさせたい力は何か。

※以上の3つの大きな質問があり，そこから受験者の回答に応じて追質問が1つずつあった。

　▼高校国語

【質問内容】

□迷わず来られたか。

□京都府を志望する理由を述べよ。
□教育公務員と一般公務員の違いは何か。
□セクハラに関して，生徒や同僚との距離感をどうするか。
□チーム学級の実現について。
□主体的・対話的で深い学びの具体的実践とは。
□(教育の目的・意義と関連して)生徒につけさせたい力を述べよ

▼高校数学
【質問内容】
□教員志望理由を述べよ。
□往路で雨は大丈夫だったか。
□働き方改革についてどう思うか。
□セクハラや体罰が絶えない理由は何だと思うか。
□深い学びを実現するために何をするか。

▼高校理科
【質問内容】
□京都府の教員を志望する理由を述べよ。
□セクハラについて，生徒または同僚との距離感をどうするか。
□これからの教員には何が必要で，それをどう実践していくか。
□自分の専門科目の魅力について。
□他の受験者には負けない自分の強みは何か。

▼高校英語
【質問内容】
□会場には迷わず来ることができたか。
□京都府の教員を志望する理由を述べよ。
□セクハラについて。
□高校生から大学生までの間で，印象に残っている経験を述べよ。
□自分の強みは何か。それを京都府の教育にどう生かすか。

□高校の英語教員にとって，最も重要な資質・能力とは何か。

□今日の生徒に不足しており，身につけさせるべき資質・能力とは。

※回答は挙手制ではなく順番制であった。

▼特別支援

【質問内容】

□大雨の影響はなかったか。

□1分間で自己アピールせよ。

□なぜ教員を志したか。

□なぜ特別支援教育を志望したか。

□セクハラに対する対処策として考えられることは何か。

□授業で気をつけていることは何か。

◆個人面接(2次試験)　面接官3人　15〜20分

【質問項目例】

1　導入のための質問(ラポート形成)

□今日の体調，昨夜の睡眠，起床時刻など。

□会場は迷わなかったか，待ち時間の心境など。

□採用試験の勉強について。

2　受験者本人に関すること

□時間を切っての自己アピール。

□性格の長所と短所，長所の活用法，短所克服の努力。

□趣味について，きっかけや魅力など。

□学校生活の中で一番打ち込んだもの。

□学校生活を通して学んだこと。

□部活動やボランティア活動を通して学んだこと。

□部活動やサークルの役職経験，その苦労や成果。

□顧問として技術指導可能な部活動。

□友人づきあい・友人関係で一番気を遣うこと。

□友人から相談を持ち掛けられた時の対応や気持ち。

□友達と意見の相違がある時の対応。

□友人間での主な話題。

3　意欲・教員としての資質

□教員の志望理由，志望時期。

□自分が教員向きである点。

□教職の魅力。

□教員に求められる資質。

□採用した場合の学校のメリット。

□印象に残る教師とその理由。

□児童生徒に信頼される教師の条件。

□なりたくないと考える教師像。

〈教育実習経験者〉

□教育実習の苦労と克服法，学んだこと。

□教員から学んだこと，子どもたちから学んだこと。

〈講師経験者〉

□講師の経験から何を学んだか。

□学校現場で心掛けていること。

□心に残るアドバイス等。

□同僚と意見が異なる(対立した)時の対応。

〈他府県現職〉

□京都府を志望する理由。

□現任校での役割についての自覚。

□勤務校の課題と，その解決の取り組み。

〈他府県出身者〉

□京都府を志望する理由。

□併願先の有無と，両方合格時の対応。

□将来設計について。

〈スペシャリスト特別選考対象者〉

□自分がスペシャリストといえる点。

□学校現場での自分の経験の活用法。

□教育の場に立つ心構え。

4　教育公務員としての心構えと識見について

□全体の奉仕者としての心構え。

□教育公務員と一般公務員の違い。

□教員の職務の公共性についての考え。

□教員の服装についての認識。

□教員のコンプライアンス，服務規律の確保についての認識。

5　学習指導，生徒指導について

□大学等の専攻学科の専攻理由。

□卒業論文テーマと簡単な内容説明。

□授業や実社会における専攻・研究の活用について。

□今の子どもたちに一番身につけさせたい力とその方法。

□新しい学習指導要領について(校種・教科別)。

□主体的・対話的で深い学びについて。

□外国語(英語)教育について。

□「質の高い学力」についての具体的な認識。

□知識・技能を「活用する力」について。

□京都府の教育施策について(京都府教育振興プラン，子どものための京都式少人数教育など)。

□地域の伝統文化の継承について。

□担任としての学級目標設定とその理由。

□児童生徒の問題行動等の発生状況と防止対策について(暴力行為，いじめ，不登校等)。

□児童生徒との適切な距離感について。

□教師力向上のために大切なもの。

□指導計画作成にあたっての配慮事項。

□週案の作成の意義。

□習熟度別指導の長所と短所。

□「心の教育」について具体的な内容，充実のための取組例。

□「いのちの大切さ」指導の方法。

□「人権教育」について。

□清掃活動の教育的意義。

□校則，校則違反の指導について。

□生徒指導における頭髪や服装などの基準について。

□部活動の意義，外部指導者についての認識や意見。

□体罰について。

□不登校の児童生徒への対応・外部機関との連携。

□スクールカウンセラー，スクールソーシャルワーカーとの連携について。

□学校事故の予防・発生時の対応について。

□具体事例の対応(いじめ発覚，給食への異物混入，児童虐待が疑われる等)。

□小学校(中学校，高等学校)における特別支援教育について。

□通常学級において特別に支援を要する児童生徒への対応について。

□インクルーシブ教育について。

□養護教諭との連携について。

□食育の必要性について。

□栄養教諭との連携について。

□特別支援教育についての認識，具体的な活動。

□自立と社会参加について。

□「個別の教育支援計画」の意義(目的)について。

□交流及び共同学習について。

□特別支援学校のセンター的機能についての理解。

□医療，福祉との連携について。

□養護教諭の職務を進めていく上での心構え。

□学校における養護教諭の役割。

□保健室経営について。

□健康診断結果の活用について。

□保健主事の役割。

□栄養教諭の職務を進めていく上での心構え。

□学校における栄養教諭の役割。

□食に関する指導に係る家庭や地域社会との連携における，栄養教諭としての具体的な役割。

□食育の指導におけるポイント。

6　教育問題，教育時事について

□関心のある教育問題と自分の見解。

□新型コロナウイルス感染症状況における学級経営・学校運営への影響や対応について。

□高大連携について。

□主権者教育について。

□いじめ問題について(「いじめ防止対策推進法」の趣旨と学校が果たすべき役割，京都府の取組等)。

□グローバル化に対応した英語教育について。

□「チーム学校」について。

□働き方改革について。

□「特別の教科　道徳」について。

□環境教育について。

□情報教育(ICT教育)について。

□防災教育・安全教育について。

□子どもの学校以外での学習時間についての認識や意見。

□子どもの貧困対策についての認識や意見(家庭の社会経済的背景と学力との関係等)。

□キャリア教育について。

□合理的配慮について。

□社会に開かれた教育課程について。

□グローバル人材の育成について。

□京都府の求める教員像について(教員に必要な5つの力等)。

□その他，関心事等。

▼小学校教諭

【質問内容】

□ICT教育について。

□今後必要になる新しい力とは何か。

□セクハラについて等，子どもへの対応の仕方について。

□研究と修養について。

▼小学校教諭

【質問内容】

□京都府全域で勤務できるか。

□実習の失敗はあったか。

□セクハラの原因は何だと思うか。

□京都府の子どもにつけたい3つの力は何か。そのうちの挑戦する力
　をどう伸ばすか。

□一般公務員と教育公務員の違いは何か。

□10年後，どんな教師になっていたいか。

□気になる教育課題は何か。

□いじめ防止に向けてどうするか。

□京都府があなたを採用した時のメリットを1分間で述べよ。

▼小学校教諭

【質問内容】

□他県の大学に在籍しているが，いつまで京都府に住んでいたのか。

□北部枠で志望しているが，北部以外に勤務になることもある。問題
　ないか。

□民間企業や他県の教員は考えていないのか。

□セクシュアルハラスメントに関する不祥事が後を絶たないが，子ど
　もが抱き着くことについてどう思うか。

□コロナウイルスで教育現場は試行錯誤していたが，学校はどのよう
　に取り組むべきだったと思うか。

□ボランティア活動は，何をしていたか。

　　→教員になってどう生かせると思うか。

□障害のある子どもがクラスにいる場合，何が大切だと思うか。

　　→それを実現するため，今取り組んでいることはあるか。

□京都府があなたを採用した場合のメリットを，自己アピールとして
　述べよ。

▼中学国語

【質問内容】

□志望理由を述べよ。

□大学で頑張ったこと，身につけたことは何か。

□自分の性格を教育現場でどう生かすか。

□ボランティア先で学んだことを述べよ。

□今の生徒の課題として何があげられるか。

□ブラック校則についてどう考えるか。

□セクハラされた場合(見た場合)，どう対応するか。

　　→教員の不祥事が増えているが，なぜだと思うか。

□気になるニュースを述べよ。

□新学習指導要領で何が変わったか。

□中学1年生の初めてのホームルームで生徒に何を伝えるか。

□新年度(4月)の最初の国語の授業で生徒に何を伝えるか。

▼高校国語

【質問内容】

□昨晩はよく眠れたか。

□緊張しているか。

□教員の志望理由と理想の教員像について述べよ。

□コロナ禍の中で学習意欲を高めるにはどうすればよいか。

□授業で身につけさせたい力は何か。

□ICTの活用法について。

□国語の授業を行う上で不足している力は何だと思うか。
□教育実習で上手く出来なかったこと，逆に上手くいったことを述べよ。
□教員の心構え(法規)を述べよ。
□今までで頑張ったことは何か。
□自分の短所を述べよ。
□併願状況について。
□どこでも勤務できるか。
□教員の不祥事が起こる原因は何だと思うか。
□1分間で自己アピールをせよ。

▼高校数学
【質問内容】
□どこでも勤務可能か。
□ブラック部活・働き方改革についてなど。
□セクハラが絶えない理由，根絶するために必要な研修内容は何か。
□苦手な生徒にはどう対応するか。→授業中ではどう工夫するか。

◆教育実践力テスト(模擬授業)(2次試験)　面接官2人　受験者4〜5人　12分
　※例年，模擬授業と集団討論が行われるが，2021年度は新型コロナウイルス感染症拡大防止の観点から集団討論が中止され，模擬授業の時間が例年の8分から12分に変更された。
〈模擬授業について〉
　※12分間で導入部分を行う。
　※課題は事前に各領域から5つのテーマが与えられ，その中から一つ自分の好きなテーマを選んで準備する。
　※教材等の持ち込みは不可。
　※ホワイトボードと3色のマーカーを使用する。
　※面接官には発問できない。

※授業後にねらい，自己評価，改善点を2分程度で述べる。

・残り時間2〜3分になると合図が掲示され，12分で打ち切りとなる。

▼全教科

【課題】

小学校	◆次の①〜⑤の学習内容の中から一つ選び、その導入の指導をしなさい。 ① なんばんめ　　　　　　　　　　（算数　：第1学年） ② やさいをそだてよう　　　　　　（生活　：第2学年） ③ こん虫をそだてよう　　　　　　（理科　：第3学年） ④ 地域の発展に尽くした人々　　　（社会　：第4学年） ⑤ 自己紹介をしよう　　　　　　　（外国語：第5学年）
中学国語	◆次の①〜⑤の学習内容または学習活動の中から一つ選び，その導入の指導をしなさい。 ① 「字のない葉書」（向田邦子） ② 『徒然草』（兼好法師） ③ 『論語』 ④ 行書と楷書の使い分け ⑤ 意見文を書く
中学社会	◆次の①〜⑤の学習内容の中から一つ選び、その導入の指導をしなさい。 ① 地理的分野「世界の諸地域　オセアニア州」 ② 地理的分野「日本の諸地域　近畿地方」 ③ 歴史的分野「室町文化」 ④ 歴史的分野「尊王攘夷運動と開国の影響」 ⑤ 公民的分野「市場経済の仕組み」
中学数学	◆次の①〜⑤の学習内容の中から一つ選び、その導入の指導をしなさい。 ① 正の数，負の数の乗法 ② 直角三角形の合同条件 ③ 確率の意味 ④ 有理数と無理数 ⑤ いろいろな関数
中学理科	◆次の①〜⑤の学習内容の中から一つ選び、その導入の指導をしなさい。 ① 第1分野「凸レンズの働き」 ② 第1分野「物質の分解」 ③ 第1分野「力の合成・分解」 ④ 第2分野「細胞分裂と生物の成長」 ⑤ 第2分野「太陽の様子」
中学音楽	◆次の①〜⑤の指導内容の中から一つ選び、その導入の指導をしなさい。 ① 歌唱の指導　「花」　武島羽衣作詞　滝廉太郎作曲 ② 歌唱の指導　「マイバラード」　松井孝夫作詞作曲 ③ 器楽の指導　アルトリコーダー二重奏「春」（「和声と創意の試み」第1集「四季」から）　A．ヴィヴァルディ作曲 ④ 創作の指導　言葉によるリズムアンサンブルをつくろう ⑤ 鑑賞の指導　「ブルタバ（モルダウ）」（連作交響詩「我が祖国」から） 　　　　　　　　B．スメタナ作曲
中学美術	◆次の①〜⑤の学習活動の中から一つ選び、その導入の指導をしなさい。 ① ピカソ「ゲルニカ」の鑑賞をする（作品写真を出力したものを会場に準備します。） ② 「自分を見つめて（自画像を描く）」 ③ 活動しているときの気持ちを考え、スポーツする人物を粘土でつくる（彫刻） ④ クラブ活動を表すマークを一目で伝わるようにデザインする ⑤ 「ひもづくり」の技法で抹茶茶碗をつくる

中学保体	◆次の①〜⑤の学習活動の中から一つ選び、その導入の指導をしなさい。 【体育】　①　体つくり運動「体ほぐしの運動」 　　　　　②　陸上競技「短距離走・リレー」 　　　　　③　体育理論「現代生活におけるスポーツの文化的意義」 【保健】　④　自然災害への備えと傷害の防止 　　　　　⑤　医薬品の正しい使用
中学技術	◆次の①〜⑤の学習内容の中から一つ選び、その導入の指導をしなさい。 　①　材料（木材、金属、プラスチック）の特性について 　②　肥料について 　③　自然界のエネルギーを利用した発電システムについて 　④　動力伝達の機構について 　⑤　情報セキュリティについて
中学家庭	◆次の①〜⑤の学習内容の中から一つ選び、その導入の指導をしなさい。 　①　家族・家庭の機能 　②　食品の衛生と安全 　③　衣服と社会生活との関わり 　④　消費者の権利と責任 　⑤　環境に配慮した消費生活
中学英語	◆次の①〜⑤の文法事項の中から一つ選び、言語の働きや言語の使用場面も考慮し、言語活動を取り入れた導入の指導をしなさい。 　①　主語＋be動詞以外の動詞＋名詞・形容詞 　②　to不定詞＜副詞としての用法＞ 　③　動詞の時制及び相など＜現在完了進行形＞ 　④　主格の関係代名詞の制限的用法 　⑤　仮定法のうち基本的なもの
高校国語	◆次の①〜⑤の学習内容または学習活動の中から一つ選び，その導入の指導をしなさい。 　①　「永訣の朝」（宮沢賢治） 　②　『伊勢物語』 　③　『史記』（司馬遷） 　④　古典文法「敬語」 　⑤　自己アピール文の書き方
高校地歴公民	◆次の①〜⑤の学習内容の中から一つ選び、その導入の指導をしなさい。 　①　世界史「オランダの独立と経済的繁栄」 　②　日本史「大正デモクラシーと政党内閣の成立」 　③　地理　「村落の形態と機能」 　④　公民　「地方自治の現状と課題」 　⑤　公民　「プラグマティズム」
高校数学	◆次の①〜⑤の学習内容の中から一つ選び、その導入の指導をしなさい。 　①　二次不等式 　②　無限級数 　③　組合せ 　④　ベクトルの内積 　⑤　対数の意味
高校理科	◆次の①〜⑤の学習内容の中から一つ選び，その導入の指導をしなさい。 　①　科学と人間生活「身近な天体と人間生活のかかわり」 　②　物理「運動の法則」 　③　化学「純物質と混合物」 　④　生物「遺伝情報とDNA」 　⑤　地学「変成岩とその形成」

高校保体	◆次の①〜⑤の学習活動の中から一つ選び、その導入の指導をしなさい。 【体育】　①　陸上競技「長距離走」 　　　　　②　球技「ネット型」 　　　　　③　体育理論「現代スポーツの意義や価値」 【保健】　④　現代の感染症とその予防 　　　　　⑤　環境と健康に関わる対策
高校書道	◆次の①〜⑤の古典の中から一つ選び、書道Ⅰにおいて、その古典を具体的な題材として取り上げる授業の導入の指導をしなさい。 　①　「九成宮醴泉銘」 　②　「孔子廟堂碑」 　③　「雁塔聖教序」 　④　「風信帖」 　⑤　「高野切第三種」
高校英語	◆次の①〜⑤の指導内容の中から一つ選び、言語や表現の働き・使用場面も考慮し、言語活動を取り入れた導入の指導をしなさい。 　①　speakingにつなげることを意識した教科書音読指導 　②　SNSを通じた複数の友人とのやりとりを想定した書くことの指導 　③　他教科との関連を意識したテキストの指導 　④　SVOとSVCの違いの指導 　⑤　動詞の時制（過去完了形）の指導
高校家庭	◆次の①〜⑤の学習内容の中から一つ選び、その導入の指導をしなさい。 　①　家庭の機能と小郎礼 　②　子どもの権利と福祉 　③　食生活の安全と衛生 　④　販売方法の多様化 　⑤　生涯の生活設計
高校情報	◆次の①〜⑤の学習内容の中から一つ選び、その導入の指導をしなさい。 　①　情報のディジタル化 　②　情報モラルと社会のルール 　③　インターネットでの情報検索 　④　セキュリティ対策のための情報技術 　⑤　モデル化とシミュレーション
高校農業	◆次の①〜⑤の学習内容の中から一つ選び、その導入の指導をしなさい。 　①　施肥の役割と肥料 　②　土壌の三相分布 　③　平板測量 　④　スマート農業の普及と効果 　⑤　農業総算出額と食料自給率
高校工業	◆次の①〜⑤の学習活動の中から一つ選び、その導入の指導をしなさい。 　①　はりの受ける力と曲げモーメント 　②　自動車と環境 　③　交流回路の電流・電圧・電力 　④　論理回路 　⑤　工程管理
高校商業	◆次の①〜⑤の学習内容の中から一つ選び、その導入の指導をしなさい。 　①　オフィス実務　　税の申告と納付 　②　消費者の購買行動　　消費者の意思決定の過程 　③　経済政策　　金融政策 　④　財務諸表活用の基礎　　財務諸表分析の意義 　⑤　ソフトウェアを活用したシステム開発　　アルゴリズム

特別支援学校	◆次の①～⑤の指導内容の中から一つ選び、その導入の指導をしなさい。 　①　小学部「日常生活の指導」 　　　「朝の会」における指導 　　　　（対象：聴覚障害者である低学年の児童の学級） 　②　小学部「生活単元学習」 　　　修学旅行における「しおり」の内容について考える際の指導 　　　　（対象：知的障害者である高学年の児童の学級） 　③　中学部「作業学習」 　　　校内での清掃作業を行う際の事前指導 　　　　（対象：知的障害者である生徒の学級） 　④　中学部「自立活動」 　　　自分自身の健康状態の維持、改善に必要となる生活習慣の確立のための指導 　　　　（対象：病弱者である生徒の学級） 　⑤　高等部「特別活動」 　　　携帯電話を使用するにあたっての留意点を考える際の指導 　　　　（対象：知的障害である生徒の学級）
養護教諭	◆次の①～⑤の指導内容の中から一つ選び、その導入の指導をしなさい。 　①　食物アレルギーの基礎知識と対応について（小学生） 　②　体育大会（体育祭、運動会）前の保健指導について（中学生） 　③　熱中症の予防、対応について（高校生） 　④　薬物乱用防止について（小・中・高校生より選択） 　⑤　インフルエンザ予防、対応について（小・中・高校生より選択）
栄養教諭	◆次の①～⑤の指導内容の中から一つ選び、その導入の指導をしなさい。 　①　なんでもたべるとげんきがでるよ！　　　　（対象：小学校１年生） 　②　おやつの食べ方を考えてみよう　　　　　　（対象：小学校３年生） 　③　日本の食文化を伝えよう　　　　　　　　　（対象：小学校６年生） 　④　中学生に必要な栄養について知ろう　　　　（対象：中学校１年生） 　⑤　生活習慣病と食生活の関わりについて知ろう（対象：中学校３年生）

◆実技試験(2次試験)

▼中高英語

【課題】

□集団面接形式の英会話実技

▼中高音楽

【課題1】

□ピアノ独奏

　モーツァルトもしくはベートーヴェンのソナタの中から，任意の第一楽章(緩徐楽章は除く)。または同程度以上の任意の1曲を反復省略，暗譜で演奏。

【課題2】

□弾き歌い

　各校種の教科書の中から各自選んだ3曲のうち当日指定する1曲をピアノ伴奏しながら視唱。

【課題3】

□和楽器独奏

　箏，三味線，篠笛，尺八のいずれかを選択し，任意の1曲を独奏。

※楽器は箏以外は各自で準備する

▼中学技術

【課題1】

□表計算に関する実技

【課題2】

□製図に関する実技

【課題3】

□計測に関する実技

【課題4】

□木材加工に関する実技

▼中高家庭

【課題1】

□被服に関する実技

【課題2】

□食物に関する実技

▼中高保体

【課題1】

□マット運動

【課題2】

□水泳(け伸び・平泳ぎ・クロール)

【課題3】

□ハードル走

【課題4】

□バスケットボール，バレーボール，サッカーのうち各自選んだ1種
目

【課題5】

□柔道，剣道，ダンスのうち各自選んだ1種目

※課題4，5については選択種目を志願書に記入する。

▼中学美術

【課題1】

□ビニール袋に水を入れて口をくくり，それを持つ手とともに鉛筆で
デッサン。

【課題2】

□画紙中央の30cm×30cmの枠内に「元気なリズム」を表す色彩構成。

▼高校書道

【課題1】

□課題を半紙四字書きで臨書する。

【課題2】

□課題を縦書き二行で臨書する。

【課題3】

□倣書作品を縦書き二行で制作する。

【課題4】

□古筆を原寸大で臨書する。

【課題5】

□俳句を題材とし創作作品を制作する。

【課題6】

□短歌を題材とし漢字仮名交じりの書の作品を制作する。

▼高校情報
【課題1】
□データ集計に関する実技
【課題2】
□プログラミングに関する実技
【課題3】
□講義スライド作成に関する実技

▼高校農業
【課題1】
□農業鑑定に関する実技
【課題2】
□刈り払い機操作に関する実技
【課題3】
□うね立て，マルチングに関する実技

▼高校工業
【課題1】
□表計算に関する実技
【課題2】
□製図に関する実技
【課題3】
□電気計測に関する実技
【課題4】
□回路製作に関する実技
【課題5】
□機械計測・金属加工に関する実技

▼高校商業
【課題1】

□帳票作成に関する実技

【課題2】

□資料作成に関する実技

【課題3】

□表計算に関する実技

【課題4】

□文書作成に関する実技

▼養護教諭

【課題1】

□保健指導・救急措置に関する実技

【課題2】

□心肺蘇生に関する実技

2020年度

◆個人面接(1次試験)

※小学校，特別支援学校，他府県現職，スペシャリスト特別選考が対象

【質問項目例】

1　導入のための質問(ラポート形成)

□今日の体調，昨夜の睡眠，起床時刻など。

□会場は迷わなかったか，待ち時間の心境など。

□採用試験の勉強について。

2　受験者本人に関すること

□時間を切っての自己アピール。

□性格の長所と短所，長所の活用法，短所克服の努力。

□趣味について，きっかけや魅力など。

□学校生活の中で一番打ち込んだもの。

□学校生活を通して学んだこと。

□部活動やボランティア活動を通して学んだこと。

□部活動やサークルの役職経験，その苦労や成果。

□顧問として技術指導可能な部活動。

□友人づきあい・友人関係で一番気を遣うこと。

□友人から相談を持ち掛けられた時の対応。

□友達と意見の相違がある時の対応。

3 意欲・教員としての資質

□教員の志望理由，志望時期。

□自分が教員向きである点。

□教職の魅力。

□教員に求められる資質。

□採用した場合の学校のメリット。

□印象に残る教師とその理由。

□児童生徒に信頼される教師の条件。

〈教育実習経験者〉

□教育実習の苦労と克服法，学んだこと。

□教員から学んだこと，子どもたちから学んだこと。

〈講師経験者〉

□講師の経験から何を学んだか。

□学校現場で心掛けていること。

□心に残るアドバイス等。

□同僚と意見が異なる(対立した)時の対応。

〈他府県現職〉

□京都府を志望する理由。

□現任校での役割についての自覚。

□勤務校の課題と，その解決の取り組み。

〈スペシャリスト特別選考〉

□自分がスペシャリストといえる点。

□学校現場での自分の経験の活用法。

□教育の場に立つ心構え。

4　教育公務員としての心構えと識見について

□全体の奉仕者としての心構え。

□教育公務員と一般公務員の違い。

□教員の職務の公共性についての認識。

□教員のコンプライアンス，服務規律の確保についての認識。

5　学習指導，児童生徒指導について

□大学等の専攻学科の選考理由。

□卒業論文テーマと簡単な内容説明。

□授業における専攻・研究の活用。

□今の子どもたちに一番身につけさせたい力とその方法。

□「主体的・対話的で深い学び」について。

□新しい学習指導要領について(校種・教科別)。

□知識・技能を「活用する力」について。

□キャリア教育について。

□言語活動の充実について。

□京都府の教育施策について(京都府教育振興プラン，子どものための
　京都式少人数教育など)。

□地域の伝統文化の継承について。

□担任としての学級目標設定とその理由。

□児童生徒との適切な距離感について。

□児童生徒の問題行動等への対応(暴力行為，いじめ，不登校等)。

□教師力向上のために大切なもの。

6　教育問題，教育時事について

□関心のある教育問題と自分の見解。

□子どもの学力状況についての認識や意見。

□グローバル化に対応した英語教育について。

□「チーム学校」について。

□「特別の教科　道徳」について。

□環境教育について。

□人権教育について。

□防災教育・安全教育について。

□「生きる力」を育むための教育活動について。

□社会に開かれた教育課程について。

□学校の情報公開と保護者や地域社会との関わりについて。

□いじめ問題について。

□教員の体罰について。

□教職員の働き方改革について。

□合理的配慮について。

□その他，関心事等。

◆集団面接(1次試験)　面接官2人　受験者3人　15〜20分

　※中学校，高等学校，養護教諭，栄養教諭が対象

　▼中学理科

　※Aさん，Bさん，Cさんと呼ばれ，誰から話すかは毎回ランダムに当
　　てられる。

【質問内容】

□緊張しているか。

□長所，短所。

□教員に大切な資質。

□生徒に信頼されるためにはどうすればよいか。

□生徒と関わる際，何を大切にしていきたいか。

□学級を持つことになったとき，一年を通して生徒に何を伝えたいか。

□一般公務員と教育公務員の違い。

□セクハラ・わいせつ行為についてどう思うか。

　　→セクハラなどの問題がある中で生徒との距離感には気を付けなけ
　　　ればいけない。しかし生徒を理解する上で生徒に寄り添うことも
　　　大切だが，どのようにして関わっていくか。

□友人付き合いで気を付けていること。

□先生同士で意見が食い違ったときどうするか。

□不登校の生徒にどう対応するか。

□学習指導要領が変わったが，それを踏まえて理科の授業をどうしていきたいか。

▼養護教諭

※面接官2人は50代ほどの男性2人だった。

【質問内容】

□どんな養護教諭でありたいか。

□重大なことをうちあけてくれたが，他の先生に言わないでという生徒にどのように対応するか。

□最近の教育課題についてどう思うか。

□セクハラについて。

□保健だよりを連載することになった。どんなキャッチコピーにするか。

・扉を開けてくれた。最初に「緊張しなくていいよ。つまってもいいので，あなたの考えをきかせて下さい」と言ってくれた。

▼高校国語

【質問内容】

□教職公務員としてどのように働くか。

□セクシャルハラスメントについてどのように考え，対応するか。

□関心をもっている教育課題について1つ。

□教育実習での生徒との関わりについて。

▼高校理科

【質問内容】

□主体的・対話的で深い学びとは何か。

□働き方改革について，どう思うか。

□セクシャルハラスメントについて，どう考えるか。

□生徒から信頼される教師とは。

□工学部物質工学科で学んだことは。

□緊張しているか。

□昨日は眠れたか。

※本来は，受験者3人だが，1人欠席のため，2人対2人の形になった。

◆個人面接(2次試験)　面接官3人　15分

▼全教科

【質問項目例】

1　導入のための質問(ラポート形成)

□今日の体調，昨夜の睡眠，起床時刻など。

□会場は迷わなかったか，待ち時間の心境など。

□採用試験の勉強について。

2　受験者本人に関すること

□時間を切っての自己アピール。

□性格の長所と短所，長所の活用法，短所克服の努力。

□趣味について，きっかけや魅力など。

□学校生活の中で一番打ち込んだもの。

□学校生活を通して学んだこと。

□部活動やボランティア活動を通して学んだこと。

□部活動やサークルの役職経験，その苦労や成果。

□顧問として技術指導可能な部活動。

□友人づきあい・友人関係で一番気を遣うこと。

□友人から相談を持ち掛けられた時の対応。

□友達と意見の相違がある時の対応。

□友人間での主な話題。

3　意欲・教員としての資質

□教員の志望理由，志望時期。

□自分が教員向きである点。

□教職の魅力。

□教員に求められる資質。

□採用した場合の学校のメリット。

□印象に残る教師とその理由。

□児童生徒に信頼される教師の条件。

□なりたくないと考える教師像。

〈教育実習経験者〉

□教育実習の苦労と克服法，学んだこと。

□教員から学んだこと，子どもたちから学んだこと。

〈講師経験者〉

□講師の経験から何を学んだか。

□学校現場で心掛けていること。

□心に残るアドバイス等。

□同僚と意見が異なる(対立した)時の対応。

〈他府県現職〉

□京都府を志望する理由。

□現任校での役割についての自覚。

□勤務校の課題と，その解決の取り組み。

〈他府県出身者〉

□京都府を志望する理由。

□併願先の有無と，両方合格時の対応。

□将来設計について。

〈スペシャリスト特別選考対象者〉

□自分がスペシャリストといえる点。

□学校現場での自分の経験の活用法。

□教育の場に立つ心構え。

4　教育公務員としての心構えと識見について

□全体の奉仕者としての心構え。

□教育公務員と一般公務員の違い。

□教員の職務の公共性についての考え。

□教員の服装についての認識。

□教員のコンプライアンス，服務規律の確保についての認識。

5　学習指導，生徒指導について

□大学等の専攻学科の選考理由。

□卒業論文テーマと簡単な内容説明。

□授業や実社会における専攻・研究の活用について。

□今の子どもたちに一番身につけさせたい力とその方法。

□新しい学習指導要領について(校種・教科別)。

□主体的・対話的で深い学びについて。

□外国語(英語)教育について。

□「質の高い学力」についての具体的な認識。

□知識・技能を「活用する力」について。

□京都府の教育施策について(京都府教育振興プラン，子どものための
　京都式少人数教育など)。

□地域の伝統文化の継承について。

□担任としての学級目標設定とその理由。

□児童生徒の問題行動等の発生状況と防止対策について(暴力行為，い
　じめ，不登校等)。

□児童生徒との適切な距離感について。

□教師力向上のために大切なもの。

□指導計画作成にあたっての配慮事項。

□週案の作成の意義。

□習熟度別指導の長所と短所。

□「心の教育」について具体的な内容，充実のための取組例。

□「いのちの大切さ」指導の方法。

□「人権教育」について。

□清掃活動の教育的意義。

□校則，校則違反の指導について。

□生徒指導における頭髪や服装などの基準について。

□部活動の意義，外部指導者についての認識や意見。

□体罰について。

□不登校の児童生徒への対応・外部機関との連携。

□スクールカウンセラー，スクールソーシャルワーカーとの連携について。

□学校事故の予防・発生時の対応について。

□具体事例の対応(いじめ発覚，給食への異物混入，児童虐待が疑われる等)。

□小学校(中学校，高等学校)における特別支援教育について。

□通常学級において特別に支援を要する児童生徒への対応について。

□インクルーシブ教育について。

□養護教諭との連携について。

□食育の必要性について。

□栄養教諭との連携について。

□特別支援教育についての認識，具体的な活動。

□自立と社会参加について。

□「個別の教育支援計画」の意義(目的)について。

□交流及び共同学習について。

□特別支援学校のセンター的機能についての理解。

□医療，福祉との連携について。

□養護教諭の職務を進めていく上での心構え。

□学校における養護教諭の役割。

□保健室経営について。

□健康診断結果の活用について。

□保健主事の役割。

□栄養教諭の職務を進めていく上での心構え。

□学校における栄養教諭の役割。

□食に関する指導に係る家庭や地域社会との連携における，栄養教諭としての具体的な役割。

□食育の指導におけるポイント。

6　教育問題，教育時事について

□関心のある教育問題と自分の見解。

□高大連携について。

□主権者教育について。

□いじめ問題について(「いじめ防止対策推進法」の趣旨と学校が果たすべき役割，京都府の取組等)。

□グローバル化に対応した英語教育について。

□「チーム学校」について。

□働き方改革について。

□「特別の教科　道徳」について。

□環境教育について。

□情報教育(ICT教育)について。

□防災教育・安全教育について。

□子どもの学校以外での学習時間についての認識や意見。

□子どもの貧困対策についての認識や意見(家庭の社会経済的背景と学力との関係等)。

□キャリア教育について。

□合理的配慮について。

□社会に開かれた教育課程について。

□グローバル人材の育成について。

□京都府の求める教員像について(教員に必要な5つの力等)。

□その他，関心事等。

◆面接試験(2次試験)

▼中学理科

【質問内容】

□昼ごはんはしっかり食べてきたか。

□京都府と高知県，どちらも受かったらどちらに行くか。

□京都のどこでも勤務可能か。

□生徒に「先生のことが好きです」と告白されたらどうするか。また，その時何に気をつけるか。

□指導したい部活動はあるか。

□どのような理科の授業をしていきたいか。

□理科の授業を通して一番生徒に伝えたいことは何か。

□女の子は特に生き物や機械が苦手な子が多いが，理科に苦手意識を
　もつ女子生徒にどう対応するか。

□(プレゼンテーションシートから)学習面・生活面の両方から子ども
　たちをサポートするために，気をつけることは何か。

□学級経営ではどのようなことを大切にしていきたいか。

□部活に行きたくないという生徒にどう対応するか。

□キャリア教育は具体的にどのようなことに取り組んでいきたいか。

□いじめに関する法律の名前は何か。

□いじめにおける重大事態とはどのように定義されているか。

□いじめの重大事態を起こさないためにどうするか。

□どうして高知大学に進学したのか。

□高校の免許もあるが，どうして中学校なのか。

□短所とその克服法。

▼養護教諭

【質問内容】

□体調について。

□試験会場で何をして待っていたか。

□京都府があなたをやとった時のメリット。

□保健室登校の児童に対して，どう対応するか。

　　→普通の子との違いは何か。

□セクハラについて。

　　→もし好意を子どもからよせられたらどうするか。

　　→LINEを聞かれたらどうするか。

□京都府のどこでも行くか。校種も大丈夫か。

□理想の教師像を漢字1文字で表すと何になるか。

□保健室でどんな気持ちを大切にしたいか。

□養護教諭の学校での役割は何か。

◆実技試験(2次試験)
▼小学校教諭
※音楽又は図画工作のどちらかを選択する。
※中学校志願者で小学校を第2希望とした場合は，小学校の実技試験
　も受験。
【必須課題－体育】
□器械運動(マット運動)
□陸上運動(ハードル走)
□ボール運動(バスケットボール)
【必須課題－音楽】
□バイエル52番，73番，80番，88番，100番(いずれも原書番号による)
　のピアノ練習曲の中から各自任意に選んだ1曲を演奏(暗譜するこ
　と)。
□小学校学習指導要領歌唱共通教材全24曲中，各自選んだ学年を異に
　する3曲中から当日指定する1曲をピアノ伴奏しながら視唱(伴奏譜
　を持参すること)。
【必須課題－図画工作】
□水彩画
※配布されたモチーフを机上に配置し，条件に従って水彩絵の具を使
　って描写。
　モチーフ：ピーマン，プチトマト，透明のコップ

▼中高音楽
□ピアノ独奏
　モーツァルト若しくはベートーヴェンのソナタの中から，任意の第
一楽章(緩徐楽章は除く)。又は同程度以上の任意の1曲を反復省略，暗
譜で演奏。

157

□弾き歌い

　中学校の教科書の中から各自選んだ3曲のうち当日指定する1曲をピアノ伴奏しながら視唱。

□独唱又は独奏

　必須と選択1，2どちらか1つの合計2つ，それぞれ任意の1曲を独唱または独奏。

〈必須〉

・和楽器(箏，三味線，篠笛，尺八のいずれかを選択し，曲は任意。楽器は箏以外は各自で準備すること)。

〈選択〉

1　声楽

2　管，弦，打楽器から1つ。

▼中高美術

□任意のテーマを設定し，自分自身の顔を鉛筆でデッサン。

□2つのモチーフの形や特徴を生かし，テーマに沿って色彩構成。

▼中高英語

□集団面接形式の英会話実技

▼中高保体

□マット運動

□水泳(け伸び・平泳ぎ・クロール)

□ハードル走

□バスケットボール，バレーボール，サッカーのうち各自選んだ1種目

□柔道，剣道，ダンスのうち各自選んだ1種目

▼中学技術

□表計算に関する実技

□プログラミングに関する実技
□製図に関する実技
□回路製作に関する実技
□木材加工に関する実技

▼中高家庭
□被服に関する実技
□食物に関する実技

▼高校情報
□データ集計に関する実技
□プログラミングに関する実技
□講義スライド作成に関する実技

▼高校農業
□農業鑑定に関する実技
□キャベツのポット上げに関する実技
□ディーゼルエンジンの始動に関する実技

▼高校工業
□表計算に関する実技
□製図に関する実技
□電気計測に関する実技
□回路製作に関する実技
□機械計測・金属加工に関する実技

▼高校商業
□帳票作成に関する実技
□教材作成に関する実技
□表計算に関する実技

　□文書作成に関する実技

　▼高校水産
　□漁具の扱いに関する実技
　□ロープスプライスに関する実技
　□測定に関する実技
　□解剖に関する実技
　□ロープワークに関する実技

　▼養護教諭
　□保健指導に関する実技
　□救急処置に関する実技
　□心肺蘇生に関する実技

◆教育実践テスト(模擬授業)(2次試験)　面接官2人　受験者5人
　※模擬授業と集団討論で構成されている。
　〈模擬授業〉8分
　※8分間で導入部分を行う。
　※課題は事前に各領域から5つのテーマが与えられ，その中から一つ
　　自分の好きなテーマを選んで準備する。

【課題】

小学校	◆次の①～⑤の学習内容の中から一つ選び、その導入の指導をしなさい。 ① おきにいりの ばしょを おしえよう （生活：第1学年） ② 長さを はかろう （算数：第2学年） ③ 店で働く人と仕事 （社会：第3学年） ④ 五大栄養素のはたらき （家庭：第5学年） ⑤ あこがれの人 （外国語：第5学年）
中学国語	◆次の①～⑤の学習内容または学習活動の中から一つ選び，その導入の指導をしなさい。 ① 『故郷』 （魯迅） ② 『おくのほそ道』 （松尾芭蕉） ③ 漢文の訓読 ④ 俳句の味わい方 ⑤ グループディスカッションのしかた
中学社会	◆次の①～⑤の学習内容の中から一つ選び、その導入の指導をしなさい。 ① 地理的分野「日本の資源・エネルギーと環境問題」 ② 歴史的分野「天平文化」 ③ 歴史的分野「外国船の出現と天保の改革」 ④ 公民的分野「基本的人権と個人の尊重」 ⑤ 公民的分野「裁判の種類と人権」
中学数学	◆次の①～⑤の学習内容の中から一つ選び、その導入の指導をしなさい。 ① 方程式の利用 ② 代表値と散らばり ③ 円周角の定理 ④ 2つの直線の交点の座標 ⑤ 回転体
中学理科	◆次の①～⑤の学習内容の中から一つ選び、その導入の指導をしなさい。 ① 第1分野「物質の溶解」 ② 第1分野「電流・電圧と抵抗」 ③ 第1分野「運動の速さと向き」 ④ 第2分野「刺激と反応」 ⑤ 第2分野「前線の通過と天気の変化」
中学音楽	◆次の①～⑤の指導内容の中から一つ選び、その導入の指導をしなさい。 ① 歌唱の指導 「早春賦」吉丸一昌作詞 中田章作曲 ② 歌唱の指導 長唄「勧進帳」三世並木五瓶作詞 四世杵屋六三郎作曲 ③ 器楽の指導 リコーダーアンサンブル「威風堂々」E．エルガー作曲 ④ 創作の指導 箏曲「さくら」の前奏の創作 ⑤ 鑑賞の指導 能「羽衣」作者不詳
中学美術	◆次の①～⑤の学習活動の中から一つ選び、その導入の指導をしなさい。 ① 版画の種類について学ぶ ② 使いやすい湯のみづくり（陶器） ③ 風景画を水彩で描く ④ 「ありがとう」を伝える二つ折りカードを作ろう ⑤ 日本の掛け軸にある水墨による山水画とヨーロッパの印象派が描いた風景画の比較鑑賞

面 接 試 験 実 施 問 題

中学保体	◆次の①〜⑤の学習活動の中から一つ選び、その導入の指導をしなさい。 【体育】　①　陸上競技「ハードル走」 　　　　　②　球技「ベースボール型」 　　　　　③　体育理論「運動やスポーツが心身に及ぼす効果」 【保健】　④　がんの予防 　　　　　⑤　自己認識の深まりと自己形成
中学技術	◆次の①〜⑤の学習内容の中から一つ選び、その導入の指導をしなさい。 ①　製作品を丈夫にする工夫 ②　動物の飼育について ③　エネルギー変換を利用した製作品の設計・製作 ④　電気を作り供給する仕組み ⑤　プログラムの役割
中学家庭	◆次の①〜⑤の学習内容の中から一つ選び、その導入の指導をしなさい。 ①　幼児の心と体の発達 ②　地域の食材と食文化 ③　健康で安全な住まい ④　衣服の機能 ⑤　支払い方法の多様化
中学英語	◆次の①〜⑤の文法事項の中から一つ選び、言語の働きや言語の使用場面も考慮し、言語活動を取り入れた導入の指導をしなさい。 ①　指示代名詞 ②　There＋be動詞＋〜 ③　形容詞の比較変化 ④　過去分詞の形容詞としての用法 ⑤　主語＋動詞＋how（など）to不定詞
高校国語	◆次の①〜⑤の学習内容または学習活動の中から一つ選び，その導入の指導をしなさい。 ①　「水の東西」（『混沌からの表現』山崎正和） ②　『大鏡』 ③　『長恨歌』（白居易） ④　古典文法「助動詞」 ⑤　詩を書く
高校地歴公民	◆次の①〜⑤の学習内容の中から一つ選び、その導入の指導をしなさい。 ①　世界史「ファシズムの台頭」 ②　日本史「建武の新政と南北朝の動乱」 ③　地理「世界各地の民族・領土問題」 ④　公民「裁判所の機能と司法制度」 ⑤　公民「イスラーム」
高校数学	◆次の①〜⑤の学習内容の中から一つ選び、その導入の指導をしなさい。 ①　箱ひげ図 ②　必要条件と十分条件 ③　n進数 ④　数学的帰納法 ⑤　２次曲線の媒介変数表示
高校理科	◆次の①〜⑤の学習内容の中から一つ選び、その導入の指導をしなさい。 ①　科学と人間生活「電磁波とその利用」 ②　物理「磁場と交流」 ③　化学「酸化と還元」 ④　生物「ホルモンによる調節」 ⑤　地学「地震の分布」

高校保体	❖次の①～⑤の学習内容の中から一つ選び、その導入の指導をしなさい。 【体育】　①　体つくり運動「実生活に生かす運動の計画」 　　　　②　球技「ベースボール型」 　　　　③　体育理論「運動やスポーツの技能と体力及びスポーツによる障害」 【保健】　④　精神疾患への対処 　　　　⑤　医薬品の制度とその活用
高校音楽	❖次の①～⑤の指導内容の中から一つ選び、その導入の指導をしなさい。 ①　歌唱の指導　「楽に寄す　An die Musik」F.v.ショーバー作詞　F.シューベルト作曲 ②　歌唱の指導　「斎太郎節」宮城県民謡 ③　器楽の指導　リコーダーアンサンブル「ボレロ」M.ラヴェル作曲 ④　創作の指導　「五音音階を使ったわらべ歌の創作」 ⑤　鑑賞の指導　「ノヴェンバー・ステップス」武満徹作曲
高校美術	❖次の①～⑤の学習活動の中から一つ選び、その導入の指導をしなさい。 ①　想像の世界を描く下絵のスケッチ ②　高齢者が使うスプーンのデザインを考える ③　ループ（繰り返し）再生の面白さを考えた動画を作る ④　木彫で生き物を作る ⑤　龍安寺の石庭とベルサイユ宮殿の庭園の比較鑑賞
高校英語	❖次の①～⑤の指導内容の中から一つ選び、言語や表現の働き・使用場面も考慮し、言語活動を取り入れた導入の指導をしなさい。 ①　話すこと（やりとり）に関する指導 ②　既習の教科書本文が取り上げているテーマについての、グループプレゼンテーションに関する指導 ③　[主語＋動詞＋目的語＋補語]のうち、「主語＋動詞＋目的語＋分詞」に関する指導 ④　「It＋seemなど＋thatで始まる節」に関する指導 ⑤　話し手の確信の程度を表す助動詞の用法に関する指導
高校家庭	❖次の①～⑤の学習内容の中から一つ選び、その導入の指導をしなさい。 ①　家庭生活と労働 ②　乳幼児の成長・発達 ③　衣服の機能 ④　家族の食事計画 ⑤　支払い方法の多様化
高校情報	❖次の①～⑤の学習内容の中から一つ選び、その導入の指導をしなさい。 ①　情報社会と情報通信ネットワーク ②　問題解決の方法と手順 ③　アルゴリズムとプログラミング ④　データベースについて ⑤　情報社会における法と個人の責任
高校農業	❖次の①～⑤の学習内容の中から一つ選び、その導入の指導をしなさい。 ①　施肥の設計と改善 ②　野菜苗の生産技術 ③　育林の役割 ④　食品の貯蔵法 ⑤　植物組織培養の実際
高校工業	❖次の①～⑤の学習内容の中から一つ選び、その導入の指導をしなさい。 ①　工業の事象とグラフ ②　CADを活用した設計図 ③　基本的なプログラミング ④　内燃機関の原理 ⑤　電流と磁気

高校商業	◆次の①〜⑤の学習内容の中から一つ選び、その導入の指導をしなさい。 ① 情報ネットワークとセキュリティ管理　セキュリティ管理の基礎 ② 簿記の基礎　簿記の概要 ③ ビジネスと売買取引　代金決済 ④ ビジネスと経済　市場経済と計画経済 ⑤ 店舗の立地と設計　店舗設計
高校水産	◆次の①〜⑤の学習内容や指導内容の中から一つ選び、その導入の指導をしなさい。 ① 水産業の6次産業化 ② 実習製品の活用による地域連携の方策 ③ 実習製品販売等における、学校外の方に対する接客マナー ④ 地域水産業の課題を解決していくための研究活動 ⑤ 京都府北部に適する養殖対象魚の選定
高校福祉	◆次の①〜⑤の学習内容の中から一つ選び、その導入の指導をしなさい。 ① 社会福祉の理念 ② 人間関係とコミュニケーション ③ 介護サービスの概要 ④ 介護と環境 ⑤ 介護過程の展開
特別支援学校	◆次の①〜⑤の指導内容の中から一つ選び、その導入の指導をしなさい。 ① 小学部「日常生活の指導」 　　給食における配膳や片付けについての指導 　　（対象：知的障害者である低学年の児童の学級） ② 小学部「生活単元学習」 　　宿泊学習における「レクリエーション」の内容について考える際の指導 　　（対象：視覚障害者である高学年の児童の学級） ③ 中学部「総合的な学習の時間」 　　近隣の中学校との交流及び共同学習を行う際の事前指導 　　（対象：知的障害者である生徒の指導） ④ 中学部「自立活動」 　　自分自身の病気や身体について正しく理解するための指導 　　（対象：病弱者である生徒の学級） ⑤ 高等部「作業学習」 　　民間企業への就労を目指す生徒を対象にした校内での「販売学習」を実施する際の事前指導 　　（対象：知的障害である生徒の学級）
養護教諭	◆次の①〜⑤の指導内容の中から一つ選び、その導入の指導をしなさい。 ① 歯ブラシの選び方について（対象：小学生） ② 保健室の利用方法について（対象：小学生） ③ 自分でできるケガの手当てについて（対象：小・中・高校生より選択） ④ がんに対する正しい知識について（対象：中学生または高校生） ⑤ エナジードリンクの飲み過ぎについて（対象：中学生または高校生）
栄養教諭	◆次の①〜⑤の指導内容の中から一つ選び、その導入の指導をしなさい。 ① きゅうしょくがはじまるよ（きゅうしょくのやくそくを知ろう） 　　　　　　　　　　　　　　　　　　　（対象：小学校1年生） ② 町たんけんでしゅん（旬）の食べ物をさがしてみよう 　　　　　　　　　　　　　　　　　　　（対象：小学校2年生） ③ 健康的な生活について（生活リズムを整えよう） 　　　　　　　　　　　　　　　　　　　（対象：小学校3年生） ④ 家族の健康を考えた食事を考えてみよう　（対象：小学校6年生） ⑤ スポーツや学習のパフォーマンスを高めるための食生活について考えよう 　　　　　　　　　　　　　　　　　　　（対象：中学校2年生）

〈集団討論〉30分

※模擬授業の後，集団討論に入る。

【テーマ】

1　小学校・中学校・高等学校・特別支援学校

□児童生徒や保護者，地域社会から信頼される教員像について。

□いじめ問題が発生する要因について。

□家庭や地域との連携・協力について。

□不登校児童生徒への適切な対応について。

□児童生徒の規範意識や社会性の醸成について。

□生命の大切さの指導について。

□児童生徒への体罰の禁止について。

□児童生徒の学習意欲を引き出す指導について。

□伝統や文化に関する教育の充実について。

□今，教員に求められている資質・能力について。

□変化の激しい社会を生きる児童生徒に育みたい力について。

□児童生徒の自己肯定感の育成について。

2　養護教諭

□望ましい保健室の環境作りについて。

□児童生徒の心身の問題への対応について。

□児童生徒の安心・安全のために養護教諭が果たす役割について。

3　栄養教諭

□偏食傾向にある児童生徒への個別指導について。

▼中学理科

【模擬授業課題】

□第1分野「物質の溶解」

□第1分野「電流・電圧と抵抗」

□第1分野「運動の速さと向き」

□第2分野「刺激と反応」

□第2分野「前線の通過と天気の変化」

※当日持ち込める物はA4の指導メモ1枚のみ。指導メモは試験当日回収されるが，評価には入らない。

※同じ校種教科の受験生5人で1グループとなり，1人が授業をしている間，残りの4人は生徒役として授業を受ける。

・ホワイトボードか黒板かは教室によって異なる。

【集団討論テーマ】

□子どもの学習意欲を引き出すための指導法について。

※模擬授業と同じ5人でそのまま集団討論に入る。

※集団討論に入る前に1人1分ずつ模擬授業のねらいや留意点を発表する。

※「司会をたてないでください」，「発言をするときは1人1分程度におさめることを心掛けて下さい」という2つの指示がある。1人で2分以上喋ってしまうと面接官に注意される。

▼養護教諭

【模擬授業課題】

□歯ブラシの選び方について(小学生)。

□保健室の利用方法について(小学生)。

□自分でできるケガの手当てについて(小・中・高より選択)。

□がんに対する正しい知識について(中・高を選択)。

□エナジードリンクの飲み過ぎについて(中・高を選択)。

※1次合格通知と一緒に，上記の課題5つが書かれたものが届く。一緒に指導案も入っているが，提出はするが，評価はしないと言われていた。

【集団討論のテーマ】

□居心地のよい保健室について。

※集団討論の前に，模擬授業で何を子どもに伝えたかったのか，工夫した点はどこか等について，1分で発表してから討論に入った。

2019年度

◆個人面接(1次試験)

　※小学校，特別支援学校，他府県現職，スペシャリスト特別選考が対象

【質問項目例】

1　導入のための質問(ラポート形成)

□今日の体調，昨夜の睡眠，起床時刻など。

□会場は迷わなかったか，待ち時間の心境など。

□採用試験の勉強について。

2　受験者本人に関すること

□時間を切っての自己アピール。

□性格の長所と短所，長所の活用法，短所克服の努力。

□趣味について，きっかけや魅力など。

□学校生活の中で一番打ち込んだもの。

□学校生活を通して学んだこと。

□部活動やボランティア活動を通して学んだこと。

□部活動やサークルの役職経験，その苦労や成果。

□顧問として技術指導可能な部活動。

□友人づきあい・友人関係で一番気を遣うこと。

□友人から相談を持ちかけられた時の対応。

□友達と意見の相違がある時の対応。

3　意欲・教員としての資質

□教員の志望理由，志望時期。

□自分が教員向きである点。

□教職の魅力。

□教員に求められる資質。

□採用した場合の学校のメリット。

□印象に残る教師とその理由。

□児童生徒に信頼される教師の条件。

〈教育実習経験者〉

□教育実習の苦労と克服法，学んだこと。

□教員から学んだこと，子どもたちから学んだこと。

〈講師経験者〉

□講師の経験から学んだこと。

□学校現場で心掛けていること。

□心に残るアドバイス等

□同僚と意見が異なる(対立した)時の対応。

〈他府県現職〉

□京都府を志望する理由。

□現任校での役割についての自覚。

□勤務校の課題と，その解決の取り組み。

〈スペシャリスト特別選考対象者〉

□自分がスペシャリストといえる点。

□学校現場での自分の経験の活用法。

□教育の場に立つ心構え。

4　教育公務員としての心構えと識見について。

□全体の奉仕者としての心構え。

□教育公務員と一般公務員の違い。

□教員の職務の公共性についての認識。

□教員のコンプライアンス，服務規律の確保についての認識。

5　学習指導，児童生徒指導について

□大学等の専攻学科の選考理由。

□卒業論文テーマと簡単な内容説明。

□授業における専攻・研究の活用。

□今の子どもたちに一番身につけさせたい力とその方法。

□「主体的・対話的で深い学び」について。

□新しい学習指導要領について(校種・教科別)。

□知識・技能を「活用する力」について。

□キャリア教育について。

□言語活動の充実について。

□京都府の教育施策について。

(京都府教育振興プラン，子どものための京都式少人数教育など)

□地域の伝統文化の継承について。

□担任としての学級目標設定とその理由。

□児童生徒との適切な距離感について。

□児童生徒の問題行動等への対応(暴力行為，いじめ，不登校等)。

□教師力向上のために大切なもの。

6　教育問題，教育時事について

□関心のある教育問題と自分の見解。

□子どもの学力状況についての認識や意見。

□グローバル化に対応した英語教育について。

□「チーム学校」について。

□「特別の教科道徳」について。

□環境教育について。

□人権教育について。

□防災教育・安全教育について。

□「生きる力」を育むための教育活動について。

□社会に開かれた教育課程について。

□学校の情報公開と保護者や地域社会との関わりについて。

□いじめ問題について。

□教員の体罰について。

□教職員の働き方改革について。

□合理的配慮について。

□その他，関心事等。

▼小学校(1次・2次試験)

【質問内容】

□セクハラ

□貧困

□働き方改革

□エントリーシートから

□人権教育に基づいた学級経営

□体罰

□小学校教員に求められる資質

▼小学校　(1次・2次試験)

・1次の際は，比較的柔らかい雰囲気だったが，2次は少し厳しい雰囲気だった。

▼小学校

【質問内容】

□教員の資質能力とは。

□貧困問題の背景とは。

□貧困の子どもへの対応。

□「社会に開かれた教育課程」とは。

□法令遵守に反する行為とは。

□セクシャルハラスメントにおいての「距離感」とは。

□あなたを花でたとえるなら何？

□(エントリーシートより)子どもたちに歌の楽しさをどう伝えるか。

▼小学校

【質問内容】

□個人面接

□教師に向いているところ。

□なぜ京都府なのか。

□教職の魅力。

□実習で学んだこと。

□子どもにつけたい力　その理由と方法。

□短所克服法。

□セクハラについての考え。

□チーム学校とは。

□合理的配慮とは。

▼小学校

【質問内容】

□今日は暑いですね。

□大学生の時に学んだことはなにか。

□大学院に進学した理由。

□大学院の実習に向けた課題。

□気になる教育問題。

□教員のセクハラについて。

□愛着行動をとる児童への対応法。

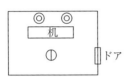

1次

◎…試験官

①…受験生

◆集団面接(1次試験)

　※中学校，高等学校，養護教諭，栄養教諭が対象

▼高校数学

【質問内容】

□なりたくない教員像。

□関心のある教育時事。

□生徒との距離感。

□学生生活で頑張ったこと。

▼高校数学

【質問内容】

□高校を志望している理由。

□高校の数学科における課題。

□自分の魅力。

□セクハラについて。

□なりたくない教員像。

　　→なりたくない教員にならないためにどうするか。

▼中高社会

【質問内容】

□志望動機，自分の長所など。

□京都府が求めている教員像について。

※受験者2人をそれぞれAさん，Bさんと面接官が決めて，呼んでいた。

※私は1次面接で点数をあまり取れなかった。面接対策は準備を充分
　にした方がよいと思う。

▼高校理科

【質問内容】

□昨日は眠れたか？

□関心のある教育問題はなにか。

□セクハラ，コンプライアンス違反の対策に何を思いつくか。

□理想の教師像は。

□理科の中で，何が専門か。

□京都の生徒に求める5つの力で1番身につけさせたい力はなにか。

※質問順序はこの通りではない。

・クールビズのため，上着，ネクタイは外してもよかった。

◆個人面接(2次試験)

　▼全科目

【質問項目例】

1　導入のための質問(ラポート形成)

□今日の体調，昨夜の睡眠，起床時刻など。

□会場は迷わなかったか，待ち時間の心境など。

□採用試験の勉強について。

2　受験者本人に関すること

□時間を切っての自己アピール。

□性格の長所と短所，長所の活用法，短所克服の努力。

□趣味について，きっかけや魅力など。

□学校生活の中で一番打ち込んだもの。

□学校生活を通して学んだこと。

□部活動やボランティア活動を通して学んだこと。

□部活動やサークルの役職経験，その苦労や成果。

□顧問として技術指導可能な部活動。

□友人づきあい・友人関係で一番気を遣うこと。

□友人から相談を持ちかけられた時の対応や気持ち。

□友達と意見の相違がある時の対応。

□友人間での主な話題。

3　意欲・教員としての資質

□教員の志望理由，志望時期。

□自分が教員向きである点。

□教職の魅力。

□教員に求められる資質。

□採用した場合の学校のメリット。

□印象に残る教師とその理由。

□児童生徒に信頼される教師の条件。

□なりたくないと考える教師像。

〈教育実習経験者〉

□教育実習の苦労と克服法，学んだこと。

□教員から学んだこと，子どもたちから学んだこと。

〈講師経験者〉

□講師の経験から何を学んだか。

□学校現場で心掛けていること。

□心に残るアドバイス等

□同僚と意見が異なる(対立した)時の対応。

〈他府県現職〉

□京都府を志望する理由。

□現任校での役割についての自覚。

□勤務校の課題と，その解決の取り組み。

〈他府県出身者〉

□京都府を志望する理由。

□併願先の有無と，両方合格時の対応。

□将来設計について。

〈スペシャリスト特別選考対象者〉

□自分がスペシャリストといえる点。

□学校現場での自分の経験の活用法。

□教育の場に立つ心構え

4　教育公務員としての心構えと識見について。

□全体の奉仕者としての心構え。

□教育公務員と一般公務員の違い。

□教員の職務の公共性についての認識

□教員の服装についての考え。

□教員のコンプライアンス，服務規律の確保についての認識。

5　学習指導，児童生徒指導について。

□大学等の専攻学科の選考理由。

□卒業論文テーマと簡単な内容説明。

□授業や実社会における専攻。

□研究の活用について。

□今の子どもたちに一番身につけさせたい力とその方法。

□新しい学習指導要領について(校種・教科別)。

- □「京都府教育振興プラン」について(理念部分・改定部分など)。
- □主体的・対話的で深い学びについて。
- □外国語(英語)教育について。
- □「質の高い学力」についての具体的な認識。
- □知識・技能を「活用する力」について。
- □京都府の教育施策について。
- (京都府教育振興プラン, 子どものための京都式少人数教育など)。
- □地域の伝統文化の継承について。
- □担任としての学級目標設定とその理由。
- □児童生徒の問題行動等の発生状況と防止対策について(暴力行為, いじめ, 不登校等)。
- □児童生徒との適切な距離感について。
- □教師力向上のために大切なもの。
- □指導計画作成にあたっての配慮事項。
- □週案の作成の意義。
- □習熟度別指導の長所と短所。
- □「心の教育」について具体的な内容, 充実のための取組例。
- □「いのちの大切さ」指導の方法。
- □人権教育について。
- □清掃活動の教育的意義。
- □校則, 校則違反の指導について。
- □生徒指導における頭髪や服装などの基準について。
- □部活動の意義, 外部指導者についての認識や意見。
- □体罰について。
- □不登校の児童生徒への対応・外部機関との連携。
- □スクールカウンセラー, スクールソーシャルワーカーとの連携について。
- □学校事故の予防・発生時の対応について。
- □具体事例の対応(いじめ発覚, 給食への異物混入, 児童虐待が疑われる等)。

□小学校(中学校，高等学校)における特別支援教育について。

□通常学級において特別に支援を要する児童生徒への対応について。

□インクルーシブ教育について。

□養護教諭との連携について。

□食育の必要性について。

□栄養教諭との連携について。

□特別支援教育についての認識，具体的な活動。

□自立と社会参加について。

□「個別の教育支援計画」の意義(目的)について。

□交流及び共同学習について。

□特別支援学校のセンター的機能についての理解。

□医療，福祉との連携について。

□養護教諭の職務を進めていく上での心構え。

□学校における養護教諭の役割。

□保健室経営について。

□健康診断結果の活用について。

□保健主事の役割。

□栄養教諭の職務を進めていく上での心構え。

□学校における栄養教諭の役割。

□食に関する指導に係る家庭や地域社会との連携における，栄養教諭
　としての具体的な役割。

□食育の指導におけるポイント。

6　教育問題，教育時事について

□関心のある教育問題と自分の見解・高大連携について。

□主権者教育について。

□いじめ問題について(「いじめ防止対策推進法」の趣旨と学校が果た
　すべき役割，京都府の取組等)。

□グローバル化に対応した英語教育について。

□「チーム学校」について。

□働き方改革について。

□「特別の教科道徳」について。

□環境教育について。

□情報教育(ICT教育)について。

□防災教育・安全教育について。

□子どもの学校以外での学習時間についての認識や意見。

□子どもの貧困対策についての認識や意見(家庭の社会経済的背景と学
　力との関係等)。

□キャリア教育について。

□合理的配慮について。

□社会に開かれた教育課程について。

□グローバル人材の育成について。

□京都府の求める教員像について(教員に必要な5つの力等)。

▼小学校

【質問内容】

□組体操について，賛成派か反対派か。

　　→保護者が○○派の場合，どうするか。

□教育実習先の先生で，尊敬するところは？

□その他，関心事等。

▼小学校

【質問内容】

□京都府を志望する理由。

□教員に向いているところ。

□一般公務員と教育公務員のちがい。

□新学習指導要領について知ってること。

　　→他には？

　　→どう取り入れるか。

□教育の目的は。

□子どもとの距離のとり方(セクハラ関連)。

□いじめの定義。

□もしいじめがあったらどうするか

　　→被害者・加害者それぞれの対応は。

□特別な支援を必要とする児童への対応について。

□合理的配慮と保護者への対応。

▼小学校

【質問内容】

□模擬授業・討論をふりかえっての感想。

□併願先はあるか。

□どの地域でも勤務は可能か。

□不合格だった場合どうするか。

□教員のセクハラをどう思うか。

□くっついてくる異性の児童への対応。

□多動性を示す児童への対応。

□養護教諭とどう連携を図るか。

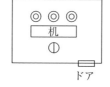

◎…試験官

◍…受験生

▼高校数学

【質問内容】

□高校数学の志望理由は。

□実際に高校生を教えたことはあるか。

　　→その時の失敗と改善。

□学校現場で配慮すべきこと。

□現場でやりたい取組は？

□高校の経験について。

□不祥事をどう思うか。

□ハラスメント防止にむけてどう取り組むか。

□学校で子どもたちに身につけさせたい力をどのように身につける
　か。

□教育の目的。

　→どう実現するか。

□不登校をどう思うか，取り組むか。

□いじめの未然防止。

□いじめがおきたとき，1番大切なことは？　など

◆実技試験(2次試験)

　▼小学校全科

　※音楽又は図工のどちらかを選択する。

　※中学校志願者で小学校を第2希望とした場合は，小学校の実技試験
　　も受験。

【必須課題-体育】

□器械運動(マット運動)

□陸上運動(ハードル走)

□ボール運動(バスケットボール)

【選択課題-音楽】

□バイエル52番，73番，80番，88番，100番(いずれも原書番号による)
　のピアノ練習曲の中から各自任意に選んだ1曲を演奏(暗譜するこ
　と)。

□小学校学習指導要領歌唱共通教材全24曲中，各自選んだ学年を異に
　する3曲中から当日指定する1曲をピアノ伴奏しながら視唱(伴奏譜
　を持参すること)。

【選択課題-図工】

□水彩画

※与えられた材料をもとに素材を作り，条件に従って配置し，水彩で
　表現。

▼小学校

【課題1-体育】

□マット(後転スタート5種)

□ハードル(3つ体育館で)

□バスケットボール(チェストパス→ジグザグドリブル→レイアップ→
　ジャンプシュート)

【課題2-音楽】

□バイエル選択(100にした)

・歌唱から3つえらび，1つを弾き歌う。

・だいたい3つの中の1番上の学年があたるようで，私は，2・3・5年
　で5年だった。

▼小学校

【課題1-体育】

□ハードル走(グラウンド，雨天は体育館)

□バスケットボール(体育館)

□マット(体育館)

【課題2-図工】

□5つの紙かざりを持った様子をデッサンし，色をつける

▼小学校

【課題1-体育】(2時間半ほど)

□バスケットボール…チェストパスで壁打ち5回。ジグザグにコーン
　の周りをドリブル。レイアップシュート，ジャンプシュート

□ハードル…50mハードル(インターバルは2種類)

□マット運動…後転，側転を含む5種(前転は加算せず)

【課題2-音楽】(5分ほど)

□ピアノ演奏…バイエル100番
□弾き歌い…スキーの歌(5年)
※歌唱共通教材の中から異学年3曲の中から当日に1曲指定。

▼小学校
※体育と音楽を午前，午後に別れて実施。どちらからするかは当日わ
　かる。
【課題1-体育】
□マット運動　後転はじまり　側転を含む5種類
□ハードル走　50m(雨天時は30m)タイム測る
□バスケットボール　ドリブル，レイアップシュート
【課題2-音楽】
□バイエル(暗譜)
・順番によっては3時間近く待たされる。

▼小学校
【課題1-体育】
□ハードル走　30m(雨天のため体育館内)
□マット運動　後転と側転を含む5種目
□バスケットボール　ドリブルをしてシュート
※全て練習あり(ハードル走，バスケは1回，マットは2回)

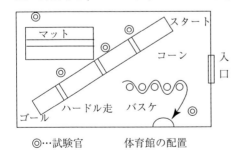

◎…試験官　　　　体育館の配置

【課題2-音楽】

□バイエルの演奏(ピアノ)

□歌唱共通教材の演奏(ピアノ)

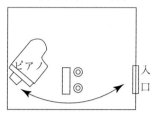

▼中高音楽

□ピアノ独奏

　モーツァルト若しくはベートーヴェンのソナタの中から，任意の第一楽章(緩徐楽章は除く)。又は同程度以上の任意の1曲を反復省略，暗譜で演奏

□弾き歌い

　中学校の教科書の中から各自選んだ3曲のうち当日指定する1曲をピアノ伴奏しながら視唱

□独唱又は独奏

※必須と選択①②どちらか1つの合計2つ，それぞれ任意の1曲を独唱または独奏

(必須)

・和楽器(箏，三味線，篠笛，尺八のいずれかを選択し，曲は任意。楽器は箏以外は各自で準備すること)

(選択)

①声楽

②管，弦，打楽器から1つ

▼中高美術

□デッサン及び色彩構成

※配布されたモチーフを構成し，デッサン及びモチーフの素材を指示

のように想定して変更し，それにテーマを設定し色彩構成で表現。

▼中高英語
□集団面接形式の英会話試験

▼中高保体
□マット運動
□水泳(け伸び・平泳ぎ・クロール)
□ハードル走
□バスケットボール，バレーボール，サッカーのうち各自選んだ1種
　目
□柔道，剣道，ダンスのうち各自選んだ1種目

▼中学技術
□表計算に関する実技
□製図に関する実技
□計測に関する実技
□木工に関する実技

▼中高家庭
□食生活に関する実技
□衣生活に関する実技

▼高校農業
□農業鑑定に関する実技
□うね立て，ダイコンの播種に関する実技
□トラクター操作に関する実技

▼高校工業
□表計算に関する実技

□製図に関する実技
□電気計測に関する実技
□電子回路製作に関する実技
□機械計測・金属加工に関する実技

▼高校商業
□帳票作成に関する実技
□教材作成に関する実技
□表計算に関する実技
□文書作成に関する実技

▼養護教諭
□保健指導に関する実技
□応急処置に関する実技
□心肺蘇生に関する実技

◆教育実践テスト(模擬授業)(2次試験)
　※模擬授業と集団討論で構成されている。
　〈模擬授業〉時間8分
　※五つのテーマの中から好きなものを選択。
　※8分で授業の導入をする。
　※模擬授業の後，集団討論に入る。
　【課題】

小学校	◆次の①〜⑤の学習内容の中から一つ選び、その導入の指導をしなさい。 　① かさ（算数：第2学年） 　② 俳句に親しむ（国語：第3学年） 　③ 電気のはたらき（理科：第4学年） 　④ 一日の生活　What time do you get up?（外国語：第5学年） 　⑤ 武士の世の中へ（武士の政治が始まる）（社会：第6学年）
中学国語	◆次の①〜⑤の学習内容または学習活動の中から一つ選び，その導入の指導をしなさい。 　① 『トロッコ』（芥川龍之介） 　② 『源氏物語』 　③ 故事成語 　④ 百人一首 　⑤ 新聞を作る
中学社会	◆次の①〜⑤の学習内容の中から一つ選び、その導入の指導をしなさい。 　① 地理的分野「北海道地方―自然環境を生かした観光業―」 　② 地理的分野「オセアニアの自然環境」 　③ 歴史的分野「元の襲来」 　④ 歴史的分野「世界恐慌とブロック経済」 　⑤ 公民的分野「『公共の福祉』と国民の義務」
中学数学	◆次の①〜⑤の学習内容の中から一つ選び、その導入の指導をしなさい。 　① 立体の投影図 　② 連立方程式の利用 　③ 一次関数のグラフ 　④ 平行線と線分の比 　⑤ 全数調査と標本調査
中学理科	◆次の①〜⑤の学習内容の中から一つ選び、その導入の指導をしなさい。 　① 第1分野「仕事とエネルギー」 　② 第1分野「化学変化と熱」 　③ 第1分野「原子の成り立ちとイオン」 　④ 第2分野「生物と細胞」 　⑤ 第2分野「火山活動と火成岩」
中学音楽	◆次の①〜⑤の指導内容の中から一つ選び、その導入の指導をしなさい。 　① 歌唱の指導　「赤とんぼ」三木露風作詞　山田耕筰作曲 　② 歌唱の指導　「サンタルチア」ナポリ民謡 　③ 器楽の指導　アルトリコーダー二重奏「エーデルワイス」R．ロジャーズ作曲 　④ 創作の指導　「歌詞の抑揚を生かした旋律創作」 　⑤ 鑑賞の指導　尺八曲「巣鶴鈴慕」琴古流古典本曲
中学美術	◆次の①〜⑤の学習活動の中から一つ選び、その導入の指導をしなさい。 　① 雪舟「秋冬山水図・冬景図（二幅のうち一幅）」、ムンク「叫び」 　　のうち一つを選んで鑑賞（作品写真をA1に出力したものを会場に準備します。） 　② 粘土で動きのある人物をつくろう 　③ ブックカバーのデザイン 　④ 身近にあるものをよく見て描こう 　⑤ 伝統工芸の鑑賞

中学保体	◆次の①〜⑤の学習活動の中から一つ選び、その導入の指導をしなさい。 【体育】　①　体つくり運動「実生活に生かす運動の計画」 　　　　　②　器械運動「跳び箱運動」 　　　　　③　体育理論「運動やスポーツの多様な楽しみ方」 【保健】　④　ストレスへの対処の方法 　　　　　⑤　身体の適応能力を超えた環境の健康への影響
中学技術	◆次の①〜⑤の学習内容の中から一つ選び、その導入の指導をしなさい。 ①　製作に必要な図のかき方 ②　回転運動を伝える仕組み ③　生物の育成計画 ④　データ量について ⑤　安全に実習するために
中学家庭	◆次の①〜⑤の学習内容の中から一つ選び、その導入の指導をしなさい。 ①　資源・環境と衣服 ②　食事の役割 ③　幼児とのふれあい ④　消費者トラブル ⑤　住まいと家庭内事故
中学英語	◆次の①〜⑤の文法事項の中から１つ選び、言語の働きや言語の使用場面も考慮し、言語活動を取り入れた導入の指導をしなさい。 ①　肯定及び否定の命令文 ②　主語＋動詞＋thatで始まる節 ③　主語＋tell，wantなど＋目的語＋to不定詞 ④　助動詞などを用いた未来表現 ⑤　現在完了（完了，疑問文）
高校国語	◆次の①〜⑤の学習内容または学習活動の中から一つ選び，その導入の指導をしなさい。 ①　『こころ』（夏目漱石） ②　『古今和歌集』 ③　漢詩『春望』 ④　古典文法「動詞」 ⑤　小論文の書き方
高校地歴公民	◆次の①〜⑤の学習内容の中から一つ選び、その導入の指導をしなさい。 ①　世界史「帝国主義と世界分割競争」 ②　日本史「開港とその影響」 ③　地理「日本の地形と自然災害」 ④　公民「ＷＴＯと地域的経済統合」 ⑤　公民「実存主義」
高校数学	◆次の①〜⑤の学習内容の中から一つ選び、その導入の指導をしなさい。 ①　余弦定理 ②　因数定理 ③　合成関数 ④　ユークリッドの互除法 ⑤　線分の内分点の位置ベクトル
高校理科	◆次の①〜⑤の学習内容の中から一つ選び、その導入の指導をしなさい。 ①　科学と人間生活「熱の性質とその利用」 ②　物理「力とそのはたらき」 ③　化学「化学結合」 ④　生物「代謝とATP」 ⑤　地学「地球の熱収支」

高校保体	◆次の①〜⑤の学習内容の中から一つ選び、その導入の指導をしなさい。 【体育】① 体つくり運動「体ほぐしの運動」 　　　　② 陸上競技「ハードル走」 　　　　③ 体育理論「運動やスポーツの活動時の健康・安全の確保の仕方」 【保健】④ 心身の相関 　　　　⑤ 結婚生活と健康
高校音楽	◆次の①〜⑤の指導内容の中から一つ選び、その導入の指導をしなさい。 ① 歌唱の指導　「からたちの花」北原白秋作詞　　山田耕筰作曲 ② 歌唱の指導　「Sognò」（夢）L. ステッケッティ作詞　P. トスティ作曲 ③ 器楽の指導　ギター二重奏「シチリアーナ」（「リュートのための古風な舞曲と 　　　　　　　アリア」から）O. レスピーギ作曲 ④ 創作の指導　「陰音階を使った旋律創作」 ⑤ 鑑賞の指導　能「船弁慶」観世小次郎信光作
高校美術	◆次の①〜⑤の学習活動の中から一つ選び、その導入の指導をしなさい。 ① 長谷川等伯「松林図屏風」、ボッティチェリ「ヴィーナスの誕生」のうち一つを 　　選んで鑑賞（作品写真をA1に出力したものを会場に準備します。） ② 校内ギャラリーを企画しよう ③ 感情を表す手を描こう ④ 病院（小児科）で使うカーテンの色や柄のデザイン ⑤ 抽象彫刻の制作（塑造）
高校英語	◆次の①〜⑤の指導内容の中から一つ選び、言語や表現の働き・使用場面も考慮し、言語活動を取り入れた導入の指導をしなさい。 ① 既習の教科書本文が取り上げているテーマについてのスピーチ活動に関する指導 ② 身近なテーマについてのディスカッションに関する指導 ③ 「主語＋be動詞以外の動詞＋（現在及び過去）分詞」に関する指導 ④ 「仮定法過去」に関する指導 ⑤ 「主語＋動詞＋目的語＋補語のうち、V＝使役動詞」に関する指導
高校家庭	◆次の①〜⑤の学習内容の中から一つ選び、その導入の指導をしなさい。 ① これからの家庭生活と社会 ② 高齢者の生活と課題 ③ 環境に配慮した食生活 ④ 家計のマネジメント ⑤ これからの保育環境
高校農業	◆次の①〜⑤の学習内容の中から一つ選び、その導入の指導をしなさい。 ① 作物の成長と一生 ② 土壌とその役割 ③ 家畜の飼育・利用 ④ 農業の多面的機能 ⑤ 森林経営の意義と役割
高校工業	◆次の①〜⑤の学習内容の中から一つ選び、その導入の指導をしなさい。 ① 製図と規格 ② 工業材料の加工性 ③ 交流回路の基礎 ④ 中央処理装置と主記憶装置 ⑤ 鉄筋コンクリート構造

高校商業	◆次の①～⑤の学習内容の中から一つ選び、その導入の指導をしなさい。 　①　経済の基礎　　生産・流通・消費などの経済活動の循環 　②　簿記の基礎　　簿記一巡の手続 　③　情報の活用と情報モラル　　情報モラル 　④　市場調査　　市場調査の手順と方法 　⑤　会社に関する法　　会社の種類
特別支援学校	◆次の①～⑤の指導内容の中から一つ選び、その導入の指導をしなさい。 　①　小学部「総合的な学習の時間」 　　　居住地の小学校との交流および共同学習に向けた事前学習 　　　（対象：聴覚障害者である低学年児童の学級） 　②　小学部「遊びの指導」 　　　プール学習開始に向けた事前指導 　　　（対象：知的障害者である高学年の児童の学級） 　③　中学部「生活単元学習」 　　　修学旅行でグループ活動を実施する時の留意点について考える際の指導 　　　（対象：知的障害者である生徒の学級） 　④　中学部「自立活動」 　　　夏休みにむけて日常生活について振り返り、規則正しい生活を送ることができるための指導 　　　（対象：病弱者である生徒の学級） 　⑤　高等部「総合的な学習の時間」 　　　登下校時等、災害により公共交通機関が止まった時の対応について考える際の指導 　　　（対象：知的障害である生徒の学級）
養護教諭	◆次の①～⑤の指導内容の中から一つ選び、その導入の指導をしなさい。 　①　免疫の仕組みについて（対象：小学生） 　②　食中毒の予防について（対象：中学生） 　③　多様な性の在り方について（対象：高校生） 　④　ネット依存について（対象：小・中・高校生より選択） 　⑤　睡眠の重要性について（対象：小・中・高校生より選択）
栄養教諭	◆次の①～⑤の指導内容の中から一つ選び、その導入の指導をしなさい。 　①　はし名人になろう（対象：小学校1年生） 　②　よくかんで食べよう（対象：小学校2年生） 　③　夏休みを元気にすごすために（対象：小学校6年生） 　④　「自分で作るお弁当」～お弁当の日の取組に向けて～（対象：中学校2年生） 　⑤　受験期に大切な食生活について考えよう（対象：中学校3年生）

〈集団討論〉

※模擬授業の後，集団討論に入る。

【テーマ】

1　小学校・中学校・高等学校・特別支援学校

□言語活動を充実させる授業の工夫について。

□不登校の児童生徒への支援について。

□情報活用能力の育成について。

□生徒指導における家庭との連携について。

□学習習慣の定着に向けた取組について。

□授業と家庭学習をつなぐ工夫について。

□特別な支援が必要な児童生徒への指導について。

□グローバル化に対応できる人材の育成について。

□キャリア教育の視点に立った教育活動の推進について

□いじめ問題の早期発見・早期対応について。

□ICTを活用した学習指導の工夫について。

□児童生徒の携帯電話・スマートフォンの使用について。

2　養護教諭

□不登校の児童生徒への支援について

□熱中症予防に向けた取組について

□保健指導の充実と養護教諭の役割について

3　栄養教諭

□地域社会や家庭と連携した食育の推進について

▼小学校　面接官2人　受験者5人

【模擬授業課題】

□3年　俳句に親しむ

・5人に対して授業する感覚でなく，大人数いることを想定するとよい(目線もうしろまで)。

・全体の単元計画がわかるような授業が○。

【集団討論テーマ】

□家庭学習と授業をつなぐ工夫について

※最初の5分で模擬授業のポイントを述べる。(5人まわす)

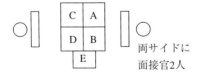

両サイドに
面接官2人

▼小学校　面接官2人　受験者5人

【模擬授業課題】

□5年　英語

　　一日の生活：What time do you get up ?

【集団討論テーマ】

□情報活用能力について

※最初の5分間は，1人1分ずつ模擬授業について話す。

※司会は立てない。メモなし。

▼小学校　面接官2人　受験者4人

【模擬授業課題】

□以下から1つ選択。導入部分を行う。

・2年　算数「かさ」

・3年　国語「俳句に親しむ」

・4年　理科「電気のはたらき」

・5年　英語「What time do you get up ?」

・6年　社会「武士の世の中へ」

※メモのみ指定の書式のものなら持ち込み可。

【集団討論テーマ】

□グローバルに対応できる人材を育てるための教育活動について

※始めの4分間でそれぞれ1分をめどに模擬授業についてのスピーチを
　行う。

※そのまま集団討論を残りの21分で行う。

▼小学校　面接官2人　受験者5人

【模擬授業課題】

□小5の外国語

・授業の学年・単元は1次の合格発表の時に知らされる。私は小5の外国語をした。算・国が多く，外国語を選ぶ人は少なかった。

【集団討論テーマ】

□特別な支援を必要とする児童への配慮

▼小学校　面接官2人　受験者5人

【模擬授業課題】

□算数「かさ」(2年生)の導入部分を指導せよ。

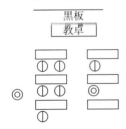

◎…試験官

①…受験生

・受験生は児童役として積極的な参加を求められる

・具体物など指導に必要なものは一切持ちこむことはできない。

【集団討論テーマ】

□不登校の児童・生徒に対する支援

※受験生はアルファベットの名前を付けられる。

①…受験生

◎…試験官

▼高校数学　面接官2人　受験者4人

【模擬授業課題】

□余弦定理

□因数定理

□ユークリッド互除法

□内分点の位置ベクトル

□合成関数

【集団討論テーマ】

□学習習慣の確立。

2018年度

◆個人面接(1次試験)　面接官2人　15分

※小学校，特別支援学校及び他府県現職が対象

▼全科目

【質問例】

1　導入のための質問(ラポート形成)

□今日の体調，昨夜の睡眠，起床時刻など。

□会場は迷わなかったか，待ち時間の心境など。

□採用試験の勉強について。

2　受験者本人に関すること

□時間を切っての自己アピール。

□性格の長所と短所は何か。

　　→長所をどう活用するのか。

　　→短所克服のための努力は何か。

□趣味について，きっかけや魅力などを述べよ。

□学校生活の中で一番打ち込んだものは何か。

□学校生活を通して学んだことは何か。

□部活動やボランティア活動を通して学んだことは何か。

□部活動やサークルの役職経験はあるか。

→その苦労や成果は何か。

□顧問として技術指導可能な部活動は何か。

□友人づきあい，友人関係で一番気を遣うことは何か。

□友人から相談を持ち掛けられた時，どう対応するか。

□友達と意見の相違がある時，どう対応するか。

3　意欲・教員としての資質

□教員の志望理由は何か。

　　→いつから志望しているのか。

□自分が教員向きである点は何か。

□教職の魅力は何か。

□教員に求められる資質は何か。

□採用した場合の学校のメリットは何か。

□印象に残る教師はいるか。

　　→その理由は何か。

□児童生徒に信頼される教師の条件は何か。

〈教育実習経験者〉

□教育実習の苦労はあるか。

　　→どう克服したのか。

　　→学んだことは何か。

□教員から学んだこと，子どもたちから学んだことは何か。

〈講師経験者〉

□講師の経験から何を学んだのか。

□学校現場で，心掛けていることは何か。

□心に残るアドバイスは何か。

□同僚と意見が異なる(対立した)時，どう対応するか。

〈他府県現職〉

□なぜ京都府を志望するのか。

□現任校での役割についての自覚は何か。

□勤務校の課題は何か。

　　→その解決のためにどう取り組んでいるのか。

〈スペシャリスト特別選考対象者〉

□自分がスペシャリストといえる点は何か。

□学校現場での自分の経験をどう活用するのか。

□教育の場に立つ心構えを述べよ。

4　教育公務員としての心構えと識見について

□全体の奉仕者としての心構えを述べよ。

□教育公務員と一般公務員の違いは何か。

□教員の職務の公共性について，考えを述べよ。

□教員のコンプライアンス，服務規律の確保についての認識があるか。

5　学習指導，児童生徒指導について

□大学等の専攻学科の選考理由について。

□卒業論文のテーマと簡単な内容を説明せよ。

□授業における専攻・研究をどう活用するのか。

□今の子どもたちに一番身につけさせたい力は何か。

　　→どのようにして身につけさせるのか。

□主体的・対話的で深い学び(いわゆるアクティブ・ラーニング)について。

□学習指導要領の特徴について(校種・教科別)

□知識・技能を「活用する力」について。

□「理科(理系)離れ」について。

□「京都府教育振興プラン」について。

□「子どものための京都式少人数教育」について。

□地域の伝統文化の継承について。

□担任としてどのような学級目標を設定するのか。

　　→そのような学級目標を掲げる理由は何か。

□児童生徒の暴力行為の増加について。

□教師力向上のために大切なものは何か。

6　教育問題，教育時事について

□関心のある教育問題と，あなたの見解を述べよ。

□子どもの学力状況についての認識や意見を述べよ。

□グローバル化に対応した英語教育について。

□「チーム学校」について。

□道徳の教科化について。

□環境教育について。

□人権教育について。

□防災教育・安全教育について。

□「生きる力」を育むための配慮事項について。

□教育課程と学習指導要領の関係について。

□学校の情報公開と保護者や地域社会との関わりについて。

□いじめ問題について。

□働き方改革について。

□教師の体罰について。

□その他，関心事等について。

▼小学校

【質問内容】

□昨日は寝られたか。

□教育公務員と一般公務員の違いは。

□セクハラについて，子どもとの距離感を絡めて述べよ。

□理想の教師像は。

□新学習指導要領で変更になったところは。

□ほかの人と意見が違う場合の対応は。

◆集団面接(1次試験) 面接官2人　受験者2〜3人　20分

　※中学校，高等学校，養護教諭及び栄養教諭が対象

　※【質問例】は◆個人面接(1次試験)の内容と共通するため省略した。

　▼中学国語

【質問内容】

□校務分掌について。

□学力向上のための取り組みについて。

□共生社会について。

□魅力ある授業とは。

□担当している部活の指導で大切にしていることは。

□京都府が目指す，育てたい人間像は。

□人権教育について自分の考えは。

□セクハラ問題について。

▼中学社会

【質問内容】

□今日はどうやって会場まで来たか。

□教師を志望した理由は。

□体罰はなぜ起こると思うか。

□あなたを採用すると我が校にどんなメリットがあるか。

□ユニーバーサル教育について述べよ。

▼高校理科

【質問内容】

□なぜ理科か。専門科目が分かるように自己アピールせよ。

□なぜ教員か。京都府を志望した理由。

□教員はブラックと言われるがどう思うか。

□セクハラが問題になっているが生徒との距離について。

□性格の短所と克服について。

※受験者はA，B，Cと呼ばれ，ランダムに当てられる。

◆実技試験(2次試験)

※各試験への持参物は，第1次試験結果通知時に指示する。

※身体障害者特別選考においては，障害の程度に応じて，実技試験の
　一部を免除する場合がある。

※スペシャリスト選考においては，実技試験は実施しない。

▼小学校全科

※音楽又は図工のどちらかを選択する。

【必須課題】

□体育

① 器械運動(マット運動)

　マット運動は側転・後転含む5連続技。2回練習できる。

② 陸上運動(ハードル走)

　ハードル走は30m(3台)で，インターバルは6mか6.5mを選択(雨天，体育館実施)。15分練習できる。

③ ボール運動(バスケットボール)

　「ボードに投げる→キャッチ」を5回→ドリブル(ジグザグ)→レイアップシュート。1回練習できる。

【選択課題】

□音楽

① バイエル52番，73番，80番，88番，100番(いずれも原書番号による)のピアノ練習曲の中から各自任意に選んだ1曲を演奏する。

※暗譜すること。

② 小学校学習指導要領歌唱共通教材全24曲中，各自選んだ学年を異にする3曲中から当日指定する1曲をピアノ伴奏しながら視唱する。

※伴奏譜を持参すること。

□図工

　与えられたモチーフを配置し，水彩で表現する。

▼中高英語

【課題】

□集団面接形式の英会話試験

▼中学技術

【課題】

□表計算に関する実技

□製図に関する実技
□計測に関する実技
□木工に関する実技
▼中高家庭
【課題】
□食生活に関する実技
□衣生活に関する実技

▼中学音楽
【課題】
□ピアノ独奏
　　モーツァルト若しくはベートーヴェンのソナタの中から，任意の
　第一楽章(緩徐楽章は除く。)又は同程度以上の任意の1曲を反復省略，
　暗譜で演奏
□弾き歌い
　　中学校の教科書の中から各自選んだ3曲のうち当日指定する1曲を
　ピアノ演奏しながら視唱する。
□独唱又は独奏
　　それぞれ任意の1曲を独唱又は独奏する。
＜必須＞
・教育楽器(クラシックギター又はリコーダー)
＜選択＞
・声楽
・管，弦，打楽器から1つ(和楽器可)
※上記2つから，どちらか1つ選択する。

▼中高保体
【課題】
□マット運動
□水泳(け伸び・平泳ぎ・クロール)

□ハードル走
□バスケットボール，バレーボール，サッカーのうち各自選んだ1種
　目
□柔道，剣道，ダンスのうち各自選んだ1種目

▼中高美術
【課題】
□デッサン及び色彩構成
　　任意のタイトルを設定し，静物画をデッサン及び与えられたモチ
　ーフを配置し，色彩構成で表現する。

▼高校工業
【課題】
□表計算に関する実技
□製図に関する実技
□電気計測に関する実技
□電子回路製作に関する実技
□機械計測・金属加工に関する実技

▼高校商業
【課題】
□教材作成に関する実技
□帳票作成に関する実技
□表計算に関する実技
□文書作成に関する実技

▼高校水産
【課題】
□解剖・調理に関する実技
□生物測定に関する実技

□ロープワークに関する実技
□ロープスプライスに関する実技

▼高校農業
【課題】
□農業鑑定に関する実技
□ノギスによる測定に関する実技
□刈払機の刃の交換と始動

▼養護教諭
【課題】
□健康相談に関する実技
□応急処置に関する実技
□心肺蘇生に関する実技

◆個人面接(2次試験)　面接官3人　受験者1人　15～20分
　▼全科目
【質問例】
1　導入のための質問(ラポート形成)
□今日の体調，昨夜の睡眠，起床時刻など。
□会場は迷わなかったか，待ち時間の心境など。
□採用試験の勉強について。
2　受験者本人に関すること
□時間を切っての自己アピール。
□性格の長所と短所は何か。
　→長所をどう活用するか。
　→短所克服のため努力は何か。
□趣味は何か。
　→はじめたきっかけや魅力は何か。
□学校生活の中で一番打ち込んだものは何か。

□学校生活を通して学んだことは何か。

□部活動やボランティア活動を通して学んだことは何か。

□部活動やサークルの役職経験はあるか。

　　→その苦労や成果は何か。

□顧問として技術指導可能な部活動は何か。

□友人づきあい・友人関係で一番気を遣うことは何か。

□友人から相談を持ち掛けられた時，どう対応するか。

　　→何を思うか。

□友達と意見の相違がある時，どう対応するか。

□友人間での主な話題は何か。

3　意欲・教員としての資質

□教員への志望理由を述べよ。

　　→いつから志望しているのか。

□自分が教員向きである点を述べよ。

□教職の魅力は何か。

□教員に求められる資質は何か。

□採用した場合の学校のメリットは何か。

□印象に残る教師とその理由について。

□児童生徒に信頼される教師の条件は何か。

□なりたくないと考える教師像は何か。

〈教育実習経験者〉

□教育実習の苦労は何か。

　　→どのようにして克服したか。

　　→学んだことは何か。

□教員から学んだこと，子どもたちから学んだことは何か。

〈講師経験者〉

□講師の経験から何を学んだか。

□学校現場で心掛けていることは何か。

□心に残るアドバイス等はあるか。

□同僚と意見が異なる(対立した)時，どう対応するのか。

〈他府県現職〉

□京都府を志望する理由は何か。

□現任校での役割についての自覚について。

□勤務校での課題は何か。

　　→解決のためにどう取り組んだのか。

〈他府県出身者〉

□京都府を志望する理由は何か。

□併願先はあるのか。

　　→両方合格したとき，どうするのか。

□将来設計について。

〈スペシャリスト特別選考対象者〉

□自分がスペシャリストといえる点は何か。

□学校現場での自分の経験をどう活用するのか。

□教育の場に立つ心構えについて。

4　教育公務員としての心構えと識見について

□全体の奉仕者としての心構えについて。

□教育公務員と一般公務員の違いは何か。

□教員の職務の公共性についての考えを述べよ。

□教員の服装についての考えを述べよ。

□教員のコンプライアンス，服務規律の確保についての認識はあるか。

5　学習指導，児童生徒指導について

□大学等の専攻学科の選考理由について。

□卒業論文のテーマと簡単な内容を説明しなさい。

□授業や実社会における専攻・研究の活用について。

□今の子どもたちに一番身につけさせたい力は何か。

　　→どのようにして身につけさせるのか。

□新しい学習指導要領について(校種・教科別)

□「京都府教育振興プラン」について(理念部分・改定部分など)

□主体的・対話的で深い学び(いわゆるアクティブ・ラーニング)について。

□グローバル人材の育成について。

□「質の高い学力」についての具体的な認識について。

□知識・技能を「活用する力」について。

□「理科(理系)離れ」について。

□「子どものための京都式少人数教育」について。

□地域の伝統文化の継承について。

□担任として，どのような学級目標を設定するのか。

　→なぜそのような目標を設定するのか。

□児童生徒の問題行動の発生状況と防止対策について。

□児童生徒との距離感について。

□教師力向上のために大切なものは何か。

□指導計画作成にあたっての配慮事項を述べよ。

□週案の作成の意義は何か。

□習熟度別指導の長所と短所を述べよ。

□「心の教育」について具体的な内容，充実のための取組例を述べよ。

□「いのちの大切さ」指導の方法を述べよ。

□「人権教育」について。

□清掃活動の教育的意義は何か。

□校則，校則違反の指導について。

□生徒指導における頭髪や服装などの基準について。

□部活動の意義，外部指導者についての認識や意見を述べよ。

□体罰について。

□不登校の児童生徒への対応・外部機関との連携について。

□スクールカウンセラー，スクールソーシャルワーカーとの連携について。

□学校事故の予防・発生時にどう対応するか。

□具体事例(いじめ発覚，給食への異物混入，児童虐待が疑われる等)に対してどう対応するか。

□小学校(中学校，高等学校)における特別支援教育について。

□通常学級において特別に支援を要する児童生徒にどう対応するか。

□インクルーシブ教育について。

□養護教諭との連携について。

□食育の必要性について。

□栄養教諭との連携について。

□特別支援教育についての認識，具体的な活動について。

□自立と社会参加について。

□「個別の教育支援計画」の意義(目的)について。

□交流及び共同学習について。

□特別支援学校のセンター的機能についての理解は。

□医療，福祉との連携について。

□養護教諭の職務を進めていく上での心構えについて。

□学校における養護教諭の役割は何か。

□保健室経営について。

□健康診断結果の活用について。

□保健主事の役割は何か。

□栄養教諭の職務を進めていく上での心構えについて。

□学校における栄養教諭の役割は何か。

□食に関する指導に係る家庭や地域社会との連携における，栄養教諭
　としての具体的な役割は何か。

□食育の指導におけるポイントは何か。

6　教育問題，教育時事について

□関心のある教育問題と自分の見解を述べよ。

□高大連携について。

□主権者教育について。

□「いじめ防止対策推進法」の趣旨と学校が果たすべき役割は何か。

□小学校における英語教育について。

□「チーム学校」について。

□働き方改革について。

□道徳の教科化について。

□環境教育について。

□情報教育(ICT教育)について。
□防災教育・安全教育について。
□子どもの学校以外での学習時間についての認識や意見を述べよ。
□子どもの貧困対策についての認識や意見(家庭の社会・経済的背景と学力との関係等)を述べよ。
□キャリア教育について。
□その他，関心事等について。

▼小学校全科
【質問内容】
□友人から見て自分はどんな人か。
□セクハラについて，児童が抱きついてくることに関してどう感じるか。どうするか。具体的な声かけをするか。
□教育実習で学んだことは。
　→(1年生の話題を出したので)1年生で注意しなければならない点は。
　→具体的にどのように伝えるか。
□教育公務員と一般公務員の違いは。
□貧困について知っていることは。
　→保護者とどう連携をとるか。
□気になる教育問題は。
　→(体罰と答えて)見たらどうする？

▼小学校全科
【質問内容】
□よく寝られたか。
□体調は万全か。
□どこでも勤務できるか。
□セクハラについて子どもがだきついてくることについてどう思うか。
　→具体的にどのように対応するか。

□高学年の子にSNSで連絡をとりたいとせまられたらどうするか。

　　→とてもつっこんできかれた。

□(エントリーシートより)社会科を通じた学びの楽しさとは。

□地域の人材を生かした教育について。

□いじめ問題について。

　　→なぜ京都府は認知件数が高いのか。

□貧困について。

□いじめの法律について。

□いじめの重大事象とはどのようなものか。

□いつから，なぜ教師を目指したか。

□新人の教員として，ベテランの先生に負けないという決意や熱意を述べなさい。

▼中学国語

【質問内容】

□自己PR表から(書いた内容にそって)

　　→部活動での経験やそこでの苦労など

□教科について

　　→専門性を高めるために行っていることは。

　　→努力していることは。

　　→授業でうまくいった経験・いかなかった経験について。

□教育課題について

　　→いじめ問題について。

　　→中学の志望理由は。

　　→教育の目的について。

▼中学社会

【質問内容】

□社会科ということで歴史の文化財を1つ取り上げ説明しなさい。

□併願しているか。

□教師の生徒へのセクハラはなぜ起こるか。

□最近の教育の話題やニュースについて述べよ。

□(北部希望だったので)，京都の北部の良さについて。

□体罰に関して法律名を答えなさい。

□体罰はなぜ起こるか。

□部活で勝ちにこだわる人と楽しくやりたい人でもめたらどうするか。

□あなたはどんな人だといわれるか。

▼高校理科

【質問内容】

□理科の専門は。

　→その次に得意なものは。

□生物のどの分野がおもしろいか。

　→生物でICT活用するならどの分野でどのように。

　→生物でアクティブラーニングをするならどの分野でどのように。

□どの校務分掌が向いていると思うか。

□特別活動の意義について。

□「LINEを教えて」と言われたらどうするか。

□理科嫌いについてどう対応するか。

□服装について(生徒からどんな服装が求められるか)。

▼特別支援

【質問内容】

□セクハラについて。

□大学生活で印象に残っていることは。

□障害者差別解消法とは。

□合理的配慮とは。

□教育再生実行会議とは。

□教育におけるエビデンスとは。

□教員に必要な資質。

□個別の指導計画について。

◆教育実践力テスト(模擬授業)(2次試験)　面接官2人　受験者4人　8分
【課題】

小学校	◆次の①～⑤の学習内容の中から一つ選び、その導入の指導をしなさい。 ① かずとすうじ（算数：第1学年） ② 国語辞典の引き方（国語：第3学年） ③ くらしをささえる水（社会：第4学年） ④ ジェスチャーをつけてあいさつしよう（外国語：第5学年） ⑤ てこのはたらき（理科：第6学年）
中学国語	◆次の①～⑤の学習内容または学習活動の中から一つ選び，その導入の指導をしなさい。 ① 漢詩 ② 『平家物語』 ③ 論理的な文章の書き方 ④ プレゼンテーションのしかた ⑤ 漢字の成り立ち
中学社会	◆次の①～⑤の学習内容の中から一つ選び、その導入の指導をしなさい。 ① 地理的分野「世界から見た日本の資源・エネルギーと産業」 ② 地理的分野「近畿地方　－歴史的背景の視点で－」 ③ 歴史的分野「摂関政治と国風文化」 ④ 歴史的分野「第二次世界大戦後の世界と日本」 ⑤ 公民的分野「私たちのくらしと地方自治」地理的分野「世界から見た日本の資源・エネルギーと産業」
中学数学	◆次の①～⑤の学習内容の中から一つ選び、その導入の指導をしなさい。 ① 図形の移動 ② 近似値 ③ 平行四辺形 ④ 二次方程式 ⑤ 二次関数
中学理科	◆次の①～⑤の学習内容の中から一つ選び、その導入の指導をしなさい。 ① 第1分野　　　「電磁誘導と発電」 ② 第1分野　　　「状態変化と熱」 ③ 第1分野　　　「生命を維持する働き」 ④ 第2分野　　　「惑星と恒星」 ⑤ 第2分野　　　「自然界のつり合い」
中学音楽	◆次の①～⑤の指導内容の中から一つ選び、その導入の指導をしなさい。 ① 歌唱の指導「浜辺の歌」　林　古溪　作詞　　成田　為三　作曲 ② 歌唱の指導「帰れソレントへ」　G.デ.クルティス　作詞　E.デ.クルティス　作曲 ③ 器楽の指導　三味線「寄せの合方」　四世杵屋六三郎　作曲 ④ 創作の指導「陽音階を使って旋律を創ろう」 ⑤ 鑑賞の指導　箏曲「六段の調」　八橋　検校　作曲
中学美術	◆次の①～⑤の指導内容の中から一つ選び、その導入の指導をしなさい。 ① 互いの作品を批評し合う鑑賞 ② 色彩の学習（自然界の色彩から） ③ 校内で使うピクトグラムの制作 ④ くつろげる椅子のデザイン ⑤ 想像の世界を描こう（絵画）

中学保体	◆次の①～⑤の学習活動の中から一つ選び、その導入の指導をしなさい。 【体育】　①体つくり運動「体力を高める運動」 　　　　　②器械運動「マット運動」 　　　　　③体育理論「国際的なスポーツ大会などが果たす文化的な意義や役割」 【保健】　④人的要因や環境要因などのかかわりによる傷害の発生 　　　　　⑤発生源、感染経路、主体への対策による感染症の予防
中学技術	◆次の①～⑤の学習内容の中から一つ選び、その導入の指導をしなさい。 ①　木材の切断や仕上げ ②　電気エネルギーの変換と利用 ③　植物栽培に必要な環境 ④　プログラムによる計測・制御 ⑤　技術とものづくりの未来
中学家庭	◆次の①～⑤の学習内容の中から一つ選び、その導入の指導をしなさい。 ①　男女共同参画社会をめざして ②　子どもの成長と地域 ③　食品の選択と購入 ④　衣服の素材と手入れ ⑤　消費生活のしくみ
中学英語	◆次の①～⑤の文法事項の中から1つ選び、言語の働きや言語の使用場面も考慮し、言語活動を取り入れた導入の指導をしなさい。 ①　名詞の複数形 ②　動名詞 ③　受け身 ④　動詞の時制〈過去形〉 ⑤　主語＋動詞＋whatなどで始まる節
高校国語	◆次の①～⑤の学習内容または学習活動の中から一つ選び，その導入の指導をしなさい。 ①　『老子』・『荘子』 ②　『源氏物語』 ③　『舞姫』 ④　古典文法『形容詞』 ⑤　ディベートのしかた
高校地歴公民	◆次の①～⑤の学習内容の中から一つ選び、その導入の指導をしなさい。 ①　世界史「米ソ冷戦のはじまり」 ②　日本史「講和と安保条約」 ③　地理「世界と日本の水産業」 ④　公民「社会保障と国民福祉」 ⑤　公民「消費者問題と消費者保護」
高校数学	◆次の①～⑤の学習内容の中から一つ選び、その導入の指導をしなさい。 ①　空間の座標 ②　不定積分 ③　漸化式 ④　データの相関 ⑤　複素数平面
高校理科	◆次の①～⑤の学習内容の中から一つ選び、その導入の指導をしなさい。 ①　科学と人間生活「微生物とその利用」 ②　物理「弦の振動」 ③　化学「中和滴定」 ④　生物「体液性免疫」 ⑤　地学「大気圏の層構造」

高校保体	◆次の①〜⑤の学習内容の中から一つ選び、その導入の指導をしなさい。 【体育】　①体つくり運動「体力を高める運動」 　　　　　②器械運動「マット運動」 　　　　　③体育理論「各ライフステージにおけるスポーツの楽しみ方」 【保健】　④健康に関する意志決定や行動選択 　　　　　⑤我が国の保健・医療制度
高校美術	◆次の①〜⑤の学習活動の中から一つ選び、その導入の指導をしなさい。 ①　油絵による自画像の鑑賞 ②　野外彫刻作品を考えよう ③　アニメーションを作ろう ④　心を癒やす照明デザイン ⑤　地域の伝統行事のポスターの制作
高校英語	◆次の①〜⑤の文法事項の中から一つ選び、言語の働きや言語の使用場面も考慮し、言語活動を取り入れた導入の指導をしなさい。 ①　[主語＋動詞＋間接目的語＋直接目的語] の文構造をもつ文のうち、 　　（主語＋動詞＋間接目的語＋if　で始まる節）の導入 ②　関係代名詞の非制限用法の導入関係副詞の導入 ③　代名詞のうちitが名詞用法の句および節を指すもの（形式主語・形式目的語）の導入 ④　動詞の時制（現在完了進行形）の導入 ⑤　助動詞を含む受身表現の導入
高校情報	◆次の①〜⑤の学習内容の中から一つ選び、その導入の指導をしなさい。 ①　情報社会と問題解決 ②　映像による表現 ③　ユニバーサルデザイン ④　情報セキュリティ ⑤　ネットワークがつなぐコミュニケーション
高校家庭	◆次の①〜⑤の学習内容の中から一つ選び、その導入の指導をしなさい。 ①　現代の家族をめぐる課題 ②　共生社会に向けて ③　世界の食文化 ④　被服の安全 ⑤　環境と共生する住まい
高校農業	◆次の①〜⑤の学習内容の中から一つ選び、その導入の指導をしなさい。 ①　土壌の三相分布 ②　日長調節による開花調節 ③　乳牛の一生 ④　マルチングの効果 ⑤　直まき栽培と移植栽培
高校工業	◆次の①〜⑤の学習内容の中から一つ選び、その導入の指導をしなさい。 ①　機械に働く力と運動 ②　電気計測の基礎 ③　ネットワークの階層とプロトコル ④　はりや部材の変形 ⑤　自動車の安全技術と環境対策

高校商業	◆次の①〜⑤の学習内容の中から一つ選び、その導入の指導をしなさい。 ① 価格決定と市場の役割 ② 会計帳簿と帳簿組織 ③ ビジネス情報の処理と分析 ④ ハードウェア ⑤ ウェブデザインと広告・広報
高校水産	◆次の①〜⑤の学習内容や指導内容の中から一つ選び、その導入の指導をしなさい。 ① 実習製品販売による地域貢献 ② 海上で行う実習の安全確保 ③ ダイビング技術を活用した地域貢献 ④ 食品製造における安全・安心の確保 ⑤ 学校施設設備及び人材の活用と地域貢献
特別支援学校	◆次の①〜⑤の指導内容の中から一つ選び、その導入の指導をしなさい。 ① 小学部「日常生活の指導」 　　児童たちが学校生活に必要な決まりを相談して作る際の指導 　　　　　　　　　　　（対象：知的障害者である高学年児童の学級） ② 小学部「総合的な学習の時間」 　　自校で実施する地域の小学校との交流及び共同学習に向けた事前学習 　　　　　　　　　　　（対象：視覚障害者である高学年児童の学級） ③ 中学部「生活単元学習」 　　生徒たちが地域資源について学ぶために住民の方への聞き取り（インタビュー）活動を実施する際の事前指導 　　　　　　　　　　　（対象：知的障害者である生徒の学級） ④ 中学部「自立活動」 　　生徒たちがストレスの影響を理解し、自らのストレスを軽減することができるための指導 　　　　　　　　　　　（対象：病弱者である生徒の学級） ⑤ 高等部「作業学習」 　　産業現場等における実習を終えた生徒たちが職業生活に必要な健康管理や余暇の有効な過ごし方について考える際の指導 　　　　　　　　　　　（対象：知的障害者である生徒の学級）
養護教諭	◆次の①〜⑤の指導内容の中から一つ選び、その導入の指導をしなさい。 ① 薬の正しい使い方について（対象：小学生） ② 受験前の健康管理について ③ ケガの予防とスポーツ障害について（対象：高校生） ④ 歯周病の予防について（対象：小・中・高校生より選択） ⑤ 心の健康について（対象：小・中・高校生より選択）
栄養教諭	◆次の①〜⑤の指導内容の中から一つ選び、その導入の指導をしなさい。 ① 季節のごちそう（行事食）（対象：小学2年生） ② 食べ物が届くまで（みんなが毎日食べている食べ物は、どこから） 　　　　　　　　　　　　　　　　　　（対象：小学3年生） ③ 家族のために朝ごはんを作ろう（対象：小学5年生） ④ スポーツと食事について考えよう（対象：中学1年生） ⑤ 食物の消化と栄養分の吸収について考えよう（対象：中学2年生）

※1次試験の結果に，上記テーマと指導案のフォーマットが同封されている。

※自分以外の受験者が児童役をする。

※持ち込みは指定の始動メモ(A4)1枚のみ可能。

※カードなどの教材等は持ち込み不可。

※黒板・ホワイトボードなど部屋によってさまざまだった。

◆教育実践力テスト(集団討論)(2次試験) 面接官2人　受験者4～5人　24 ～30分

▼小学校・中学校・高等学校・特別支援学校全科目

【テーマ】

□児童生徒の自己肯定感を育む取組について

□経済的に困難な環境にある子供への支援について

□人権尊重の理念に立った学級経営について

□「挑戦する力」を育む教育活動について

□学校，家庭，地域の役割分担について

□一人一人の命を大切にした教育の推進について

□主体的・対話的で深い学びの充実に向けた授業改善について

□豊かな人間性を育む教育活動について

□校種間連携の充実について

□学校危機管理・安全対策の充実について

※最初に1人1分ずつ模擬授業でのポイント・反省等を述べる。

※そのあとに人数×6分の時間で討論(私のグループは4×6＝24分)。

※模擬授業のグループで授業後そのまま行う。

※グループは当日発表だが，講師経験の有無で分けられる。

※司会は立てなくてもよい。

・知識ばかりを言うのではなく，実体験からの学びや反省なども加えて言うと説得力が増す。

▼養護教諭

【テーマ】

□子どもの貧困対策のプラットフォームとして，養護教諭が果たす役
　割について
□保護者との信頼関係の構築について
□不登校児童生徒への対応について

▼栄養教諭
【テーマ】
□学校の食育推進において栄養教諭が果たすべき役割について
□家庭および地域との連携について

2017年度

◆個人面接(1次試験)
※小学校，特別支援学校及び他県現職が対象
▼全科目
【質問内容】
1　導入のための質問(ラポート形成)
□今日の体調，昨夜の睡眠，起床時刻など。
□会場は迷わなかったか，待ち時間の心境など。
□採用試験の勉強について。

2　受験者本人に関すること
□時間を切っての自己アピール。
□性格の長所と短所は何か。
→長所をどう活用するのか。
→短所克服のための努力は何か。
□趣味について，きっかけや魅力などを述べよ。
□学校生活の中で一番打ち込んだものは何か。
□学校生活を通して学んだことは何か。
□部活動やボランティア活動を通して学んだことは何か。

□部活動やサークルの役職経験はあるか。

→その苦労や成果は何か。

□顧問として技術指導可能な部活動は何か。

□友人づきあい，友人関係で一番気を遣うことは何か。

□友人から相談を持ち掛けられた時，どう対応するか。

□友達と意見の相違がある時，どう対応するか。

3　意欲・教員としての資質

□教員の志望理由は何か。

→いつから志望しているのか。

□自分が教員向きである点は何か。

□教職の魅力は何か。

□教員に求められる資質は何か。

□採用した場合の学校のメリットは何か。

□印象に残る教師はいるか。

→その理由は何か。

□児童生徒に信頼される教師の条件は何か。

＜教育実習経験者＞

□教育実習の苦労はあるか。

→どう克服したのか。

→学んだことは何か。

□教員から学んだこと，子どもたちから学んだことは何か。

＜講師経験者＞

□講師の経験から何を学んだのか。

□学校現場で，心掛けていることは何か。

□心に残るアドバイスは何か。

□同僚と意見が異なる(対立した)時，どう対応するか。

＜他府県現職＞
□なぜ京都府を志望するのか。
□現任校での役割についての自覚は何か。
□勤務校の課題は何か。
→その解決のためにどう取り組んでいるのか。

＜スペシャリスト特別選考対象者＞
□自分がスペシャリストといえる点は何か。
□学校現場での自分の経験をどう活用するのか。
□教育の場に立つ心構えを述べよ。

4　教育公務員としての心構えと識見について
□全体の奉仕者としての心構えを述べよ。
□教育公務員と一般公務員の違いは何か。
□教員の職務の公共性について，考えを述べよ。

5　学習指導，児童生徒指導について
□大学等の専攻学科の選考理由について。
□卒業論文テーマと簡単な内容を説明せよ。
□授業における専攻・研究をどう活用するのか。
□今の子どもたちに一番身につけさせたい力は何か。
→どのようにして身につけさせるのか。
□能動的学修(アクティブ・ラーニング)について。
□学習指導要領の特徴について(校種・教科別)
□知識・技能を「活用する力」について。
□「理科(理系)離れ」について。
□「京都府教育振興プラン」について。
□「子どものための京都式少人数教育」について。
□地域の伝統文化の継承について。

□担任としてどのような学級目標を設定するのか。

→そのような学級目標を掲げる理由は何か。

□児童生徒の暴力行為の増加について。

□教師力向上のために大切なものは何か。

6　教育問題，教育時事について

□関心のある教育問題と，あなたの見解を述べよ。

□子どもの学力状況についてどう認識しているのか。

□グローバル化に対応した英語教育について。

□「チーム学校」について。

□道徳の教科化について。

□環境教育について。

□人権教育について。

□防災教育・安全教育について。

□「生きる力」を育むための配慮事項について。

□教育課程と学習指導要領の関係について。

□学校の情報公開と保護者や地域社会との関わりについて。

□いじめ問題について。

□教師の体罰について。

□その他，関心事等について。

◆集団面接(1次試験)　面接官2人　受験者3人　20分

　※中学校，高等学校，養護教諭及び栄養教諭が対象

　▼高校保体

【質問内容】

□部活動やボランティア活動を通して学んだことは何か。

□友人と意見の相違があるとき，どう対応するか。

□教職の魅力は何か。

□教員に求められる資質は何か。

□全体の奉仕者としての心構えを述べよ。

□保護者と地域社会との関わりについて述べよ。

□高校における安全教育とは何か。

□教師力向上のために大切なものは何か。

□緊張しているか。

□あなたの専門科目とそこから学んだことは何か。

□教員に向いている点は何か。

□志望動機は何か。

□教員になってやりたいことは何か。

□あなたの短所と，それを教員生活でどう克服するか。

□あなたが気になる教育問題とそれについての考えを述べよ。

□学校防災についてのあなたの考えは何か。

・簡潔に答えても深く掘り下げてもらえないので，インパクトのある結論を先に述べるとよい。

◆実技試験(2次試験)

※各試験への持参物は，第1次試験結果通知時に指示する。

※身体障害者特別選考においては，障害の程度に応じて，実技試験の一部を免除する場合がある。

※スペシャリスト選考においては，実技試験は実施しない。

▼小学校全科

※音楽又は図工のどちらかを選択する。

【必須課題】

□体育

　器械運動(マット運動)，陸上運動(ハードル走)，ボール運動(バスケットボール)，を行う。

【選択課題】

□音楽

①　バイエル52番，73番，80番，88番，100番(いずれも原書番号によ

　る)のピアノ練習曲の中から各自任意に選んだ1曲を演奏する。

※暗譜すること。

②　小学校学習指導要領唱歌共通教材全24曲中，各自選んだ学年を異
　にする3曲中から当日指定する1曲をピアノ伴奏しながら視唱する。

※伴奏譜を持参すること。

□図工

　与えられたモチーフを配置し，水彩で表現する。

▼中高英語

【課題】

□集団面接形式の英会話試験

▼中学技術

【課題】

□表計算に関する実技

□製図に関する実技

□計測に関する実技

□木工に関する実技

▼中高家庭

【課題】

□食生活に関する実技

□衣生活に関する実技

▼高校音楽

【課題】

□ピアノ独奏

　モーツァルト若しくはベートーヴェンのソナタの中から，任意の第
一楽章(緩徐楽章は除く。)又は同程度以上の任意の曲を反復省略，暗
譜で演奏

□弾き歌い

　高等学校の教科書の中から各自選んだ3曲のうち当日指定する1曲を
ピアノ演奏しながら視唱する。

□独唱又は独奏

　それぞれ任意の1曲を独唱又は独奏する。

＜必須＞

・教育楽器(クラシックギター又はリコーダー)

＜選択＞

・声楽

・管，弦，打楽器から1つ(和楽器可)

※上記2つから，どちらか1つ選択する。

▼中高保体

【課題】

□マット運動

・側転と倒立前転を含めて，連続技5種目(バランスは含めない。)

□水泳(潜水・平泳ぎ・クロール)

・平泳ぎ(25m)→クロール(25m)の50m

・潜水…20m上限

□ハードル走

・80mハードル走(8台ハードル)

・インターバルは7m～8.5m

□バスケットボール，バレーボール，サッカーのうち各自選んだ1種
　目

・バスケット…チェストパス，キャッチ，ジグザグドリブル，左右レ
　イアップ1本ずつ，ジャンプシュート

□柔道，剣道，ダンスのうち各自選んだ1種目

・ダンス…創作ダンス「和」　　8×8の長さ

　　　　　　リズムダンス　　　　8×4の長さ

※3班に分かれてローテーションで種目が変わる。

▼高校美術

【課題】

□デッサン及び水彩画

　与えられたモチーフを配置し，静物画をデッサン及び水彩画で表現する。

▼高校工業

【課題】

□表計算に関する実技

□製図に関する実技

□電気計測に関する実技

□電気回路製作に関する実技

□機械計測・金属加工に関する実技

▼高校商業

【課題】

□教材作成に関する実技

□帳票作成に関する実技

□表計算に関する実技

□文書作成に関する実技

▼高校水産

【課題】

□解剖・調理に関する実技

□生物測定に関する実技

□ロープワークに関する実技

□ロープスプライスに関する実技

▼高校農業

【課題】

□農業鑑定に関する実技
□ノギスに関する実技
□管理機操作に関する実技

▼養護教諭
【課題】
□健康相談に関する実技
□応急処置に関する実技
□心肺蘇生に関する実技

◆個人面接(2次試験)
　▼全科目
【質問内容】
1　導入のための質問(ラポート形成)
□今日の体調，昨夜の睡眠，起床時刻など。
□会場は迷わなかったか，待ち時間の心境など。
□採用試験の勉強について。

2　受験者本人に関すること
□時間を切っての自己アピール。
□性格の長所と短所は何か。
→長所をどう活用するか。
→短所克服のため努力は何か。
□趣味は何か。
→はじめたきっかけや魅力は何か。
□学校生活の中で一番打ち込んだものは何か。
□学校生活を通して学んだことは何か。
□部活動やボランティア活動を通して学んだことは何か。
□部活動やサークルの役職経験はあるか。

→その苦労や成果は何か。

□顧問として技術指導可能な部活動は何か。

□友人づきあい・友人関係で一番気を遣うことは何か。

□友人から相談を持ち掛けられた時，どう対応するか。

→何を思うか。

□友達と意見の相違がある時，どう対応するか。

□友人間での主な話題は何か。

3　意欲・教員としての資質

□教員への志望理由を述べよ。

→いつから志望しているのか。

□自分が教員向きである点を述べよ。

□教職の魅力は何か。

□教員に求められる資質は何か。

□採用した場合の学校のメリットは何か。

□印象に残る教師とその理由について。

□児童生徒に信頼される教師の条件は何か。

□なりたくないと考える教師像は何か。

＜教育実習経験者＞

□教育実習の苦労は何か。

→どのようにして克服したか。

→学んだことは何か。

□教員から学んだこと，子どもたちから学んだことは何か。

＜講師経験者＞

□講師の経験から何を学んだか。

□学校現場で心掛けていることは何か。

□心に残るアドバイス等はあるか。

□同僚と意見が異なる(対立した)時，どう対応するのか。

＜他府県現職＞

□京都府を志望する理由は何か。

□現任校での役割についての自覚について。

□勤務校での課題は何か。

→解決のためにどう取り組んだのか。

＜他府県出身者＞

□京都府を志望する理由は何か。

□併願先はあるのか。

→両方合格したとき，どうするのか。

□将来設計について。

＜スペシャリスト特別選考対象者＞

□自分がスペシャリストといえる点は何か。

□学校現場での自分の経験をどう活用するのか。

□教育の場に立つ心構えについて。

4　教育公務員としての心構えと識見について

□全体の奉仕者としての心構えについて。

□教育公務員と一般公務員の違いは何か。

□教員の職務の公共性についての考えを述べよ。

□教員の服装についての考えを述べよ。

5　学習指導，児童生徒指導について

□大学等の専攻学科の選考理由について。

□卒業論文テーマと簡単な内容を説明しなさい。

□授業や実社会における専攻・研究の活用について。

□今の子どもたちに一番身につけさせたい力は何か。

→どのようにして身につけさせるのか。

□新しい学習指導要領について(校種・教科別)

□「京都府教育振興プラン」について(理念部分・改定部分など)

□能動的学修(アクティブ・ラーニング)について。

□グローバル人材の育成について。

□「質の高い学力」についての具体的な認識について。

□知識・技能を「活用する力」について。

□「理科(理系)離れ」について。

□「子どものための京都式少人数教育」について。

□地域の伝統文化の継承について。

□担任として,どのような学級目標を設定するのか。

→なぜそのような目標を設定するのか。

□児童生徒の問題行動の発生状況と防止対策について。

□教師力向上のために大切なものは何か。

□指導計画作成にあたっての配慮事項を述べよ。

□週案の作成の意義は何か。

□習熟度別指導の長所と短所を述べよ。

□「心の教育」について具体的な内容,充実のための取組例を述べよ。

□「いのちの大切さ」指導の方法を述べよ。

□「人権教育」について。

□清掃活動の教育的意義は何か。

□校則,校則違反の指導について。

□生徒指導における頭髪や服装などの基準について。

□部活動の意義,外部指導者についての認識や意見を述べよ。

□体罰について。

□不登校の児童生徒への対応・外部機関との連携について。

□スクールカウンセラー,スクールソーシャルワーカーとの連携について。

□学校事故の予防・発生時にどう対応するか。

□具体事例(いじめ発覚,給食への異物混入,児童虐待が疑われる等)に対してどう対応するか。

□小学校(中学校,高等学校)における特別支援教育について。

□通常学級において特別に支援を要する児童生徒にどう対応するか。

□インクルーシブ教育について。

□養護教諭との連携について。

□食育の必要性について。

□栄養教諭との連携について。

□特別支援教育についての認識，具体的な活動について。

□自立と社会参加について。

□「個別の教育支援計画」の意義(目的)について。

□交流及び共同学習について。

□特別支援学校のセンター的機能についての理解について。

□医療，福祉との連携について。

□養護教諭の，職務を進めていく上での心構えについて。

□学校における養護教諭の役割は何か。

□保健室経営について。

□健康診断結果の活用について。

□保健主事の役割は何か。

□栄養教諭の職務を進めていく上での心構えについて。

□学校における栄養教諭の役割は何か。

□食に関する指導に係る家庭や地域社会との連携における，栄養教諭としての具体的な役割は何か。

□食育の指導におけるポイントは何か。

6　教育問題，教育時事について

□関心のある教育問題と自分の見解を述べよ。

□高大連携について。

□主権者教育について。

□「いじめ防止対策推進法」の趣旨と学校が果たすべき役割は何か。

□小学校における英語教育について。

□「チーム学校」について。

□道徳の教科化について。

□環境教育について。

□情報教育(ICT教育)について。

□防災教育・安全教育について。

□子どもの学校以外での学習時間についての認識や意見を述べよ。

□子どもの貧困対策についての認識や意見(家庭の社会・経済的背景と
　学力との関係等)を述べよ。

□キャリア教育について。

□その他，関心事等について。

▼高校保体　面接官3人　15〜20分

【質問内容】

□自分に向いている分掌は何か。

□京都以外を受験しているのか。

□求める人材像に当てはまるものは何か。

□イジメについての考えを述べよ。

□体罰についての考えを述べよ。

□体育を通じて生徒につける力は何か。

□子どもの貧困化についての考えを述べよ。

□教師の魅力とは何か。

□志望理由を述べよ。

□部活動では何を指導できるか。

→野球以外で指導できる競技はあるか。

□生徒に信頼される教師とはどのようなものか。

□あなたが採用されたとき，京都府にとってメリットはあるか。

□部活動の際，熱中症対策をどのように行うか。

□京都府の生徒に育みたい力を3つ述べよ。

□一般公務員と教育公務員の違いは何か。

□自己アピールについて述べよ。

□教員を志望する理由は何か。

□体罰を禁止している法律は何か。

□体罰の記載はどんなことが書かれているか。

□あなたが学級担任を持ったときに生徒に一番伝えたいことは何か。

・結論から先に述べ，筋が通るように理由づけするとよい。

・自信をもって笑顔で答えよう。

◆教育実践力テスト(模擬授業)(2次試験)

▼小学校全科

【課題】

□次の①〜⑤の学習内容の中から一つ選び，その導入の指導をしなさい。

① かぎ(「　　　」)の使い方について(国語：第1学年)

② 時刻と時間について(算数：第3学年)

③ くらしを守る(社会：第4学年)

④ ものの溶け方について(理科：第5学年)

⑤ 友だちの誕生日を調べよう(英語：第6学年)

▼中学国語

【課題】

□次の①〜⑤の学習内容または学習活動の中から一つ選び，その導入の指導をしなさい。

① 詩の創作

② スピーチのしかた

③ 『走れメロス』

④ 『徒然草』

⑤ 『論語』

▼中学数学

【課題】

□次の①〜⑤の学習内容の中から一つ選び，その導入の指導をしなさ

い。

① 「正負の数」のかけ算

② 確率の意味

③ 三角形の合同

④ 比例と反比例

⑤ 素因数分解

▼中学社会

【課題】

□次の①〜⑤の学習内容の中から一つ選び，その導入の指導をしなさい。

① 地理的分野「世界の国々と地域区分」

② 地理的分野「世界から見た日本の気候」

③ 歴史的分野「産業革命と資本主義」

④ 歴史的分野「江戸幕府の滅亡」

⑤ 公民的分野「行政のしくみと内閣」

▼中学理科

【課題】

□次の①〜⑤の学習内容の中から一つ選び，その導入の指導をしなさい。

① 第1分野 「光の反射・屈折」

② 第1分野 「原子・分子」

③ 第1分野 「酸・アルカリ」

④ 第2分野 「葉・茎・根のつくりと働き」

⑤ 第2分野 「霧や雲の発生」

▼中学英語

【課題】

□次の①〜⑤の活動場面の中から一つ選び，【　　】内の主な言語材

料を用いた授業を計画し，導入の指導をしなさい。

① ALTに自分の家族や友達を紹介する場面　【代名詞】

② 外国から来た友人に週末の予定を尋ねたり答えたりする場面【未来形】

③ 外国から来た有名人にインタビューする場面　【疑問詞】

④ 教室で自分の好きなことや趣味についてスピーチする場面　【動名詞】

⑤ 教室で先生や友達に許可を求めたり依頼したりする場面　【助動詞】

▼中学美術

【課題】

□次の①～⑤の学習内容の中から一つ選び，その導入の指導をしなさい。

① 尾形光琳「紅白梅図屏風」の鑑賞

② 色彩の学習(寒色と暖色について)

③ 「美化運動」のポスター制作

④ 彫刻刀の種類と使い方

⑤ 水墨画の技法

▼中学技術

【課題】

□次の①～⑤の学習内容の中から一つ選び，その導入の指導をしなさい。

① 材料に適した加工法

② 機械の運動を伝える仕組み

③ 電気による事故防止の方法

④ 植物を育てる技術

⑤ 情報通信ネットワークの仕組み

▼中学家庭

【課題】

□次の①～⑤の学習内容の中から一つ選び，その導入の指導をしなさい。

① これからの自分と家族とのかかわり

② 幼児の遊びの意義

③ 地域の食材と調理

④ 日常着の手入れ

⑤ 消費者の権利と責任

▼中学保体

【課題】

□次の①～⑤の学習内容の中から一つ選び，その導入の指導をしなさい。

＜体育＞ ① 陸上競技「短距離走」

② 球技「ネット型」

③ 体育理論「運動やスポーツの技能と体力の向上」

＜保健＞ ④ 感染症とその予防

⑤ 加齢と健康

▼高校国語

【課題】

□次の①～⑤の学習内容または学習活動の中から一つ選び，その導入の指導をしなさい。

① 自己アピール文の書き方

② 古典文法「敬語」

③ 『羅生門』

④ 『史記』

⑤ 『平家物語』

▼高校数学

【課題】

□次の①〜⑤の学習内容の中から一つ選び，その導入の指導をしなさい。

① 反復試行の確率

② 複素数の性質

③ 一般角と弧度法

④ 微分係数

⑤ ベクトル

▼高校地歴公民

【課題】

□次の①〜⑤の学習内容の中から一つ選び，その導入の指導をしなさい。

① 世界史「大交流・大交易の時代(大航海時代)」

② 日本史「応仁の乱」

③ 地理「ヨーロッパの統合」

④ 公民「企業の社会的責任」

⑤ 公民「国際社会の成立と国際法」

▼高校理科

【課題】

□次の①〜⑤の学習内容の中から一つ選び，その導入の指導をしなさい。

① 科学と人間生活「人間生活の中の科学」

② 物理「位置エネルギー」

③ 化学「物質量」

④ 生物「遺伝情報の複製」

⑤ 地学「プレートと地球の活動」

▼高校英語

【課題】

□次の①～⑤の文法事項の中から一つ選び，言語の働きや使用場面も考慮し，言語活動を取り入れた導入の指導をしなさい。

① [主語＋動詞＋目的語＋補語]の文構造をもつ文のうち，知覚表現(主語＋動詞＋目的語＋原形不定詞／現在分詞)の導入

② 関係副詞の導入

③ 助動詞＋完了形を用いた過去に関する推測表現の導入

④ 動詞の時制(過去完了形)の導入

⑤ 分詞構造の導入

▼高校音楽

【課題】

□次の①～⑤の指導内容の中から一つ選び，その導入の指導をしなさい。

① 歌唱の指導 「ペチカ」
　　　　　　　　　北原白秋　作詞　　山田耕筰　作曲

② 歌唱の指導 「乾杯の歌」(オペラ「椿姫」から)
　　　　　　　　　F.M.ピアーヴェ　作詞　　G.ヴェルディ　作曲

③ 楽器の指導 箏曲「さくらさくら」
　　　　　　　　　日本古謡

④ 創作の指導 「沖縄音階を用いた旋律創作」

⑤ 鑑賞の指導 組曲「展覧会の絵」
　　　　　　　　　M.P.ムソルグスキー　作曲

▼高校美術

【課題】

□次の①～⑤の学習活動の中から一つ選び，その導入の指導をしなさい。

① ユニバーサルデザインの文具を考えよう

② 「スポーツを楽しもう」のポスター制作

③ 生活の中の美術(鑑賞)

④ 「動きのある体」をクロッキーしよう

⑤ 油絵による風景画の制作

▼高校情報

【課題】

□次の①～⑤の学習内容の中から一つ選び，その導入の指導をしなさい。

① 情報産業と法規

② データの分析

③ 集中処理方式と分散処理方式

④ Webデザイン

⑤ 映像による表現

▼高校家庭

【課題】

□次の①～⑤の学習内容の中から一つ選び，その導入の指導をしなさい。

① 人の一生と発達課題

② 高齢者の尊厳とケア

③ 食生活を取り巻く環境の変化

④ 気候や風土に応じた住居

⑤ 持続可能な消費

▼高校保体　面接官2人　受験者5人　8分

【課題】

□次の①～⑤の学習内容の中から一つ選び，その導入の指導をしなさい。

＜体育＞　① 陸上競技「短距離走」

    ② 球技「ネット型」

    ③ 体育理論「運動やスポーツの技能と体力の向上」

＜保健＞ ④ 感染症とその予防

    ⑤ 加齢と健康

※1次試験結果通知に同封されている資料に上記テーマがある。

※受験日までに一つを選び，指導メモを書いて当日提出する。

※板書はホワイトボード，残りの受験者が生徒役をする。発表は受験
番号順。

▼養護教諭

【課題】

□次の①〜⑤の指導内容の中から一つ選び，その導入の指導をしなさ
い。

① 健康診断の目的について(対象：小学生)

② 朝食の大切さについて(対象：児童保健委員会)

③ 運動器検診の実施と問診票の記入についての説明(対象：中学1年
生)

④ スマートフォンの使用と目の健康について(対象：中学生又は高校
生)

⑤ 薬物乱用防止について(対象：中学生または高校生)

▼特別支援学校

【課題】

□次の①〜⑤の指導内容の中から一つ選び，その導入の指導をしなさ
い。

① 日常生活の指導における朝の会の指導
    (対象：小学部低学年，知的障害者である児童の学級)

② 居住地校の運動会に参加する交流及び共同学習に向けた事前指導
    (対象：小学部高学年，聴覚障害者である児童の学級)

③ ボランティア活動で社会とかかわる体験活動の事前指導

(対象：中学部，病弱者である生徒の学級)
④　障害者スポーツによる交流及び共同学習の事前指導
　　(対象：高等部　対象障害：視覚障害あるいは聴覚障害)
⑤　民間企業への就労を目指す生徒を対象に卒業後の社会生活に向けて宿泊学習を実施した際の事後指導
　　(対象：高等部，知的障害者である生徒の学級)

▼栄養教諭
【課題】
□次の①～⑤の指導内容の中から一つ選び，その導入の指導をしなさい。
①　食事をおいしくするまほうの言葉「いただきます」(対象：小学1年生)
②　元気な体に必要な食事(対象：小学4年生)
③　食べ物はどこから(私たちがいつも食べている食料はどこで作られているのでしょうか)(対象：小学5年生)
④　未来の自分のために食生活について考えよう(対象：中学1年生)
⑤　コンビニの上手な利用の仕方を考えよう(対象：中学3年生)

▼高校工業
【課題】
□次の①～⑤の学習内容の中から一つ選び，その導入の指導をしなさい。
①　伝達装置
②　建築物の耐震設計
③　自動車の電気装置
④　有線通信システム
⑤　工業材料と環境保全

▼高校商業
【課題】

□次の①〜⑤の学習内容の中から一つ選び，その導入の指導をしなさい。

① 企業の形態と経営組織

② 信用販売

③ 固定資産の減価償却費の計算と記帳

④ ビジネス文書と表現

⑤ 契約と意思表示

▼高校水産

【課題】

□次の①〜⑤の学習内容や指導内容の中から一つ選び，その導入の指導をしなさい。

① 水産業を基にする地域創生

② 魚類の資源管理

③ ダイビング実習における安全確保

④ 水産食品の安心・安全の確保

⑤ 地域水産業への学習成果の発揮

▼高校農業

【課題】

□次の①〜⑤の学習内容の中から一つ選び，その導入の指導をしなさい。

① 種子の発芽

② 光の強さと作物の生育

③ 家畜の繁殖

④ 農業とエネルギー

⑤ プロジェクト学習の方法

◆教育実践力テスト(集団討論)(2次試験)
　▼小学校・中学校・高等学校・特別支援学校全科目
【テーマ】
□いじめを未然に防ぐための取組について。
□児童生徒に「つながる力」を育む教育活動について。
□生涯にわたって学び続ける態度を育てる教育活動について。
□アクティブ・ラーニングの効果的な活用について。
□児童生徒に「勤労観・職業観・ライフデザイン」を考える力を育む
　教育について。
□心の問題を抱える児童生徒への対応について。
□東京オリンピック・パラリンピック開催を見据えた特色ある教育活
　動について。
□安心・安全な学校環境作りについて。
□薬物乱用の防止・根絶に向けた指導について。
□生徒指導における家庭との連携について。
□児童生徒の規範意識を育む教育活動について。

　▼高校保体　面接官2人　受験者5人　30分
【テーマ】
□「心の病」を抱えた生徒への対応について。
□薬物乱用の対策と根絶について。
※討論の前に1人ずつ模擬授業のねらいを1分間で説明する。
※終わり次第，紙に書いてあるテーマについて討論を開始する。
・生徒への対応，保護者・教員同士の連携といった，様々な視点で考
　えるとよい。

　▼養護教諭
【テーマ】
□熱中症予防に向けた取組について。
□薬物乱用の防止・根絶に向けて養護教諭が果たすべき役割につい

　て。

□子どものメンタルヘルス対策に向けた取組について。

□望ましい保健室の環境作りについて。

▼栄養教諭

【テーマ】

□食品衛生を期すための調理従事員への指導について。

2016年度

◆個人面接(1次試験)

　▼全科目

【質問内容】

1　導入のための質問(ラポート形成)

□今日の体調，昨夜の睡眠，起床時刻など。

□会場は迷わなかったか，待ち時間の心境など。

□採用試験の勉強について。

2　受験者本人に関すること

□時間を切っての自己アピール。

□性格の長所と短所は。

　　→長所の活用法。

　　→短所克服の努力。

□趣味について。

　　→きっかけや魅力など。

□学校生活の中で一番打ち込んだもの。

□学校生活を通して学んだこと。

□部活動やボランティア活動を通して学んだこと。

□部活動やサークルの役職経験。

　　→その苦労や成果。

□顧問として技術指導可能な部活動。
□友人づきあい，友人関係で一番気を遣うこと。
□友人から相談を持ち掛けられた時の対応。
□友達と意見の相違がある時の対応。

3　意欲・教員としての資質
□教員の志望理由，志望時期。
□自分が教員向きである点。
□教職の魅力とは。
□教員に求められる資質。
□あなたを採用した場合の学校側のメリットは。
□印象に残る教師とその理由。
□児童生徒に信頼される教師の条件。

〈教育実習経験者〉
□教育実習の苦労と克服法，学んだこと。
□教員から学んだこと。
□子どもたちから学んだこと。

〈講師経験者〉
□講師の経験から何を学んだか。
□学校現場で心掛けていることは。
□心に残るアドバイス等。
□同僚と意見が異なる(対立した)時の対応。

〈他府県現職〉
□京都府を志望する理由は。
□現任校での役割についての自覚。
□勤務校の課題と，その解決への取り組み。

〈スペシャリスト特別選考対象者〉
□自分がスペシャリストといえる点は。
□学校現場での自分の経験の活用法。
□教育の場に立つ心構え。

4　教育公務員としての心構えと識見について
□全体の奉仕者としての心構え。
□教育公務員と一般公務員の違い。
□教員の職務の公共性についての考え。

5　学習指導，児童生徒指導について
□大学等の専攻学科の選考理由。
□卒業論文テーマと簡単な内容説明。
□授業における専攻・研究の活用。
□能動的学修(アクティブ・ラーニング)について。
□今の子どもたちに一番身につけさせたい力とその方法。
□学習指導要領の特徴について。(校種・教科別)
□知識・技能を「活用する力」について。
□「理科(理系)離れ」について。
□「京都府教育振興プラン」について。
□「子どものための京都式少人数教育」について。
□地域の伝統文化の継承について。
□担任としての学級目標設定とその理由。
□児童生徒の暴力行為の増加について。
□教師力向上のために大切なものとは。

6　教育問題，教育時事について
□関心のある教育問題と自分の見解。
□子どもの学力状況についての認識や意見。
□グローバル化に対応した英語教育について。

□「チーム学校」について。
□道徳の教科化について。
□環境教育について。
□人権教育について。
□防災教育・安全教育について。
□「生きる力」を育むための配慮事項。
□教育課程と学習指導要領の関係について。
□学校の情報公開と保護者や地域社会との関わりについて。
□いじめ問題について。
□教師の体罰について。
□その他，関心事等。

▼小学校教諭　面接官2人　時間15分
□今の気持ちは。
□勤務先の先生から褒められた点，アドバイスを受けた点。
□一般と教職公務員の違い。
　→研修を定める法令は？
□現代教育の問題(いじめ，体罰の他に)。
□参考になった授業。
　→ペア学習の意義。
　→振り返りの必要性。
□子どもから信頼を得るには。
□親から信頼を得るには。
※面接官が1人6〜7分ずつ順番に質問する。1人目は，メモを見ながら
　法律や心構えについて，2人目は，指導法やプレゼンテーションシ
　ートから質問があった。

◆集団面接(1次試験)
　※小グループによる面接

▼高校国語　面接官2人　受験者2〜3人　時間20〜30分
【質問内容】
□学校生活で最も印象に残っていること。
□なぜ国語科を選んだのか。
□なぜ高校を選んだのか。
□いじめに対してどのように対応するか。
　→管理職にはいつ報告するか。
　→いじめがあったとの訴えがあったときの対応。
□教育目標を持つためにどのような指導をするか。
※Aさん，Bさんと呼ばれる。回答順は交互であった。
・各質問に対して掘り下げて聞かれる傾向があった。

▼中学英語　面接官2人　受験者3人　時間25分
【質問内容】
□京都府が求める教員像で，他の県と異なっているものは。
□公務員と一般企業で働く人の違いは。
□最近気になったニュースは。
□いじめ防止のために何をするか。
□英語科の教育改革をふまえて，どのような授業をしていきたいか。
□実習でうまくいった指導は。

◆実技試験(2次試験)
　※各試験において必要な携行品は，第1次試験結果通知時に指示する。
　※障害者選考においては，障害の程度に応じて，実技試験の一部を免
　　除する場合がある。
　※スペシャリスト特別選考においては，実技試験は実施しない。
　▼小学校教諭
　※音楽と図画工作のいずれか一方を選択すること。
　【音楽課題】

□バイエル52番，73番，80番，88番，100番(いずれも原書番号による)のピアノ練習曲の中から各自任意に選んだ1曲を演奏(暗譜すること)。

□小学校学習指導要領歌唱共通教材全24曲中，各自選んだ学年を異にする3曲中から当日指定する1曲をピアノ伴奏しながら視唱(伴奏譜を持参すること)。

※1人ずつ音楽室に行き，グランドピアノで演奏する。試験官は1人。

・ペダルがスリッパだとすべるので，普段から同じ靴で練習するのをオススメする。

・何十回とミスタッチしたが，止まらずに弾けば合格点には達する。

【図画工作課題】

□水彩画

　与えられたモチーフを配置し，水彩で表現する。

【体育課題】

□器械運動(マット運動)

※後転，側転含む5種類の連続技を行う。

※前転，バランスは技として含めず。ただし，技のつなぎとして各1回ずつ行うのは良しとする。

・マットは途中から演技開始しても良い。一方へ進むだけでなく，折り返しての演技も可能であった。

※採点基準は，演技の流れと技の出来映えとの説明あり。

※事前に2回練習あり。

□陸上運動(50mハードル走)

※間隔は二種類(6m，6.5mのインターバル)から選べる。

※練習用のバーがやわらかいハードルを使用。

※15分程度の練習あり。各自でハードルを跳び練習する。

※採点の基準は，50mタイムとハードルを飛ぶフォームとの説明あり。

□ボール運動(バスケットボール)

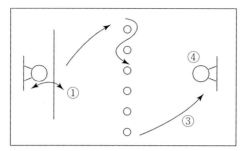

①体育館にある白いラインからゴール板に向かってチェストパス，は
　ね返りをキャッチする。(5回)

②ドリブルでバスケットゴール中央まで行き，ジグザグドリブルを行
　う。

③レイアップシュート

④ボールを取り，④と逆方向からジャンプシュートを行う。その際，
　ドリブルをしてよい位置まで移動してもよい。

※1人3回練習後，本番。試験官が見本を最初に示した。

※中学校志願者で小学校を第2希望とした方は，小学校の実技試験も
　受験すること。

▼中高英語　面接官2人　受験者5人

【課題】

□英語による口頭試問

※集団面接形式の英会話試験

※ウォーミングアップで1問，残り4問の質問がされる。質問内容につ
　いては全員異なった内容であった。

※英語で受け答えをする。

〈質問例〉

○What's your major at universuty? (ウォーミングアップ)

○What summer activity do you do?

○What is natto and why is famous in Japan?

○How did you get interested in teaching English?

▼中学技術
【課題】
□技術に関する実技
(1)表計算に関する実技
(2)製図に関する実技
(3)作物・計測に関する実技
(4)木工に関する実技

▼中高家庭
【課題】
□家庭に関する実技
(1)食生活に関する実技
(2)衣生活に関する実技

▼中高音楽
【課題】
□ピアノ独奏
　モーツァルト若しくはベートーベンのソナタの中から，任意の第一楽章(緩徐楽章は除く)又は同程度以上の任意の1曲を反復省略，暗譜で演奏する。
□弾き歌い
　各校種の教科書の中から各自選んだ3曲のうち当日指定する1曲をピアノ伴奏しながら視唱。
□独唱又は独奏
※それぞれ任意の1曲を独唱，または独奏する。
【課題1】
□教育楽器(クラッシック又はリコーダー)

【課題2】
※どちらか1つを選択すること。
□声楽
□管，弦，打楽器から1つ(和楽器可)

▼中高保体
【課題】
□マット運動
□水泳(潜水・平泳ぎ・クロール)
□ハードル走
□バスケットボール，バレーボール，サッカーのうち各自選んだ1種
　目
□柔道，剣道，ダンスのうち各自選んだ1種目

▼高校美術
【課題】
□デッサン及び水彩画
　与えられたモチーフを配置し，静物画をデッサン及び水彩で表現す
る。

▼高校農業
【課題】
□農業に関する実技
(1)農業鑑定に関する実技
(2)草花植え付けに関する実技
(3)農作業に関する実技

▼高校工業
【課題】
□工業に関する実技

(1)表計算に関する実技
(2)製図に関する実技
(3)回路計測に関する実技
(4)電子回路製作に関する実技
(5)金属に関する実技

▼高校商業
【課題】
□商業に関する実技
(1)ビジネスマナーに関する実技
(2)売買取引に関する実技
(3)表計算ソフトに関する実技

▼高校水産
【課題】
□水産に関する実技
(1)編網に関する実技
(2)漁具製作に関する実技
(3)生物測定に関する実技
(4)ロープワークに関する実技
(5)ロープスプライスに関する実技

▼養護教諭
【課題】
□養護教諭の職務に関する実技
(1)健康相談に関する実技
(2)応急処置に関する実技
(3)心肺蘇生に関する実技

◆個人面接(2次試験)

▼全科目

1　導入のための質問(ラポート形成)

□今日の体調，昨夜の睡眠，起床時刻など。

□会場は迷わなかったか，待ち時間の心境など。

□採用試験の勉強について。

2　受験者本人に関すること

□時間を切っての自己アピール。

□性格の長所と短所は。

　　→長所の活用法。

　　→短所克服の努力。

□趣味について。

　　→きっかけや魅力など。

□学校生活の中で一番打ち込んだもの。

□学校生活を通して学んだこと。

□部活動やボランティア活動を通して学んだこと。

□部活動やサークルの役職経験。

　　→その苦労や成果。

□顧問として技術指導可能な部活動。

□友人づきあい，友人関係で一番気を遣うこと。

□友人から相談を持ち掛けられた時の対応や気持ち。

□友達と意見の相違がある時の対応。

□友人間での主な問題。

3　意欲・教員としての資質

□教員の志望理由，志望時期。

□自分が教員向きである点。

□教職の魅力とは。

□教員に求められる資質。

□あなたを採用した場合の学校側のメリットは。
□印象に残る教師とその理由。
□児童生徒に信頼される教師の条件。
□なりたくないと考える教師像。

〈教育実習経験者〉
□教育実習の苦労と克服法，学んだこと。
□教員から学んだこと。
□子どもたちから学んだこと。
〈講師経験者〉
□講師の経験から何を学んだか。
□学校現場で心掛けていることは。
□心に残るアドバイス等。
□同僚と意見が異なる(対立した)時の対応。

〈他府県現職〉
□京都府を志望する理由は。
□現任校での役割についての自覚。
□勤務校の課題について。
　　→その解決の取り組み。

〈他府県出身者〉
□京都府を志望する理由。
□併願先の有無と，両方合格時の対応。
□将来設計について。

〈スペシャリスト特別選考対象者〉
□自分がスペシャリストといえる点は。
□学校現場での自分の経験の活用法。
□教育の場に立つ心構え。

4　教育公務員としての心構えと識見について
□全体の奉仕者としての心構え。
□教育公務員と一般公務員の違い。
□教員の職務の公共性についての考え。
□教員の服装についての考え。

5　学習指導，児童生徒指導について
□大学等の専攻学科の選考理由。
□卒業論文テーマと簡単な内容説明。
□授業における専攻・研究の活用について。
□今の子どもたちに一番身につけさせたい力とその方法。
□能動的学修(アクティブ・ラーニング)について。
□グローバル人材の育成について。
□「質の高い学力」についての具体的な認識。
□学習指導要領の特徴について。(校種・教科別)
□知識・技能を「活用する力」について。
□「理科(理系)離れ」について。
□「京都府教育振興プラン」について。
□「子どものための京都式少人数教育」について。
□地域の伝統文化の継承について。
□担任としての学級目標設定とその理由。
□児童生徒の問題行動の発生状況と防止対策について。
□教師力向上のために大切なものとは。
□指導計画作成にあたっての配慮事項。
□週案の作成の意義。
□習熟度別指導の長所と短所
□「心の教育」について具体的な内容と充実のための取組例。
□「道徳の時間」の意義。
□「いのちの大切さ」指導の方法。

□「人権教育」について。

□清掃活動の教育的意義とは。

□校則，校則違反の指導について。

□最近の中学生(高校生)の頭髪や服装などについて。

□生徒指導における頭髪や服装などの基準について。

□携帯電話の所持について。

□体罰について。

□不登校の児童生徒への対応・外部機関との連携。

□スクールカウンセラー，スクールソーシャルワーカーとの連携について。

□学校事故の予防・発生時の対応について。

□具体的事例の対応(いじめ発覚，給食への異物混入，児童虐待が疑われる等)。

6　教育問題，教育時事について

□関心のある教育問題と自分の見解。

□「いじめ防止対策推進法」の趣旨と学校が果たすべき役割。

□グローバル化に対応した英語教育について。

□「チーム学校」について。

□道徳の教科化について。

□環境教育について。

□情報教育について。

□防災教育・安全教育について。

□子どもの学力低下についての認識や意見。

□子どもの貧困対策についての認識や意見(家庭の社会経済的背景と学力との関係等)

□学校の情報公開と保護者や地域社会との関わりについて。

□キャリア教育について。

□その他，関心事等。

▼小学校教諭　面接官3人　時間20分程度

□少人数加配で気をつけていることは。

□参考にしたい授業は。

□一人一人の個性を伸ばすには。

□いじめられている現場を見つけたら。

　→その後の指導は。

□気になる教育ニュース。

　→その訳は。

□学力の高い子と低い子の指導。

□苦手な教科は。

□得意な教科は。

□体罰の禁止を定める法は。

□他府県は受験したか。

□なぜ小学校を希望したのか。

□京都府は南北に長いがどこでも働くことができるか。

□児童虐待を発見したらどうするか。

　→学校で出来る事は何か。

□得意なスポーツはあるか。

□学校の仕事量が多いと言われているが，どう思うか。

□土曜教室での補習についての考えは。

※面接官1人6〜7分ずつ，順番に質問する。

▼中学英語　面接官3人　時間25分

【質問内容】

□模擬授業はどうだったか。

□どこの学校で演習したか。

　→そこの学校の生徒はどんな感じ。

　→授業は何回したか。

　→どんなことを心掛けてしたか。

　→うまくいかなかったと思うことは。

→授業で自分が得意と思った指導は。

→ここの中学の教育はどんなことに重点をおいているか。

→他の中学と比べてどうか。

□先生になってやってみたいことは。

□どんなクラスをつくりたいか。

　→安心できるクラスの安心とは。

□部活動指導はバスケットボール(指導可能とする部活動)以外にもできるか。

□道徳の授業はしたことがあるか。

　→何の教材で行ったか。

　→その授業はどうだったか。

　→自分が中学生の時の道徳を覚えているか。

□生徒との距離感についてどう思うか。

□生徒指導で上手くいったこと，いかなかったことは。

□キャプテンやリーダーをすることが多いみたいだけど，なぜ。

▼養護教諭

【質問内容】

□養護教諭の職務を進めていく上での心構え。

□学校における養護教諭の役割。

□保健室経営について。

□健康診断結果の活用について。

□保健主事の役割。

▼特別支援

【質問内容】

□小学校(中学校，高等学校)における特別支援教育について。

□通常学級において特別に支援を要する児童生徒への対応について。

□養護教諭との連携について。

□食育の必要性について。

□栄養教諭との連携について。
□特別支援教育についての認識，具体的な活動。
□自立と社会参加について。
□「個別の教育支援計画」の意義(目的)について。
□交流及び共同学習について。
□特別支援学校のセンター的機能についての理解。
□医療，福祉との連携について。

▼栄養教諭
【質問内容】
□栄養教諭の職務を進めていく上での心構え。
□学校における栄養教諭の役割。
□食に関する指導に係る家庭や地域社会との連携における栄養教諭としての具体的な役割。
□食育の指導におけるポイント。

◆教育実践力テスト(2次試験)　面接官2人　受験者5人
※模擬授業と集団討論で構成されている。

〈模擬授業〉時間8分
※1次選考の結果と一緒に送られてくる五つのテーマの中から好きなものを選択。
※8分で授業の導入をする。
※5人の受験者のうち4人は生徒役である。
※模擬授業の後，5人で集団討論に入る。

▼小学校教諭
【課題】
□次の①〜⑤の学習内容の中から一つ選び，その導入の指導をしなさ

い。

① 分数の意味について(算数：第2学年)

② 磁石の性質について(理科：第3学年)

③ 短歌と俳句について(国語：第4学年)

④ 等高線の見方について(社会：第5学年)

⑤ 外国語(英語)による買物について(外国語活動：第6学年)

※指導メモ(案)は持ち込み可。授業後回収される。

※授業のはじめのあいさつはしなくてもよい。

※講師の先生は講師の先生でグループがつくられる。

※色チョークは，白，黄，赤が使える。

※8分経つとタイマーが鳴り授業は終わりとなる。時間内に授業が終了した場合は，試験官に「授業終了」を伝える。

▼中学国語

【課題】

□次の①〜⑤の学習内容または学習活動の中から一つ選び，その導入の指導をしなさい。

① 話し言葉と書き言葉

② 論理的な文章の読み方

③ 短歌の鑑賞

④ 漢文の特徴と訓読法について

⑤ 1分間スピーチ

▼高校国語

【課題】

□次の①〜⑤の学習内容または学習活動の中から一つ選び，その導入の指導をしなさい。

① 『山月記』

② 『枕草子』

③ 古典文法「用語の活用」

④　漢詩

⑤　3分間スピーチ

▼中学数学

【課題】

□次の①～⑤の学習内容の中から一つ選び，その導入の指導をしなさい。

①　相対度数

②　連立方程式とグラフ

③　円周角の定理

④　座標の意味

⑤　図形の相似

▼高校数学

【課題】

□次の①～⑤の学習内容の中から一つ選び，その導入の指導をしなさい。

①　n進法

②　対数

③　不等式の示す領域

④　三角比

⑤　背理法

▼中学社会

【課題】

□次の①～⑤の学習内容の中から一つ選び，その導入の指導をしなさい。

①　地理的分野「世界の人口分布と変化」

②　地理的分野「日本の地域区分」

③　歴史的分野「世界の古代文明と宗教のおこり」

④　歴史的分野「室町文化とその広がり」

⑤　公民的分野「わたしたちの生活と金融機関」

▼高校地歴公民

【課題】

□次の①～⑤の学習内容の中から一つ選び，その導入の指導をしなさい。

①　世界史「ヴェルサイユ体制」

②　日本史「鎌倉幕府の衰退」

③　地理「乾燥帯の気候と生活」

④　公民「経験論と合理論」

⑤　公民「市場機構の限界(市場の失敗)」

▼中学理科

【課題】

□次の①～⑤の学習内容の中から一つ選び，その導入の指導をしなさい。

①　第1分野「圧力」

②　第1分野「酸化と還元」

③　第2分野「地震の伝わり方と地球内部の働き」

④　第2分野「生物の変遷と進化」

⑤　第2分野「細胞分裂と生物の成長」

▼高校理科

【課題】

□次の①～⑤の学習内容の中から一つ選び，その導入の指導をしなさい。

①　科学と人間生活「科学技術の発展」

②　物理「波の性質」

③　化学「分子と共有結合」

④　生物「遺伝情報とタンパク質の合成」

⑤　地学「古生物の変遷と地球環境」

▼中学英語

【課題】

□次の①〜⑤の場面活動の中から一つ選び，[　　　]内の言語材料を用
　いた授業を計画し，導入の指導をしなさい。

①　自分の日課や毎日の過ごし方を述べる場面 [現在形]

②　場所や建物などについて紹介する場面 [There is / are〜.]

③　調査結果を紹介する場面 [比較]

④　日本の伝統や文化について紹介する場面 [受動態]

⑤　自分の生い立ちを話す場面 [過去形と現在完了形]

・全て英語で授業を行った。中学校も英語で授業をすると言われてい
　るので出来た方がいいかもしれない。

▼高校英語

【課題】

□次の①〜⑤の中から一つ選び，言語の働き及び言語の使用場面を考
　慮し，言語活動を取り入れた授業を計画して，その導入の指導をし
　なさい。

①　ディベート

②　プレゼンテーション

③　関係詞

④　仮定法

⑤　主語＋動詞＋目的語＋補語(分詞及び原形不定詞)

▼中学技術

【課題】

□次の①〜⑤の学習内容の中から一つ選び，その導入の指導をしなさ
　い。

① 電気機器の安全な利用

② モータのしくみ

③ 栽培に適した土づくり

④ これからの情報社会

⑤ 生活や産業の中で利用されている技術

▼中学家庭

【課題】

□次の①〜⑤の学習内容の中から一つ選び，その導入の指導をしなさい。

① 自分自身と家族のかかわり

② 幼児の生活習慣

③ 食品の保存方法と保存期限

④ 家族の安全を考えた室内環境

⑤ 生活に必要な物資・サービスの選択，購入

▼高校家庭

【課題】

□次の①〜⑤の学習内容の中から一つ選び，その導入の指導をしなさい。

① 人の一生と発達課題

② 高齢者の尊厳とケア

③ 食生活を取り巻く環境の変化

④ 気候や風土に応じた住居

⑤ 持続可能な消費

▼中学音楽

【課題】

□次の①〜⑤の指導内容の中から一つ選び，その導入の指導をしなさい。

① 歌唱の指導 「花の街」 江間章子 作詞 團伊玖磨 作曲

② 歌唱の指導 「斎太郎節」(「大漁うたい込み」から) 宮城県民謡
③ 器楽の指導 箏曲「さくら」 文部省音楽取調掛作詞 作曲者
不明
④ 創作の指導 「五音音階を使ったわらべ歌の創作」
⑤ 鑑賞の指導 「交響曲 第5番 ハ短調 作品67」 L.v.ベートー
ベン 作曲

▼高校音楽
【課題】
□次の①～⑤の指導内容の中から一つ選び，その導入の指導をしなさ
い。
① 歌唱の指導 「Heidenroslein(野ばら)」 J.ゲーテ 作詞 シューベ
ルト 作曲
② 歌唱の指導 「この道」 北原白秋 作詞 山田耕筰 作曲
③ 器楽の指導 「初めての三味線」
④ 創作の指導 「オリジナルサウンドロゴの創作」
⑤ 鑑賞の指導 長唄「京鹿子娘道成寺」 初世杵屋弥三郎 作曲

▼中学保体
【課題】
□次の①～⑤の学習内容の中から一つ選び，その導入の指導をしなさ
い。
〈体育〉
① 器械運動「跳び箱運動」
② 球技「ゴール型」
③ 体育理論「運動やスポーツの学び方」
〈保健〉
④ 安全な行動，環境の改善による傷害の防止
⑤ 健康の保持増進や疾病予防の役割を担っている保健・医療機関と
その利用

▼高校保体
【課題】
□次の①〜⑤の学習内容の中から一つ選び，その導入の指導をしなさい。

〈体育〉
① 器械運動「跳び箱運動」
② 球技「ゴール型」
③ 体育理論「運動やスポーツの技能の上達過程」

〈保健〉
④ 交通社会で必要な資質と責任
⑤ 地域の保健・医療機関の活用

▼中学美術
【課題】
□次の①〜⑤の学習活動の中から一つ選び，その導入の指導をしなさい。

① 浮世絵の鑑賞
② 色彩の学習(色の三原色について)
③ 陶芸「ティーカップの制作」
④ 俵屋宗達「風神雷神図屏風」の鑑賞
⑤ 幼児のための絵本の制作

▼高校美術
【課題】
□次の①〜⑤の学習内容の中から一つ選び，その導入の指導をしなさい。

① 「選挙に行こう」キャンペーンのためのポスター制作
② 「携帯電話のマナー」についてのポスター制作
③ 日本の現代美術の鑑賞
④ クレイアニメの制作
⑤ 椅子のデザイン

▼高校情報

【課題】

□次の①～⑤の学習内容の中から一つ選び，その導入の指導をしなさい。

① 周辺機器とインタフェース

② 実践的な数値計算

③ ネットワークの構築

④ プログラム設計とプログラミング

⑤ コンピューターグラフィックスによる表現

▼高校農業

【課題】

□次の①～⑤の学習内容の中から一つ選び，その導入の指導をしなさい。

① 作物の自然分類

② 栄養成長と生殖成長

③ 家畜の飼料と栄養

④ バイオマスエネルギーの活用

⑤ 学校農業クラブ活動の目標

▼高校工業

【課題】

□次の①～⑤の学習内容の中から一つ選び，その導入の指導をしなさい。

① 発電方式

② 切削加工

③ 建築構造

④ 内燃機関

⑤ 通信規約

▼高校商業

【課題】

□次の①〜⑤の学習内容の中から一つ選び，その導入の指導をしなさい。

① ビジネスの担い手

② 法令遵守

③ 現金・預金

④ セキュリティ管理の基礎

⑤ パッケージデザイン

▼高校水産

【課題】

□次の①〜⑤の学習内容や指導内容の中から一つ選び，その導入の指導をしなさい。

① 若者に魅力のある水産業の在り方

② 海岸線の防災と水産業の発展

③ 水産業の6次産業化

④ 水産物自給率の向上

⑤ 海上実習での安全確保

▼養護教諭

【課題】

□次の①〜⑤の指導内容の中から一つ選び，その導入の指導をしなさい。

① 新入生に対して行う保健室利用法について(対象：小学校1年生)

② 夏休み中の部活動における熱中症予防について(対象：中学生)

③ 長期休業前に実施する飲酒・喫煙防止について(対象：高校生)

④ かぜ・インフルエンザ予防の取組について(児童保健委員会)

⑤ 生活習慣病予防の取組について(生活保健委員会)

▼特別支援

【課題】

□次の①〜⑤の指導内容の中から一つ選び，その導入の指導をしなさい。

① 小学部1年生を対象とした校内見学に向けた事前指導

(対象：小学部低学年，視覚障害者である生徒の学級)

② 警察署と連携して交通安全指導を実施した際の事後指導

(対象：小学部高学年，知的障害者である児童の学級)

③ 学校祭にて販売学習を行う際の事前指導

(対象：中学部，知的障害者である生徒の学級)

④ 近隣の高等学校との交流及び共同学習を行う際の事前学習

(対象：高等部，知的障害者である生徒の学級)

⑤ 公共交通機関を使って公立図書館を利用し，意欲的な学習活動や読書活動を充実させる際の事前指導

(対象：高等部，知的障害者である生徒の学級)

▼栄養教諭

【課題】

□次の①〜⑤の指導内容の中から一つ選び，その導入の指導をしなさい。

① 野菜のよさ(栽培学習の収穫前の指導)(対象：小学2年生)

② おやつの食べ方(対象：小学3年生)

③ 生活のしかたと病気(対象：小学6年生)

④ 中学生に必要な栄養素について(対象：中学生)

⑤ フィールドワーク「地域の食文化調べ」の事前指導(対象：全校種)

〈集団討論〉時間20〜40分

※模擬授業授業終了後に，教室後方の机に移動して討論開始。

※司会や進行は決められておらず自由である。

※受験者はAからEのアルファベットに割り振られ，そのアルファベットで呼ばれる。

※はじめにA→Eの順に模擬授業の狙いや留意点について1分間説明する。(1分以上は止められる)

▼小学校教諭・中学校教諭・高校教諭・特別支援

【課題】

□主体的に学習に取り組む態度を養う指導について。

□児童生徒のコミュニケーション能力を高める教育活動について。

□児童生徒が情報機器等を適切に利用するための指導について。

□児童生徒の社会性を育むための教育活動について。

□特別な教育的支援を必要とする児童生徒への組織的な対応について。

□地域の文化や伝統への理解を深める教育活動について。

□人権尊重の理念に立った学級経営について。

□知識や技能を活用する力を育成する指導について。

□児童生徒の読書活動を推進する取組について。

□保護者との信頼関係の構築について。

・理論を話すのではなく，それに基づいた自分の経験を話すとよい。

▼養護教諭

【課題】

□教育相談における児童生徒との関係作りについて。

□家庭環境に起因する児童生徒との心の問題への対応について。

▼栄養教諭

【課題】

□地域社会や家庭と連携した食育の推進について。

□和食文化への理解を深める指導について。

2015年度

◆個人面接(1次試験)　面接官2人　15分
　▼全科目
【質問内容】
①導入のための質問(ラポート形成)
□今日の体調，昨夜の睡眠，起床時刻など。
□会場は迷わなかったか，待ち時間の心境など。
□採用試験の勉強について。

②受験者本人に関すること
□時間を切っての自己アピール。
□性格の長所と短所，長所の活用法，短所克服の努力は。
□趣味について，きっかけや魅力は。
□学校生活の中で一番打ち込んだものは。
□学校生活を通して学んだことは。
□部活動やボランティア活動を通して学んだことは。
□部活動やサークルの役職経験，その苦労や成果について。
□顧問として技術指導可能な部活動は。
□友人づきあい・友人関係で一番気を遣うことは。
□友人から相談を持ち掛けられた時の対応について。
□友達と意見の相違がある時の対応について。

③意欲・教員としての資質
□教員の志望理由，志望時期は。
□自分が教員向きである点は。
□教職の魅力は。
□教員に求められる資質は。
□採用した場合の学校のメリットは。
□印象に残る教師とその理由は。

□児童生徒に信頼される教師の条件は。

(教育実習経験者)

□教育実習の苦労と克服法，学んだことは。

□教員から学んだこと，子どもたちから学んだことは。

(講師経験者)

□講師の経験から何を学んだか。

□学校現場で心掛けていることは。

□心に残るアドバイス等について。

□同僚と意見が異なる(対立した)時の対応について。

(他府県現職)

□京都府を志望する理由は。

□現任校での役割についての自覚は。

□勤務校の課題と，その解決の取り組みについて。

(スペシャリスト特別選考対象者)

□自分がスペシャリストといえる点は。

□学校現場での自分の経験の活用法は。

□教育の場に立つ心構えは。

④教育公務員としての心構えと識見について

□全体の奉仕者としての心構えは。

□教育公務員と一般公務員の違いは。

□教員の職務の公共性についての考えは。

⑤学習指導，児童生徒指導について

□大学等の専攻学科の選考理由は。

□卒業論文テーマと簡単な内容説明。

□授業における専攻・研究の活用について。

□今の子どもたちに一番身につけさせたい力とその方法について。

□学習指導要領の特徴について(校種・教科別)。

□知識・技能を「活用する力」について。

□「理科(理系)離れ」について。
□「京都府教育振興プラン」について。
□「子どものための京都式少人数教育」について。
□地域の伝統文化の継承について。
□担任としての学級目標設定とその理由は。
□児童生徒の暴力行為の増加について。
□教師力向上のために大切なものは。

⑥教育問題，教育時事について
□関心のある教育問題と自分の見解は。
□子どもの学力状況についての認識や意見について。
□学校の情報公開と保護者や地域社会との関わりについて。
□環境教育について。
□人権教育について。
□防災教育・安全教育について。
□「生きる力」を育むための配慮事項について。
□教育課程と学習指導要領の関係について。
□いじめ問題について。
□教師の体罰について。
□その他，関心事等について。

▼小学校教諭
【質問内容】
□(前年度も京都府を受験している場合)なぜ京都府にこだわるのか。
□自分がしたい授業，教科と方法について。
□1年補助として学級に入る中で，実際に先生がされている授業を見
　て良いと思う点と，自分だったらこうするという授業について。
□学校現場で驚いたことは何か。
□保護者とのコミュニケーション方法について。
□モンスターペアレントについて。

□教育公務員と一般公務員の大きな違いは何か。

□リフレッシュ方法は何か。

□一番意識している教育問題は何か(いじめ，学力低下以外で)。

◆集団面接(1次面接)　面接官2人　受験生2人　10分

▼中学社会

【質問内容】

□教員になってやりたいこと，そのために今やっていることについて。

□いじめについての認識は。

□覚悟はあるか。

・10分なので話は簡潔に。掘り下げられることはない。

◆実技試験(2次試験)

▼小学校全科

【音楽課題】

□①バイエル52番，73番，80番，88番，100番(いずれも原書番号による)のピアノ練習曲の中から各自選んだ任意の1曲を演奏(暗譜すること)。

□②小学校学習指導要領歌唱共通教材全24曲中，各自選んだ学年を異にする3曲中から当日指定する1曲をピアノ伴奏をしながら視唱(伴奏譜を持参すること)。

【図工課題】

□水彩画

使い捨てプラコップに入ったエメラルドグリーンの絵の具水と，赤の紙テープを配置し，デッサン，着色。

※時間は120分。

【体育課題】

□器械運動：マット運動

後転，開脚前転含む5種目の連続技(初めは全員後転スタート)。

※練習は1人2回。

□陸上運動：ハードル走

アプローチは12m，インターバルは6mか6.5mを選択(女子の場合)。

ハードルは5台。

※練習は1人3回まで。

□ボール運動：バスケットボール

①フリースローゾーンの横幅外から反対側までパス，走ってキャッチを3回。

②ジグザグドリブル

③レイアップシュート

④ジャンプシュート

※体育は全員が受験，音楽・図工はいずれか1つを選択する。

※中学校志願者かつ小学校を第2志望とした者又はスペシャリスト特別選考の小学校で志願した者は，小学校の実技試験も受験する。

▼中高英語

【課題】

□英語による口頭試問

※集団面接形式の英会話試験

▼中学技術

【課題】

□技術に関する実技

①表計算に関する実技

②製図に関する実技

③作物・計測に関する実技

④木工に関する実技

▼中高家庭

【課題】

□家庭に関する実技

　①食生活に関する実技

　②衣生活に関する実技

▼中学音楽

【ピアノ課題】

□モーツァルトもしくはベートーベンのソナタの中から，任意の第1楽章（緩徐楽章は除く）又は同程度以上の任意の1曲を反復省略，暗譜で演奏。

【弾き語り課題】

□中学校の教科書の中から各自選んだ3曲のうち，当日指定する1曲をピアノ伴奏しながら視唱。

【独唱又は独奏課題】

□必須と選択(1)(2)どちらか1つの合計2つ，それぞれ任意の1曲を独唱又は独奏。

　必須：教育楽器（クラシックギター又はリコーダー）

　選択：(1)声楽，(2)管・弦・打楽器から1つ（和楽器可）

▼中高保体

【課題】

□マット運動

□水泳

　潜水・平泳ぎ・クロール

□ハードル走

□バスケットボール，バレーボール，サッカーのうち各自選んだ1種目

□柔道，剣道，ダンスのうち各自選んだ1種目

　※球技，及び武道・ダンスについては受験する1種目を志願書に記

入する。

▼中高美術
【課題】
□デッサン及び水彩画
　※与えられたモチーフを配置し，静物画を水彩で表現。

▼高校農業
【課題】
□農作物栽培に関する実技
　①農業鑑定に関する実技
　②データ処理・グラフ作成に関する実技
　③農作物に関する実技

▼高校工業
【課題】
□工業実務に関する実技
　①表計算に関する実技
　②製図に関する実技
　③回路計測に関する実技
　④電子回路製作に関する実技
　⑤金属に関する実技

▼高校商業
【課題】
□商業実務に関する実技
　①ビジネスマナーに関する実技
　②売買取引に関する実技
　③表計算ソフトに関する実技

▼高校水産
【課題】
□水産実務に関する実技

▼養護教諭
【課題】
□養護教諭の職務に関する実技
　①健康相談に関する実技
　②応急処置に関する実技
　③心肺蘇生に関する実技

◆個人面接(2次試験)　面接官3人　15分
▼全科目
【質問内容】
①導入のための質問(ラポート形成)
□今日の体調，昨夜の睡眠，起床時刻など。
□会場は迷わなかったか，待ち時間の心境など。
□採用試験の勉強について。

②受験者本人に関すること
□時間を切っての自己アピール。
□性格の長所と短所，長所の活用法，短所克服の努力。
□趣味について，きっかけや魅力などは。
□学校生活の中で一番打ち込んだものは。
□学校生活を通して学んだことは。
□部活動やボランティア活動を通して学んだことは。
□部活動やサークルの役職経験，その苦労や成果について。
□顧問として技術指導可能な部活動は。
□友人づきあい・友人関係で一番気を遣うことは。
□友人から相談を持ち掛けられた時の対応や気持ちについて。

□友達と意見の相違がある時の対応について。

□友人間での主な話題は。

③意欲・教員としての資質

□教員の志望理由，志望時期は。

□自分が教員向きである点は。

□教職の魅力は。

□教員に求められる資質は。

□採用した場合の学校のメリットは。

□印象に残る教師とその理由は。

□児童生徒に信頼される教師の条件は。

□なりたくないと考える教師像は。

(教育実習経験者)

□教育実習の苦労と克服法，学んだことは。

□教員から学んだこと，子どもたちから学んだことは。

(講師経験者)

□講師の経験から何を学んだか。

□学校現場で心掛けていることは。

□心に残るアドバイス等について。

□同僚と意見が異なる(対立した)時の対応について。

(他府県現職)

□京都府を志望する理由は。

□現任校での役割についての自覚について

□勤務校の課題と，その解決の取り組みについて。

(他府県出身者)

□京都府を志望する理由は。

□併願先の有無と，両方合格時の対応について。

□将来設計について。

(スペシャリスト特別選考対象者)

□自分がスペシャリストといえる点は。

□学校現場での自分の経験の活用法は。
□教育の場に立つ心構えは。

④教育公務員としての心構えと識見について
□全体の奉仕者としての心構えは。
□教育公務員と一般公務員の違いは。
□教員の職務の公共性についての考えは。
□教員の服装についての考えは。

⑤学習指導，児童生徒指導について
□大学等の専攻学科の選考理由は。
□卒業論文テーマと簡単な内容説明。
□授業における専攻・研究の活用について。
□今の子どもたちに一番身につけさせたい力とその方法について。
□グローバル人材の育成について。
□「質の高い学力」についての具体的な認識は。
□学習指導要領の特徴について(校種・教科別)。
□知識・技能を「活用する力」について。
□「理科(理系)離れ」について。
□「京都府教育振興プラン」について。
□「子どものための京都式少人数教育」について。
□地域の伝統文化の継承について。
□担任としての学級目標設定とその理由は。
□児童生徒の問題行動の発生状況と防止対策について。
□教師力向上のために大切なものは。
□指導計画作成にあたっての配慮事項は。
□週案の作成の意義は。
□習熟度別指導の長所と短所は。
□「心の教育」について具体的な内容，充実のための取組例は。
□「道徳の時間」の意義は。

□「いのちの大切さ」指導の方法について。

□「人権教育」について。

□清掃活動の教育的意義は。

□校則，校則違反の指導について。

□最近の中学生(高校生)の頭髪や服装などについて。

□生徒指導における頭髪や服装などの基準について。

□携帯電話の所持について。

□体罰について。

□不登校の児童生徒への対応・外部機関との連携について。

□スクールカウンセラー，スクールソーシャルワーカーとの連携について。

□学校事故の予防・発生時の対応について。

□具体事例の対応(いじめ発覚，給食への異物混入，児童虐待が疑われる等)について。

⑥教育問題，教育時事について

□関心のある教育問題と自分の見解は。

□「いじめ防止対策推進法」の趣旨と学校が果たすべき役割は。

□子どもの学力低下についての認識や意見について。

□子どもの貧困対策についての認識や意見(家庭の社会経済的背景と学力との関係等)について。

□学校の情報公開と保護者や地域社会との関わりについて。

□キャリア教育について。

□環境教育について。

□情報教育について。

□防災教育・安全教育について。

□その他，関心事等について。

▼小学校教諭

【質問内容】

□京都府を志望する理由は何か。

□他府県の受験状況について。

□京都府と他府県が両方受かったら，どちらに行くか。

□勤務地はどこでもいけるか。

□どのような先生になりたいか。

□教育の目的とは何か。

□京都府の教育施策について。

□公教育を行う上で大切なことは何か。

□教育公務員と一般公務員の違いは何か。

□今までの経験から，教師として役立つことは何か。

□保護者との関わり方について。

□どのような子供を育てたいか。そのためにどうするか。

□(子持ちの場合)子供の発達段階の特徴と，子育ての経験をどう活か
　すか。

□ボランティアで学んだことは何か。

□教師として自分が優れている点は何か。

□指導案を作るのはなぜか。

□「人権教育」について。

□「同和教育」について。

□学力テストの結果について。

□総合的な学習の時間が注目されている理由は何か。

□学習習慣を身につけさせる方法について。

□「いのちの大切さ」指導の方法について。

□いじめが起こった時の対応について。

□体育の指導中に跳び箱で頭を打った子がいたときの対応について。

▼中学社会

【質問内容】

□勤務地はどこでもいけるか。

□免許を沢山持っているが，なぜ中学校か。

□小学校と中学校で実習に行ってみて，何か違いはあったか。
□学習指導要領について。
□「動態地誌的学習」とは何か。
□領土問題はどう教えるか。
□選挙権について分かる授業はどうやればよいか。
□中学一年生になると暴力行為が増えるが，どう改善すればよいか。
□テストの難易度はどうするか。

▼養護教諭
【質問内容】
□養護教諭の職務を進めていく上での心構えは何か。
□学校における養護教諭の役割は何か。
□保健室経営について。
□健康診断結果の活用について。
□保健主事の役割は何か。
□栄養教諭との連携について。

▼特別支援学校
【質問内容】
□京都府を志望する理由は何か。
□小学校(中学校，高等学校)における特別支援教育について。
□通常学級において特別に支援を要する児童生徒への対応について。
□養護教諭との連携について。
□食育の必要性について。
□栄養教諭との連携について。
□特別支援教育についての認識，具体的な活動について。
□自立と社会参加について。
□「個別の教育支援計画」の意義(目的)について。
□交流及び共同学習について。
□特別支援学校のセンター的機能における理解について。

□医療，福祉との連携について。
□特別支援学校の改正点について。

▼栄養教諭
【質問内容】
□栄養教諭の職務を進めていく上での心構えは何か。
□学校における栄養教諭の役割は何か。
□食に関する指導に係る家庭や地域社会との連携における，栄養教諭
　としての具体的な役割は何か。
□食育の指導におけるポイントは何か。

◆教育実践力テスト(2次試験)　面接官2人　受験者5人　40分
　※教育実践力テストは模擬授業と集団討論で構成されている。
〈模擬授業〉
※指導メモ作成（A4判1枚）を事前に作成。
※授業者以外の受験生4人が生徒役となる。
▼小学校教諭
【課題】
□次の①～⑤の学習内容の中から一つ選び，その導入の指導をしなさ
　い。
　①句読点の打ち方について(国語：第2学年)
　②資源ごみの再利用について(社会：第4学年)
　③種子の発芽について(理科：第5学年)
　④偶数と奇数について(算数：第5学年)
　⑤外国語(英語)による道案内について(外国語活動：第6学年)

▼中学国語
【課題】
□次の①～⑤の学習内容または学習活動の中から一つ選び，その導入
　の指導をしなさい。

　①文章構成の工夫
　②いろは歌
　③俳句の創作
　④手紙の書き方
　⑤『おくのほそ道』

▼高校国語

【課題】

□次の①～⑤の学習内容または学習活動の中から一つ選び，その導入
　の指導をしなさい。
　①『こころ』
　②『方丈記』
　③古典文法「助動詞」
　④『論語』
　⑤読書感想文

▼中学数学

【課題】

□次の①～⑤の学習内容の中から一つ選び，その導入の指導をしなさ
　い。
　①関数関係の意味
　②多角形の内角の和
　③中点連結定理
　④平方根
　⑤標本調査

▼高校数学

【課題】

□次の①～⑤の学習内容の中から一つ選び，その導入の指導をしなさ
　い。

　　①余弦定理
　　②四分位数
　　③指数の拡張
　　④ユークリッドの互除法
　　⑤等比数列

▼中学社会
【課題】
□次の①～⑤の学習内容の中から一つ選び，その導入の指導をしなさい。
　　①地理的分野「日本の領域の特色を見てみよう」
　　②歴史的分野「奈良時代の人々のくらし」
　　③公民的分野「資源・エネルギー問題」
　　④地理的分野「世界の国々と地域区分」
　　⑤歴史的分野「明治維新の三大改革」
　　・教科書をなぞるのではなく，そのテーマに即した時事的な内容や，
　　　興味が持てる内容について盛り込むと良い。

▼高校地歴・公民
【課題】
□次の①～⑤の学習内容の中から一つ選び，その導入の指導をしなさい。
　　①世界史「ルネサンス」
　　②日本史「第二次世界大戦と日本」
　　③地理「世界の民族問題」
　　④公民「科学技術の発達と生命」
　　⑤公民「功利主義(幸福について)」

▼中学理科
【課題】

□次の①〜⑤の学習内容の中から一つ選び，その導入の指導をしなさい。
　①第1分野「物質の溶解」
　②第1分野「力の合成・分解」
　③第1分野「エネルギー資源」
　④第2分野「月の運動と見え方」
　⑤第2分野「遺伝の規則性と遺伝子」

▼高校理科
【課題】
□次の①〜⑤の学習内容の中から一つ選び，その導入の指導をしなさい。
　①科学と人間生活「人間生活の中の科学」
　②物理「運動エネルギーと位置エネルギー」
　③化学「電子配置と周期表」
　④生物「体内環境の維持の仕組み」
　⑤地学「火山活動と地震」

▼中学英語
【課題】
□次の①〜⑤の活動場面の中から一つ選び，【　　】内の言語材料を用いた授業を計画し，導入の指導をしなさい。
　①自分の住んでいる街を紹介する場面
　　【There is / are 〜】
　②夏休みの出来事を話す場面
　　【一般動詞の過去形】
　③自己紹介をする場面
　　【動名詞】
　④人に何かを依頼したり許可を求めたりする場面
　　【助動詞】

⑤将来就きたい仕事について話す場面
　【不定詞】

▼高校英語

【課題】

□次の①～⑤のいずれかの場面において英語を使用した活動を行うことを想定し，言語活動を取り入れた授業を計画して，その導入の指導をしなさい。計画においては，言語の働きも考慮すること。

①地域との交流
②学校行事
③手紙や電子メールのやりとり
④本，新聞，雑誌などをよむ
⑤情報通信ネットワークを活用して情報を得る

▼中学技術

【課題】

□次の①～⑤の学習内容の中から一つ選び，その導入の指導をしなさい。

①材料に適した加工法
②エネルギー変換機器
③生物の育成と環境条件
④情報処理の手順
⑤情報モラル

▼中学家庭

【課題】

□次の①～⑤の学習内容の中から一つ選び，その導入の指導をしなさい。

①家庭生活と地域とのかかわり
②幼児にとっての遊びの意義

③安全と衛生に留意した調理
④衣服と社会生活とのかかわり
⑤販売方法の種類と特徴

▼中学音楽
【課題】
□次の①〜⑤の指導内容の中から一つ選び，その導入の指導をしなさい。

①歌唱の指導　「早春賦」　吉丸一昌　作詞　　中田章　作曲
②歌唱の指導　「荒城の月」　土井晩翠　作詞　　滝廉太郎　作曲
③器楽の指導　「祭囃子」
④創作の指導　「循環コードに合わせた旋律の創作」
⑤鑑賞の指導　雅楽「越天楽」　日本古曲

▼高校音楽
【課題】
□次の①〜⑤の指導内容の中から一つ選び，その導入の指導をしなさい。

①歌唱の指導　「ペチカ」　北原白秋　作詞　　山田耕筰　作曲
②歌唱の指導　「乾杯の歌」(オペラ「椿姫」から)　Ｆ・Ｍ・ピアーヴェ　作詞　　Ｇ・ヴェルディ　作曲
③器楽の指導　箏曲「六段の調べ」より「初段」　八橋検校　作曲
④創作の指導　「循環コードに合わせた旋律の創作」
⑤鑑賞の指導　「ボレロ」　Ｍ・ラヴェル　作曲

▼中学保体
【課題】
□次の①〜⑤の学習内容の中から一つ選び，その導入の指導をしなさい。

体育：①陸上競技「長距離走」
　　　②体育理論「運動やスポーツが社会性の発達に及ぼす効果」

保健：③喫煙，飲酒，薬物乱用と健康
　　　④欲求やストレスへの対処と心の健康
　　　⑤自然災害による傷害とその防止

▼高校保体
【課題】
□次の①〜⑤の学習内容の中から一つ選び，その導入の指導をしなさい。
　体育：①陸上競技「長距離走」
　　　　②体育理論「運動やスポーツの効果的な学習の仕方」
　保健：③薬物乱用と健康
　　　　④ストレスへの対処
　　　　⑤食品の安全性

▼中学美術
【課題】
□次の①〜⑤の学習活動の中から一つ選び，その導入の指導をしなさい。
　①校内美化週間ポスターの制作
　②パラパラ漫画の制作
　③単色木版画による自画像の制作
　④ランプシェードの制作
　⑤絵巻物の鑑賞

▼高校美術
【課題】
□次の①〜⑤の学習活動の中から一つ選び，その導入の指導をしなさい。
　①人権擁護啓発ポスターの制作
　②学校紹介のビデオ(30秒程度のCM)の制作

③油彩画による自画像の制作

④粘土による「野菜」の模刻

⑤ポップアートの鑑賞

▼高校情報

【課題】

□次の①～⑤の学習内容の中から一つ選び，その導入の指導をしなさい。

①コンピュータの構造と内部処理

②データ構造とアルゴリズム

③ネットワークの運用管理

④データベース管理システムの働き

⑤情報コンテンツの設計

▼高校農業

【課題】

□次の①～⑤の学習内容の中から一つ選び，その導入の指導をしなさい。

①農業と環境のかかわり

②持続可能な農業の維持と発展

③種子と発芽

④家畜と飼育

⑤森林の公益的機能

▼高校工業

【課題】

□次の①～⑤の学習内容の中から一つ選び，その導入の指導をしなさい。

①知的財産権

②平歯車の設計

③ハイブリッド式自動車

④キルヒホッフの法則

⑤マルチバイブレータ

▼高校商業

【課題】

□次の①〜⑤の学習内容の中から一つ選び，その導入の指導をしなさい。

①商業の学習分野と職業

②ビジネスに対する心構え

③代金決済

④ビジネスの役割と発展

⑤企業の形態と経営組織

▼養護教諭

【課題】

□次の①〜⑤の指導内容の中から一つ選び，その導入の指導をしなさい。

①排便とその重要性について(対象：小学生)

②よい歯を守るための取組について(対象：児童保健委員会)

③スポーツ障害とその予防について(対象：中学生)

④医薬品の正しい使用方法について(対象：高校生)

⑤インターネット依存による心身への影響について(対象：全校種)

▼特別支援学校

【課題】

□次の①〜⑤の指導内容の中から一つ選び，その導入の指導をしなさい。

①聴覚障害者である児童の学級と地域の小学校との交流及び共同学習を行う際の事前学習として，小学校の児童を対象とした理解促

　　進のための指導(対象：小学校低学年)

②公共交通機関を利用して買い物学習を行った際の事後指導(対
象：小学部高学年，知的障害者である児童の学級)

③ボランティア活動として地域の清掃活動を行う際の事前指導(対
象：中学部，知的障害者である生徒の学級)

④職場見学の事後学習として報告会を行う際の指導(対象：高等部，
知的障害者である生徒の学級)

⑤窯業を学習活動とする作業学習において，高等学校との交流及び
共同学習を行う際の事前指導(対象：高等部，知的障害者である
生徒の学級)

▼栄養教諭

【課題】

□次の①～⑤の指導内容の中から一つ選び，その導入の指導をしなさ
い。

①給食が始まる新入生への当番活動や食べ方の指導(対象：小学1年
生)

②かむことの大切さの指導(学校給食の献立を例に用いて)(対象：小
学3年生)

③食事のマナーの指導(修学旅行前に宿泊先での食事を例に用い
て)(対象：小学6年生)

④生活習慣と朝ごはんについての指導(対象：中学1年生)

⑤食べ残しと環境負荷の問題についての指導(対象：中学3年生)

〈集団討論〉

※司会は特に決まっていない。

※メモはなし。

※模擬授業でのポイントや留意点を1人ずつ言ったあと（1人1分程度）
に討論を開始する。

※1分以上話すと試験官に止められる。

※「あと2分」の提示でまとめに入る。

▼小学校・中学校・高等学校・特別支援学校
【課題】
□一人一人を大切にした教育の推進について。
□基礎学力充実に向けたきめ細かな指導について。
□人を思いやり尊重する心の育成について。
□人権尊重の理念に立った生徒指導について。
□児童生徒間におけるよりよい人間関係づくりの指導について。
□道徳的実践力の育成について。
□いじめのない学級経営について。
□基本的生活習慣の指導について。
□社会に貢献する心を育む指導について。
□ことばの力の育成について。
□クラス担任として学級経営で心がけることについて。

▼養護教諭
【課題】
□児童生徒の心の健康問題への対応について。
□養護教諭による健康相談の意義について。
□特別活動における集団を対象とした保健指導について。

▼栄養教諭
【課題】
□児童生徒の栄養への関心を高める指導について。

2014年度

◆集団面接(1次試験)　面接官2人　受験者3人　15分
　▼中学数学

※入室して，Aさん，Bさん，Cさんと便宜上呼ぶように指示される。

受験番号を言い着席する。

【質問内容】

□教員の資質で最も大切なこと，それについての自分の取り組み。

□理数離れの原因は何と考えるか。

□いじめと体罰への取り組み方。

□教育の目標は何だと思うか。

▼中学数学

【質問内容】

□実習で足りないと感じたこと，努力したことは。

□リフレッシュ方法は。

□教員になって5年目までの目標は。

□授業中の誤答をどう生かすか。

▼科目不明

【質問内容】

□教員としての義務は何があげられるか。

□4月の新聞に教員の名前が掲載される理由。

□教員になる際に不安に感じること。

□保護者との問題について，どうすれば改善できると思うか。

□いじめ問題がメディアにとりあげられることについてどう考えているか。

□体の調子を整えるために，あなたは何かしているか。

◆個人面接(2次試験)　面接官3人　20分

　▼中学数学

　　※面接，教育実践力テストどちらが最初かは，当日わかる。

※面接官がタイマーを持っており，時間がくれば質問者が交代する。

※受験番号を言い着席する。

【質問内容】

□教育実習はどこに行ったか。

□実習で足りないと感じたこと。

□生徒の実態はあなたが中学生の時と何か違いがありますか。

□教育公務員の心構え。

□思考，判断，表現をつけさせる教育は何か，具体的に。

　※プレゼンシートからの質問が多かった。

▼全科目

【質問内容】

①導入のための質問(ラポート形成)

□今日の体調，昨夜の睡眠，起床時刻など。

□会場は迷わなかったか，待ち時間の心境など。

□採用試験の勉強について。

②受験者本人に関すること

□時間を切っての自己アピール。

□性格の長所と短所，長所の活用法，短所克服の努力は。

□趣味について，きっかけや魅力など

□学校生活の中で一番打ち込んだものは。

□学校生活を通して学んだことは。

□部活動やボランティア活動を通して学んだことは。

□部活動やサークルの役職経験，その苦労や成果は。

□顧問として技術指導可能な部活動は。

□友人づきあい・友人関係で一番気を遣うことは。

□友人から相談を持ち掛けられた時の対応は。

□友達と意見の相違がある時の対応は。

③意欲・教員としての資質

□教員への志望理由，志望時期は。

□自分が教員向きである点は。

□教職の魅力は。

□教員に求められる資質は。

□採用した場合の学校のメリットは。

□印象に残る教師とその理由は。

□児童生徒に信頼される教師の条件は。

(教育実習経験者)

□教育実習の苦労と克服法，学んだことは。

□教員から学んだこと，子どもたちから学んだことは。

(講師経験者)

□講師の経験から何を学んだか。

□学校現場で心掛けていることは。

□心に残るアドバイス等は。

□同僚と意見が異なる(対立した)時の対応は。

(他府県現職)

□京都府を志望する理由は。

□現任校での役割についての自覚は。

□勤務校の課題と，その解決の取り組みは。

(スペシャリスト特別選考対象者)

□自分がスペシャリストといえる点は。

□学校現場での自分の経験の活用法は。

□教育の場に立つ心構えは。

④教育公務員としての心構えと識見について

□全体の奉仕者としての心構え。

□教育公務員と一般公務員の違いは。

□教員の職務の公共性についての考えは。

⑤学習指導，児童生徒指導について

□大学等の専攻学科の選考理由は。

□卒業論文テーマと簡単な内容説明。

□授業や実社会における専攻・研究の活用について。

□今の子どもたちに一番身につけさせたい力とその方法は。

□新学習指導要領の特徴について(校種・教科別)。

□知識・技能を「活用する力」について。

□「理科(理系)離れ」について。

□「教育基本法」改正の趣旨等について。

□「京都府教育振興プラン」について。

□「子どものための京都式少人数教育」について。

□地域の伝統文化の継承について。

□担任としての学級目標設定とその理由は。

□児童生徒の暴力行為の増加について。

□教師力向上のために大切なものは。

⑥教育問題,教育時事について

□関心のある教育問題と自分の見解は。

□子どもの学力状況についての認識や意見は。

□学校の情報公開と保護者や地域社会との関わりについて。

□環境教育について。

□人権教育について。

□防災教育・安全教育について。

□「生きる力」を育むための配慮事項。

□教育課程と学習指導要領の関係について。

□いじめ問題について。

□教師の体罰について。

□その他,関心事等は。

◆教育実践力テスト(模擬授業)(2次試験)　面接官2人　受験者5人　8分

▼小学校教諭

【課題】

□次の①～⑤の学習内容の中から一つ選び,その導入の指導をしな

さい。
①言葉の特徴やきまり
②政治のしくみ
③分数の計算
④光の性質
⑤外国語(英語)による自己紹介

▼中学国語
【課題】
□次の①〜⑤の学習内容または学習活動の中から一つ選び，その導
　入の指導をしなさい。
①文の成分
②敬語の働き
③平家物語
④和歌に親しむ
⑤自分の意見を文書で伝える

▼中学社会
【課題】
□次の①〜⑤の学習内容または学習活動の中から一つ選び，その導
　入の指導をしなさい。
①地理的分野「北アメリカ州の地理的特色」
②地理的分野「世界から見た日本の気候」
③歴史的分野「桃山文化」
④歴史的分野「日清戦争」
⑤公民的分野「少子高齢化社会と財政」

▼中学数学
　※指導メモ作成（A4　1枚，ワープロ可）を提出（評価はされない）
【課題】

□次の中から1つ選び，導入の指導を行う。

①負の数

②連立二元一次方程式

③確率の意味

④素因数分解

⑤二次方程式の解の公式

　　※終了2分前に試験官からの合図あり。

　　※受験者が準備する教材の持ち込みは不可。

　　※授業開始の挨拶は不要。

▼中学理科

【課題】

□次の①～⑤の学習内容または学習活動の中から一つ選び，その導入の指導をしなさい。

①第1分野「原子の成り立ちとイオン」

②第1分野「エネルギー変換の効率」

③第1分野「力と圧力」

④第2分野「霧や雲の発生」

⑤第2分野「生物の変遷と進化」

▼中学英語

【課題】

□次の①～⑤の活動場面の中から一つを選び，[　　　]内の主な言語材料を用いた授業を計画し，導入の指導をしなさい。

①旅行先で道を尋ねる場面

[言語材料：文法事項(疑問詞で始まるもの)・音声(音変化)]

②電話での応答場面

[言語材料：文法事項(助動詞を用いたもの)・音声(音変化)]

③自分の夢について語る場面

[言語材料：文法事項(不定詞)・音声(語，句，文における基本的な

強勢)]

④夏休みの予定や計画を話す場面

[言語材料：文法事項(助動詞などを用いた未来表現)・音声(音変化)]

⑤調べたことについて発表する場面

[言語材料：文法事項(形容詞及び副詞の比較変化)・音声(文における基本的な強勢)]

▼中学技術

【課題】

□次の①～⑤の学習内容または学習活動の中から一つ選び，その導入の指導をしなさい。

①技術の進展と環境との関係

②材料の特徴と利用方法

③エネルギーの変換方法や力の伝達の仕組み

④生物の育成に適する条件と育成方法を管理する方法

⑤情報の伝達方法の特徴と利用方法

▼中学家庭

【課題】

□次の①～⑤の学習内容または学習活動の中から一つ選び，その導入の指導をしなさい。

①幼児の発達と生活の特徴

②日常食の調理と地域の食文化

③生活を豊かにするための衣生活の工夫

④安全な室内環境の整え方

⑤家庭生活と環境

▼中学音楽

【課題】

□次の①～⑤の学習内容または学習活動の中から一つ選び，その導

入の指導をしなさい。

①歌唱の指導「浜辺の歌」　林　古溪　作詞　　成田為三　作曲

②歌唱の指導「夏の思い出」　江間章子　作詞　　　中田喜直　作曲

③器楽の指導「打楽器」

④創作の指導「詩に旋律をつけよう」

⑤鑑賞の指導「ブルタバ」

▼中学保体

【課題】

□次の①～⑤の学習内容または学習活動の中から一つ選び，その導入の指導をしなさい。

①体つくり運動

②ダンス

③現代生活におけるスポーツの文化的意義

④応急手当

⑤精神機能の発達と自己形成

▼中学美術

【課題】

□次の①～⑤の学習内容または学習活動の中から一つ選び，その導入の指導をしなさい。

①鉛筆による人物のクロッキー

②交通安全ポスターの制作

③粘土を使った立体作品制作

④パッケージデザイン

⑤西洋絵画の鑑賞

▼高校国語

【課題】

□次の①～⑤の学習内容または学習活動の中から一つ選び，その導

　　入の指導をしなさい。
　①山月記
　②古今和歌集
　③古典文法「敬語」
　④史記
　⑤自分の考えを論じる

▼高校地理歴史・公民
　【課題】
　□次の①〜⑤の学習内容または学習活動の中から一つ選び，その導
　　入の指導をしなさい。
　①世界史「イスラーム世界の形成と拡大」
　②日本史「開国と江戸幕府の滅亡」
　③地理「人口問題」
　④公民「キリスト教」
　⑤公民「地球環境と資源・エネルギー問題」

▼高校数学
　【課題】
　□次の①〜⑤の学習内容または学習活動の中から一つ選び，その導
　　入の指導をしなさい。
　①必要条件と十分条件
　②二次関数の最大・最小
　③鋭角の三角比
　④順列と組合せ
　⑤恒等式

▼高校理科
　【課題】
　□次の①〜⑤の学習内容または学習活動の中から一つ選び，その導

入の指導をしなさい。

①化学と人間生活「科学技術の発展」

②物理「熱と温度」

③化学「酸・塩基と中和」

④生物「遺伝情報とDNA」

⑤地学「大気と海水の運動」

▼高校英語

【課題】

□次の①～⑤の言語の働きの中から一つ選び，言語の使用場面も考慮し，言語活動を取り入れた授業を計画して，その導入の指導をしなさい。

①コミュニケーションを円滑にする。

②気持ちを伝える。

③情報を伝える。

④考えや意図を伝える。

⑤相手の行動を促す。

▼高校家庭

【課題】

□次の①～⑤の学習内容または学習活動の中から一つ選び，その導入の指導をしなさい。

①親の役割と子育て支援

②高齢者の生活と課題

③生活における経済の計画

④食生活の文化

⑤人の一生と被服

▼高校音楽

【課題】

□次の①～⑤の学習内容または学習活動の中から一つ選び，その導入の指導をしなさい。

①歌唱の指導「椰子の実」　島崎藤村　作詞　　大中寅二　作曲

②歌唱の指導「夏は来ぬ」　佐佐木信綱　作詞　　小山作之助　作曲

③器楽の指導「和楽器」

④創作の指導「わらべ歌をつくろう」

⑤鑑賞の指導「行進曲　威風堂々第1番」

▼高校保体

【課題】

□次の①～⑤の学習内容または学習活動の中から一つ選び，その導入の指導をしなさい。

①体つくり運動

②ダンス

③豊かなスポーツライフの構想

④健康に関する意思決定や行動選択

⑤労働災害と健康

▼高校美術

【課題】

□次の①～⑤の学習内容または学習活動の中から一つ選び，その導入の指導をしなさい。

①鉛筆デッサン

②交通安全ポスターの制作

③粘土を使った立体作品の制作

④油絵による静物画の制作

⑤西洋絵画の鑑賞

▼高校農業

【課題】

□次の①〜⑤の学習内容または学習活動の中から一つ選び，その導入の指導をしなさい。
①日本の農業・農村と食料供給
②農業と黒土・環境の保全
③農業・農村の役割
④農業生産物の利用
⑤地域資源の発見・保全・活用

▼高校工業
【課題】
□次の①〜⑤の学習内容または学習活動の中から一つ選び，その導入の指導をしなさい。
①インダクタンス
②ガソリンエンジンの構成
③プログラミング言語
④ブリッジ回路
⑤はりの受ける力と曲げモーメント

▼高校商業
【課題】
□次の①〜⑤の学習内容または学習活動の中から一つ選び，その導入の指導をしなさい。
①商業を学ぶ目的と学び方
②売買取引とビジネス計算の基礎
③ビジネスの担い手
④企業活動と税
⑤雇用

▼高校水産
【課題】

□次の①～⑤の学習内容または学習活動の中から一つ選び，その導入の指導をしなさい。

①日本の海

②海と生物

③水産物の流通と加工

④海洋関連事業

⑤海図と航路標識

▼高校福祉

【課題】

□次の①～⑤の学習内容または学習活動の中から一つ選び，その導入の指導をしなさい。

①人間の尊厳と自立

②地域福祉の進展

③介護従事者の倫理

④レクリエーションと介護

⑤介護過程の展開

▼養護教諭

【課題】

□次の①～⑤の指導内容の中から一つ選び，その導入の指導をしなさい。

①家庭での健康観察の必要性と視点について(対象：小学校または中学校入学時保護者)

②生徒の保健委員会における今年度の活動方針及び取組について(対象：中学生)

③オリエンテーションにおける保健室の利用の仕方について(対象：中学1年生)

④宿泊学習前の学年集会における感染症の説明と注意について(対象：小学5年生)

⑤夏季練習中の健康管理について(対象：高校生)

▼特別支援学校

【課題】

□次の①〜⑤の指導内容の中から一つ選び，その導入の指導をしなさい。

①身体部位の名称についての指導(対象：小学部低学年，知的障害者である児童の学級)

②地域の小学校へ行き，交流及び共同学習を行った際の事後学習(対象：小学部高学年，視覚障害者である児童の学級)

③農耕を学習活動とする作業学習における導入段階の指導(対象：中学部，知的障害者である生徒の学級)

④携帯電話の使用についての指導(対象：高等部，知的障害者である生徒の学級)

⑤産業現場等における実習の事前指導(対象：高等部，知的障害者である生徒の学級)

▼栄養教諭

【課題】

□次の①〜⑤の指導内容の中から一つ選び，その導入の指導をしなさい。

①給食材料に使用している地場産物の生産者を招待しての交流給食(対象：小学3年生)

②朝食の大切さ(対象：小学4年生)

③バランスのよい食事(学校給食の献立を例に用いて)(対象：小学6年生)

④たんぱく質やカルシウムの重要性(学校給食の献立を例に用いて)(対象：小学4年生)

⑤成長期の望ましい食生活について(学校給食の献立を例に用いて)(対象：中学2年生)

◆教育実践力テスト(集団討論)(2次試験)
　▼中学数学
　　　※一人が話しすぎないように注意がある。
　　　※司会等は特に決まっていない。
　　　※模擬授業でのポイントにしたところを1人ずつ言ったあと（1人
　　　　1分程度）に討論を開始する。

　▼小学校・中学校・高等学校・特別支援学校
　　【課題】
　　□校則違反を繰り返す児童生徒への対応について。
　　□不登校傾向の児童生徒への対応について。
　　□家庭学習をしてこない児童生徒について。
　　□学習意欲の高い児童生徒への指導について。
　　□清掃活動の指導について。
　　□児童生徒の暴力行為への対応について。
　　□体育的行事(運動会，体育祭など)の指導について。
　　□いじめの早期発見と対応について。
　　□児童生徒の問題行動への対応について。
　　□ホームルーム活動について。
　　□文化的行事(文化祭，合唱会など)の指導について。
　　□キャリア教育について。
　　□学級活動について。
　　□学校行事について。
　　□保護者との連携について。

　▼養護教諭
　　【課題】
　　□保健室登校をしている児童生徒への対応について。
　　□保護者との連携について。

▼栄養教諭

【課題】

□児童生徒の食生活に関する家庭との連携について。

◆実技試験(2次試験)

▼小学校全科

【音楽課題】

□①バイエル52番，73番，80番，88番，100番(いずれも原書番号による)のピアノ練習曲の中から各自選んだ任意の1曲を演奏(暗譜すること)。

□②小学校学習指導要領歌唱共通教材全24曲中，各自選んだ学年を異にする3曲中から当日指定する1曲をピアノ伴奏をしながら視唱(伴奏譜を持参すること)。

【図工課題】

□水彩画

※与えられたモチーフを配置し，水彩で表現。

【体育課題】

□器械運動：マット運動

□陸上運動：ハードル走

□ボール運動：バスケットボール

※体育は全員が受験，音楽・図工はいずれか1つを選択する。

▼中学音楽

【ピアノ課題】

□モーツァルトもしくはベートーベンのソナタの中から，任意の第1楽章（緩徐楽章は除く）又は同程度以上の任意の1曲を反復省略，暗譜で演奏。

【弾き語り課題】

□中学校の教科書の中から各自選んだ3曲のうち，当日指定する1曲

をピアノ伴奏しながら視唱。

【独唱又は独奏課題】

□必須，および選択(1)(2)どちらか1つの合計2つ，それぞれ任意の1
曲を独唱又は独奏する。

必須：教育楽器（クラシックギター又はリコーダー）

選択：(1)　声楽

　　：(2)　管・弦・打楽器から1つ（和楽器可）

▼中高美術

【課題】

□デッサン及び水彩画

※与えられたモチーフを配置し，静物画を水彩で表現。

▼中高保体

【課題】

□マット運動

□水泳：潜水・平泳ぎ・クロール

□ハードル走

□バスケットボール，バレーボール，サッカーのうち各自選んだ1
種目

□柔道，剣道，ダンスのうち各自選んだ1種目

※球技，及び武道・ダンスについては受験する1種目を志願書に
記入する

▼中高英語

【課題】

□英語による口頭試問

※集団面接形式の英会話試験

▼中学技術

【課題】

□作品製作，口頭試問

▼中高家庭科

【課題】

□家庭に関する実技

①食生活に関する実技

②衣生活に関する実技

▼高校農業

【課題】

□農業物栽培に関する実技

▼高校工業

【課題】

□工業実務に関する実技

▼高校商業

【課題】

□商業実務に関する実技

▼高校水産

□水産実務に関する実技

▼養護教諭

【課題】

□養護教諭の職務に関する実技

①応急処置に関する実技

②各種検査に関する実技

③心肺蘇生に関する実技

※実技試験の基準点・2次試験における各校種ごとの配点は次の通り。

平成26年度教員採用選考試験第2次試験実技試験の基準点

校種等	教科等	基 準 点	平 均 点
小 学 校	音楽	7 点	15.5 点
	図画工作	6 点	12.5 点
	体育	7 点	14.7 点
中 学 校	音楽	40 点	81.7 点
	美術	33 点	67.0 点
	保健体育（男）	34 点	68.1 点
	保健体育（女）	32 点	65.3 点
	技術	34 点	68.5 点
	家庭	32 点	64.8 点
	英語	30 点	61.3 点
高等学校	保健体育（男）	34 点	68.6 点
	保健体育（女）	32 点	64.9 点
	音楽	40 点	81.8 点
	美術	33 点	67.8 点
	英語	32 点	65.6 点
	家庭	32 点	64.5 点
	農業	32 点	64.7 点
	工業	25 点	51.0 点
	商業	36 点	73.6 点
	水産	31 点	62.0 点
養 護 教 諭		39 点	79.3 点

※ 基準点は、平均点の5割とする。ただし、小数点1位以下は切り捨て。
　［・小学校は各25点満点。体育、音楽若しくは図工（選択）　］
　［・中学校、高等学校、養護教諭は100点満点。　　　　　　］

	個人面接	教育実践力	実技試験	計
小学校	150	100	50	300
中学校及び高等学校(実技のある教科のみ) 養護教諭	150	100	100	350
上記以外の校種・教科	150	100	—	250

2013年度

◆集団面接(1次試験)　面接官2人　受験者2人　20分

　▼高校英語

【質問内容】

□あなたが受験した都道府県教育政策に関して，知っていることを2つ述べなさい。

□教員に必要な資質を2つ述べなさい。

□上の教員の資質であなたが述べた2つの中で，最も重要視されるのは，どちらか。

□あなたの長所を聞かせてください。

◆個人面接(2次試験)　面接官3人

【質問内容】

①導入のための質問(ラポート形成)

　□今日の体調，昨夜の睡眠，起床時刻など。

　□会場は迷わなかったか，待ち時間の心境など。

　□採用試験の勉強について。

②受験者本人に関すること

　□時間を切っての自己アピール。

□性格の長所と短所，長所の活用法，短所克服の努力。
□趣味について，きっかけや魅力など。
□学校生活の中で一番打ち込んだものは。
□学校生活を通して学んだことは。
□部活動やボランティア活動を通して学んだことは。
□部活動やサークルの役職経験，その苦労や成果は。
□顧問として技術指導可能な部活動は。
□友人づきあい・友人関係で一番気を遣うことは。
□友人から相談を持ち掛けられた時の対応や気持ちは。
□友達と意見の相違がある時の対応は。
□友人間での主な話題は。

③意欲・教員としての資質
□教員の志望理由，志望時期は。
□自分が教員向きである点は。
□教職の魅力は。
□教員に求められる資質は。
□採用した場合の学校のメリットは。
□印象に残る教師とその理由は。
□児童生徒に信頼される教師の条件は。
□なりたくないと考える教師像は。
※③について

▼教育実習経験者
□教育実習の苦労と克服法，学んだことは。
□教員から学んだこと，子どもたちから学んだことは。

▼講師経験者
□講師の経験から何を学んだか。
□学校現場で心掛けていることは。

□心に残るアドバイス等。
□同僚と意見が異なる(対立した)時の対応は。

▼他府県現職
□京都府を志望する理由は。
□現任校での役割についての自覚は。
□勤務校の課題と，その解決の取り組みは。

▼他府県出身者
□京都府を志望する理由は。
□併願先の有無と，両方合格時の対応は。
□将来設計については。

▼府内現職員
□教員志望の理由は。
□現在の職の意義や，役割の自覚について。

▼スペシャリスト特別選考対象者
□自分がスペシャリストといえる点は。
□学校現場での自分の経験の活用法は。
□教育の場に立つ心構えは。

④教育公務員としての心構えと識見について
　□全体の奉仕者としての心構え。
　□教育公務員と一般公務員の違いは。
　□教員の職務の公共性についての考えは。
　□教員の服装についての考えは。

⑤学習指導，児童生徒指導について
　□大学等の専攻学科の選考理由。

□卒業論文テーマと簡単な内容説明。

□授業や実社会における専攻・研究の活用について。

□今の子どもたちに一番身につけさせたい力とその方法は。

□「質の高い学力」についての具体的な認識。

□新学習指導要領の特徴について(校種・教科別)。

□知識・技能を「活用する力」について。

□「理科(理系)離れ」について。

□「教育基本法」改正の趣旨等について。

□「京都府教育振興プラン」について。

□「子どものための京都式少人数教育」について。

□地域の伝統文化の継承について。

□担任としての学級目標設定とその理由。

□児童生徒の暴力行為発生件数の状況と防止対策について。

□教師力向上のために大切なもの。

□指導計画作成にあたっての配慮事項は。

□週案の作成の意義。

□習熟度別指導の長所と短所は。

□「心の教育」について具体的な内容, 充実のための取組例は。

□「道徳の時間」の意義は。

□「いのちの大切さ」指導の方法は。

□「人権教育」について。

□清掃活動の教育的意義は。

□校則, 校則違反の指導について。

□最近の中学生(高校生)の頭髪や服装などについて。

□生徒指導における頭髪や服装などの基準について。

□携帯電話の所持について。

□「いじめ」問題の解決に向けて。

□体罰について。

□不登校の児童生徒への学級担任としての対応。

□スクールカウンセラー, スクールソーシャルワーカーとの連携に

ついて。

□小学校(中学校，高等学校)における特別支援教育について。

□養護教諭との連携について。

□食育の必要性について。

□栄養教諭との連携について。

□特別支援教育についての認識，具体的な活動は。

□自立と社会参加について。

□「個別の教育支援計画」の意義(目的)について。

□交流及び共同学習について。

□特別支援学校のセンター的機能についての理解。

□医療，福祉との連携について。

□養護教諭の職務を進めていく上での心構えは。

□保健室経営について。

□健康診断時の役割(実施前・実施中・実施後)。

□学校保健の必要性(学校が集団生活の場であることを考慮して)。

□栄養教諭制度が導入された意義は。

□栄養教諭の職務を進めていく上であなたの心構えは。

□学校における栄養教諭の役割は。

□食に関する指導に係る家庭や地域社会との連携における，栄養教諭としての具体的な役割は。

□食育の指導におけるポイントは。

⑥教育問題，教育時事について

□関心のある教育問題と自分の見解は。

□「いじめ」問題に対する認識は。

□子どもの学力低下についての認識や意見は。

□学校の情報公開と保護者や地域社会との関わりについて。

□キャリア教育について。

□環境教育について。

□情報教育について。

　　□防災教育・安全教育について。
　　□その他，関心事等は。

◆教育実践力テスト・模擬授業(2次試験)　面接官2人
　▼小学校全科
【模擬授業課題】
□次の①〜⑤の単元または学習活動の中から一つ選び，その導入の指
　導をしなさい。
　　①身の回りにあるものの形(対象学年：第1学年)
　　②伝えたいことを簡単な手紙に書く。(対象学年：第2学年)
　　③雲と天気の変化(対象学年：第5学年)
　　④都道府県の名称と位置(対象学年：第4学年)
　　⑤野菜の栽培(対象学年：第2学年)

　▼中学校
【模擬授業課題】
□次の①〜⑤の単元または学習活動の中から一つ選び，その導入の指
　導をしなさい。
(国語)
　　①時間や場の条件に合わせてスピーチをする。
　　②「枕草子」
　　③「論語」
　　④調べたことをレポートにまとめる。
　　⑤社会生活に必要な手紙を書く。
(社会)
　　①地理的分野「日本の人口」
　　②地理的分野「ヨーロッパの地理的特色」
　　③歴史的分野「鎌倉幕府の成立」
　　④歴史的分野「自由民権運動」

⑤公民的分野「国民の納税の義務」

(数学)

　①「円周角と中心角」

　②「平面図形」

　③「比例，反比例」

　④「一次関数」

　⑤「平方根」

(理科)

　①第1分野「静電気と電流」

　②第1分野「仕事とエネルギー」

　③第1分野「身の回りの物質とその性質」

　④第2分野「遺伝の規則性と遺伝子」

　⑤第2分野「月の運動と見え方」

(音楽)

　①歌唱の指導「赤とんぼ」　　三木露風　作詞　　山田耕筰　作曲

　②歌唱の指導「荒城の月」　　土井晩翠　作詞　　滝廉太郎　作曲

　③歌唱の指導「早春賦」　　　吉丸一昌　作詞　　中田　章　作曲

　④器楽の指導「和楽器」

　⑤器楽の指導「和楽器以外の楽器」

(美術)

　①身近にあるものをスケッチする。

　②「校内美化に取り組もう」と訴えるポスターをつくる。

　③美術館での鑑賞に向けての事前学習として，所蔵する作品や内容
　　を調べる。

　④木彫制作に取り組むにあたり，彫刻刀の安全な使い方や保管方法
　　などを理解する。

　⑤美術に関する知的財産権や肖像権について理解する。

(保健体育)

　①運動やスポーツの意義と効果

　②体力トレーニングの意義と目的

③武道の特性やねらい

④欲求とストレス

⑤感染症

(技術・家庭：家庭分野)

①家庭と家族関係

②幼児の生活と家族

③中学生の食生活と栄養

④衣服の選択と手入れ

⑤住居の機能と住まい方

(英語)

□次の①～⑤の活動場面の中から一つを選び，【　　】内の主な言語材料を用いた授業を計画し，導入の指導をしなさい。

①自己紹介をする。(対象学年 第1学年)【主な言語材料：一般動詞】

②昨日したことを伝える，尋ねる。(対象学年 第1学年)【主な言語材料：一般動詞　過去形】

③休日の予定や計画を言う。(対象学年 第2学年)【主な言語材料：助動詞などを用いた未来表現】

④インタビューをする。(対象学年 第3学年)【主な言語材料：疑問詞で始まるもの】

⑤経験したことを言う，尋ねる。(対象学年 第3学年)【主な言語材料：現在完了形】

▼高等学校

【模擬授業課題】

□次の①～⑤の単元または学習活動の中から一つ選び，その導入の指導をしなさい。

(国語)

①状況に応じた話題を選んでスピーチをする。

②相手や目的に応じた手紙を書く。

③「徒然草」

　　④古典文法「用言の活用」

　　⑤漢文入門「訓読のきまり」

(地理歴史・公民)

　　①世界史「秦の統一」

　　②世界史「フランス革命」

　　③日本史「安土桃山時代の文化」

　　④地理「オセアニア(自然環境に着目して)」

　　⑤公民「国際通貨制度」

(数学)

　　①命題と集合

　　②余弦定理

　　③二次関数とそのグラフ

　　④複素数

　　⑤三角関数

(理科)

　　①物理「直線運動の加速度」

　　②化学「原子の構造」

　　③化学「酸・塩基と中和」

　　④生物「免疫」

　　⑤地学「火山活動と地震」

(保健体育)

　　①運動やスポーツの意義と効果

　　②体力トレーニングの意義と目的

　　③武道の特性やねらい

　　④喫煙と飲酒

　　⑤応急手当

(英語)

□次の①〜⑤の文構造及び文法項目の中から一つ選び，具体的な言語
　の使用場面，言語の働き等を考慮した授業を計画し，導入の指導を
　しなさい。

①主語＋動詞＋補語

②主語＋動詞＋目的語＋補語

③不定詞の用法

④助動詞の用法

⑤動詞の時制

(家庭)

①青年期の自立と家族・家庭

②共生社会と福祉

③食事と健康

④被服管理と着装

⑤住居と住環境

(農業)

①食と農業

②環境と農業

③農業の動向と課題

④プロジェクト学習

⑤学校農業クラブ活動

(工業)

①人と技術

②技術者の使命と責任

③環境と技術

④形態を変化させる加工

⑤質を変化させる加工

(商業)

①ビジネスに対する心構え

②代金決済

③ビジネスの役割と発展

④経済活動と流通

⑤企業の形態と経営組織

▼特別支援学校

【模擬授業課題】

□次の①～⑤の指導内容の中から一つ選び，その導入の指導をしなさい。

　①朝の会の指導(対象：小学部低学年，知的障害者である児童の学級)

　②地域の小学校へ行き交流及び共同学習を行う際の事前学習(対象：小学校高学年，知的障害者である児童の学級)

　③買い物学習の事前学習(対象：中学部，知的障害者である生徒の学級)

　④地震災害に係る全校避難訓練の事前指導(対象：中学部，視覚障害者である生徒の学級)

　⑤校外学習の事前指導(対象：高等部，知的障害者である生徒の学級)

▼養護教諭

【模擬授業課題】

□次の①～⑤の指導内容の中から一つ選び，その導入の指導をしなさい。

　①小学校1年生のオリエンテーションにおいて，健康面で気を付けて欲しいことについて指導しなさい。

　②中学校1年生のオリエンテーションにおいて，保健室の利用の仕方について指導をしなさい。

　③高等学校において，今年度第1回目の生徒の保健委員会で，今年度の活動方針及び取組みについて説明しなさい。

　④中学校で1月に入り，「インフルエンザ」の罹患が続きました。修学旅行前でもあるので2年生の学年集会で説明することになりました。簡単な状況説明と注意事項について話をしなさい。

　⑤高等学校で運動部員を対象に「夏期練習中の健康管理」について指導しなさい。

▼栄養教諭

【模擬授業課題】

□次の①～⑤の指導内容の中から一つ選び，その導入の指導をしなさい。

①給食材料に使用している地場産物の生産者を招待して交流給食を実施します。生産者の紹介と地場産物の良さについて説明しなさい。(対象学年：小学校 第3学年)

②朝食の大切さについて説明し，朝食を食べてくるように指導しなさい。(対象学年：小学校 第4学年)

③バランスのよい食事について，学校給食の献立を例に用いて指導しなさい。(対象学年：小学校 第6学年)

④体をつくるもとになるたんぱく質やカルシウムの重要性について，学校給食の献立を例に用いて指導しなさい。(対象学年：小学校 第4学年)

⑤成長期の望ましい食生活について，学校給食の献立を例に用いて指導しなさい。(対象学年：中学校 第2学年)

◆教育実践力テスト・集団討論(2次試験)

▼小学校・中学校・高等学校・特別支援学校

【課題】

□学ぶ意欲を高める授業の工夫について

□興味・関心を高める授業の工夫について

□自ら考える力を高める授業の工夫について

□言語活動を充実させる授業の工夫について

□知識・技能を活用して課題を解決する力を高める授業の工夫について

□自己肯定感を高める授業の工夫について

□主体的に学習に取り組む態度をはぐくむ授業の工夫について

□基礎的・基本的な知識・技能を確実に習得させるための授業の工夫について

□学ぶことの意義や有用性を実感できる授業の工夫について
□体験的・問題解決的な学習を取り入れた授業の工夫について
□教科の魅力を実感できる授業の工夫について
□学ぶことの楽しさを実感できる授業の工夫について
□わかる喜びを実感できる授業の工夫について

▼養護教諭
【課題】
□組織的な保健指導の充実と養護教諭の役割について

▼栄養教諭
【課題】
□学校給食を活用した食に関する指導の推進について

◆実技試験(2次試験)
　▼小学校全科
(音楽)
【課題】
□①バイエル52番，73番，80番，88番，100番(いずれも原書番号による)
　のピアノ練習曲の中から各自選んだ任意の1曲を演奏(暗譜すること)。
□②小学校学習指導要領歌唱共通教材全24曲中，各自選んだ学年を異
　にする3曲中から当日指定する1曲をピアノ伴奏をしながら視唱(伴
　奏譜を持参すること)。
(図工)
【課題】
□デッサン及び水彩画

(体育)

【課題】

□器械運動：マット運動

□陸上運動：ハードル走

□ボール運動：バスケットボール

※体育は全受験者，音楽・図工はいずれかを選択する。

▼中学音楽

【課題】

□ピアノ独奏：モーツァルトもしくはベートーベンのソナタの中から，任意の第一楽章（緩徐楽章は除く）又は同程度以上の任意の1曲を反復省略，暗譜で演奏。

□弾き語り：音楽の中学校の教科書の中から各自選んだ3曲のうち，当日指定する1曲をピアノ伴奏しながら視唱。

□独唱又は独奏：必須と選択(1)(2)どちらか1つの合計2つ，それぞれ任意の1曲を独唱又は独奏。

必須：教育楽器（クラシックギター又はリコーダー）

選択：(1)　声楽

　　：(2)　管・弦・打楽器から1つ（和楽器可）

▼中学美術

【課題】

□デッサン及び水彩画

▼中高保体

【課題】

□マット運動

□水泳：潜水・平泳ぎ・クロール

□ハードル走

□バスケットボール，バレーボール，サッカーのうち各自選んだ1種目

□柔道，剣道，ダンスのうち各自選んだ1種目

▼中高英語
【課題】
□英語による口頭試問

▼中高家庭科
【課題】
□家庭に関する実技

▼高校農業
【課題】
□農業に関する実技

▼高校工業
【課題】
□工業に関する実技

▼高校商業
【課題】
□商業に関する実技

▼養護教諭

【課題】

□養護教諭の職務に関する実技

※実技試験の基準点

校種等	教科等	基 準 点	平 均 点
小 学 校	音楽	8 点	16.6 点
	図画工作	7 点	14.7 点
	体育	7 点	14.6 点
中 学 校	音楽	38 点	77.3 点
	美術	34 点	68.9 点
	保健体育（男）	31 点	63.6 点
	保健体育（女）	28 点	57.8 点
	家庭	36 点	73.7 点
	英語	33 点	66.3 点
高等学校	保健体育（男）	34 点	68.8 点
	保健体育（女）	30 点	61.7 点
	英語	37 点	75.1 点
	家庭	29 点	58.3 点
	農業	26 点	53.6 点
	工業	32 点	64.8 点
	商業	38 点	76.0 点
養 護 教 諭		28 点	56.7 点

※2次試験各校種ごとの配点

	個人面接	教育実践力	実技試験	計
小学校	150	100	50	300
中学校及び高等学校(実技のある教科のみ) 養護教諭	150	100	100	350
上記以外の校種・教科	150	100	—	250

324

2012年度

◆個人面接(1次試験)　面接官2人　受験者1人　約10分

▼小学校全科

【質問内容】

①

　□受験地までどのようにして来たか。

　□雨は降っていたか。

　□受験は何回目か。

②(講師経験について)

　□どのような仕事内容か。

　□特別支援員の仕事で，実際にはどのようなことをしているのか。

　□今，関わっている児童に自分としてはどのようなことをしているのか(成果はあるか)。

　□小，中学校の両方で経験があるが，違いはどういう点に感じるか。

　□小，中学校のうち，どちらの方が難しいと感じるか。

　□講師経験があるが，大学を卒業してから，他にしていた職業はあるか。

③

　□今までに出会った先生で，印象深い先生はいるか。

　□海外留学の経験をして，どのようなことを感じたか。

　□国際的視野を広げるため，児童にどのようなことを教えたり伝えたりしていたいか。

　□教員として大切にしたいことはなにか。

※入室後，荷物を置く。受験番号と氏名を言って面接がはじまった。面接時間の大半を面接官1人が質問し，最後の③をもう1人の面接官が質問された。ストップウォッチが鳴れば終了となる。

◆集団面接(1次試験)　面接官2人　受験者3人　時間不明

　▼高校美術

　【質問内容】

　□昨晩はしっかり眠れたか。

　□あなたは●●(受験者は美術)科の教師としてどんなところが優れ
　　ていると思うか。

　　採用したら教育現場にどんなメリットがあるか。

　□あなたが●●科の教師になったらどんな授業をするか。

　□京都府教育委員会のスローガン「Heart」の頭文字の意味を答えな
　　さい。

　　(1人1文字ずつ)

　※面接にかかった時間は全体を通して短く，最後の質問には自分の
　　グループの3人ともに答えられなかった。なお，この3人のうち1
　　人は2次試験に進んだ。

◆個人面接(2次試験)

　【質問内容】

　　①導入のための質問(ラポート形成)

　　　□今日の体調，昨夜の睡眠，起床時刻など。

　　　□会場は迷わなかったか，待ち時間の心境など。

　　　□採用試験の勉強について。

　　②受験者本人に関すること

　　　□時間を切っての自己アピール。

　　　□性格の長所と短所，長所の活用法，短所克服の努力は。

　　　□趣味について，きっかけや魅力などは。

　　　□学校生活の中で一番打ち込んだものは。

　　　□学校生活を通して学んだことは。

　　　□部活動やボランティア活動を通して学んだことは。

　　　□部活動やサークルの役職経験，その苦労や成果は。

□顧問として技術指導可能な部活動は。

□友人づきあい・友人関係で一番気を遣うことは。

□友人から相談を持ち掛けられた時の対応や気持ちは。

□友達と意見の相違がある時の対応は。

□友人間での主な話題は。

③意欲・教員としての資質

□教員の志望理由，志望時期は。

□自分が教員向きである点は。

□教職の魅力は。

□教員に求められる資質は。

□採用した場合の学校のメリットは。

□印象に残る教師とその理由は。

□児童生徒に信頼される教師の条件は。

□なりたくないと考える教師像は。

※③について

▼教育実習経験者

　□教育実習の苦労と克服法，学んだことは。

　□教員から学んだこと，子どもたちから学んだことは。

▼講師経験者

　□講師の経験から学んだこと。

　□学校現場で心掛けていることは。

　□心に残るアドバイス等は。

　□同僚と意見が異なる(対立した)時の対応は。

▼他府県現職

　□京都府を志望する理由は。

　□現任校での役割についての自覚は。

　□勤務校の課題と，その解決の取り組みは。

▼他府県出身者

　　□京都府を志望する理由は。

　　□併願先の有無と，両方合格時の対応は。

　　□将来設計について。

▼府内現職員

　　□教員志望の理由。

　　□現在の職の意義や，役割の自覚について。

▼スペシャリスト特別選考対象者

　　□自分がスペシャリストといえる点は。

　　□学校現場での自分の経験の活用法は。

　　□教育の場に立つ心構えは。

④教育公務員としての心構えと識見について

　□全体の奉仕者としての心構えは。

　□教育公務員と一般公務員の違いは。

　□教員の職務の公共性についての考えは。

　□教員の服装についての考えは。

⑤学習指導，児童生徒指導について

　□大学等の専攻学科の選考理由は。

　□卒業論文テーマと簡単な内容説明は。

　□授業や実社会における専攻・研究の活用について。

　□今の子どもたちに一番身につけさせたい力とその方法は。

　□「質の高い学力」についての具体的な認識は。

　□新学習指導要領の特徴について(校種・教科別)は。

　□知識・技能を「活用する力」について。

　□「理科(理系)離れ」について。

　□「京都府教育振興プラン」について。

　□「子どものための京都式少人数教育」について。

　□地域の伝統文化の継承について。

□担任としての学級目標設定とその理由は。

□児童生徒の暴力行為の増加について。

□教師力向上のために大切なものは。

□指導計画作成にあたっての配慮事項は。

□週案の作成の意義は。

□習熟度別指導の長所と短所は。

□「心の教育」について具体的な内容，充実のための取組例は。

□「道徳の時間」の意義は。

□「いのちの大切さ」指導の方法は。

□清掃活動の教育的意義は。

□校則，校則違反の指導について。

□最近の中学生(高校生)の頭髪や服装などについて。

□生徒指導における頭髪や服装などの基準について。

□携帯電話の所持について。

□「いじめ」問題の解決に向けて。

□体罰について。

□カウンセリングマインドについて。

□不登校の児童生徒への学級担任としての対応は。

□小学校(中学校，高等学校)における特別支援教育について。

□養護教諭との連携について。

□食育の必要性について。

□栄養教諭との連携について。

□特別支援教育についての認識，具体的な活動は。

□LD，ADHD，高機能自閉症についての理解は。

□ノーマライゼーションについて。

□「個別の教育支援計画」の意義(目的)について。

□小，中学校における特別支援教育体制の必要性について。

□特別支援学校のセンター的機能についての理解は。

□養護教諭の職務を進めていく上での心構えは。

□保健室経営について。

□健康診断時の役割(実施前，実施中，実施後)。

□学校保健の必要性(学校が集団生活の場であることを考慮して)。

□栄養教諭制度が導入された意義は。

□栄養教諭の職務を進めていく上での心構えは。

□学校における栄養教諭の役割は。

□食に関する指導に係る家庭や地域社会との連携における，栄養
　教諭としての具体的な役割は。

□食育の指導におけるポイントは。

⑥教育問題，教育時事について

□関心のある教育問題と自分の見解は。

□子どもの学力低下についての認識や意見は。

□学校の情報公開と保護者や地域社会との関わりについて。

□キャリア教育について。

□環境教育について。

□人権教育について。

□防災教育，安全教育について。

□「生きる力」を育むための指導について。

□教育課程と学習指導要領の関係について。

□その他，関心事等は。

◆教育実践力テスト(2次試験)

▼小学校全科

【指示項目例】

□1年生児童に対し，学級担任として，夏休みの過ごし方について
　指導しなさい。

□1年生で「場面に合わせてあいさつをする」という授業をします。
　児童の興味・関心を高める導入の指導をしなさい。

□2年生で「伝えたいことを簡単な手紙に書く」という授業をしま
　す。児童の興味・関心を高める導入の指導をしなさい。

□3学期終業式(修了式)を終えた後の3年生児童に対し，学級担任として，1年間を振り返っての指導をしなさい。

□3年生で「毛筆を使用する書写」の授業をします。児童の興味・関心を高める導入の指導をしなさい。

□4年生で「ことわざ」について授業をします。児童の興味・関心を高める導入の指導をしなさい。

□来月，5年生は地域の野外活動センターで林間学習を実施します。5年生担任として林間学習のねらいについて指導しなさい。

□5年生で「敬語」について授業をします。児童の興味・関心を高める導入の指導をしなさい。

□6年生で「新聞の投稿を読み比べる」という授業をします。児童の興味・関心を高める導入の指導をしなさい。

□6年生林間学習初日の夕食は，児童たちでバーベキューをします。6年生担任として，準備に当たっての注意事項について指導しなさい。

□家庭科で「食事の役割」について授業をします。児童の興味・関心を高める導入の指導をしなさい。

□2年生の係活動では，まだまだ各自の役割が十分に果たせていません。学級担任として，現状の反省を踏まえて係活動の徹底について指導しなさい。

□生活科の授業で街の探検に行きます。児童の興味・関心を高める導入の指導をしなさい。

□6年生の児童が，来週の木曜日の5・6時限目に老人ホームを訪問する予定です。学級担任として事前指導をしなさい。

□3年生で「地域の人々の生産や販売」について調べる授業をします。児童の興味・関心を高める導入の指導をしなさい。

□4年生で「ゴミの処理と利用」について調べる授業をします。児童の興味・関心を高める導入の指導をしなさい。

□1年生の児童に対し，学級担任として，来週から始まるゴールデンウイークの過ごし方について指導しなさい。

□5年生で「雲と天気の変化」について授業をします。児童の興味・関心を高める導入の指導をしなさい。

□6年生で「燃焼の仕組み」について授業をします。児童の興味・関心を高める導入の指導をしなさい。

□ドイツからの帰国児童1名が2学期から学級に加わることになりました。学級担任として，事前に紹介しなさい。

□家庭科で「快適な住まい方」について授業をします。児童の興味・関心を高める導入の指導をしなさい。

□6年生に運動会の意義を説明し，参加・応援の仕方について児童に指導しなさい。

□5年生で「工業生産を支える貿易や運輸などの働き」について調べる授業をします。児童の興味・関心を高める導入の指導をしなさい。

□6年生で「明治維新」について調べる授業をします。児童の興味・関心を高める導入の指導をしなさい。

□道徳教育の一環として，6年生の児童に対して，公園の清掃活動をすることを想定して指導をしなさい。

□1年生で「身の回りにあるものの形」について授業をします。児童の興味・関心を高める導入の指導をしなさい。

□2年生で「時間の単位」について授業をします。児童の興味・関心を高める導入の指導をしなさい。

□環境教育の一環として，1週間にわたって家庭のゴミ調べを行います。学級担任として，ゴミを減らす工夫に留意した事前指導をしなさい。

□環境教育の一環として，1週間にわたって「地域のゴミ・空き缶ウォッチング」に取り組みました。学級担任として，まとめの学習の時間に，ゴミのリサイクルについて考えをまとめさせるための指導をしなさい。

□3年生で「身の回りの生物の様子」について授業をします。児童の興味・関心を高める導入の指導をしなさい。

□4年生で「乾電池の数とつなぎ方」について授業をします。児童の興味・関心を高める導入の指導をしなさい。

□明日は遠足で，活動時間の一部を使ってボランティア活動として清掃活動をします。学級担任として，参加の心構えや持ち物等について事前指導をしなさい。

□5年生で「円グラフ」について授業をします。児童の興味・関心を高める導入の指導をしなさい。

□6年生で「対称な図形」について授業をします。児童の興味・関心を高める導入の指導をしなさい。

□学校周辺を草花プランターで飾ることになり，担任しているクラスで，草花の栽培を担当することになりました。このことを児童に説明するに当たり，学校周辺を草花で装飾することの意義や自分たちで栽培することの意義を児童に説明しなさい。

□3年生で「分数の意味と表し方」について授業をします。児童の興味・関心を高める導入の指導をしなさい。

□4年生で「面積の単位と測定」について授業をします。児童の興味・関心を高める導入の指導をしなさい。

□6年生の担任をしています。4月に新1年生が入学し，6年生は1年生の教室に給食の配膳と掃除の仕方について教えに行くことになりました。学級担任として事前指導をしなさい。

□生活科の授業で野菜の栽培に取り組みます。児童の興味・関心を高める導入の指導をしなさい。

□自校や近隣の学校で，インフルエンザが流行し始めています。金曜日の終わりの会等を想定し，学級担任として休日(土，日)の過ごし方について指導をしなさい。

▼中学校

【指示項目例】

□1年生の学級活動において，進路学習「生きがいを感じるとき」をテーマに生徒の理解を深めさせたい。導入の指導をしなさい。

□「正の数・負の数」の単元で，「正の数と負の数を用いること」を指導する授業において，生徒の興味・関心を高めるような導入の指導をしなさい。ただし，単元の学習目標を示す工夫を取り入れること。

□理科1分野「力の働き」の単元について，その最初の授業を想定して，生徒の興味・関心を高めるような導入の指導をしなさい。ただし，単元の学習目標を示す工夫を取り入れること。

□2年生の学級活動において，進路学習「職業と適性を考える」をテーマに生徒の理解を深めさせたい。導入の指導をしなさい。

□理科1分野「静電気と電流」の単元について，その最初の授業を想定して，生徒の興味・関心を高めるような導入の指導をしなさい。ただし，単元の学習目標を示す工夫を取り入れること。

□「一元一次方程式」の単元について，その最初の授業を想定して，生徒の興味・関心を高めるような導入の指導をしなさい。ただし，単元の学習目標を示す工夫を取り入れること。

□2年生の夏休みに，地元の企業などの協力で全員が3日間の職場体験を行います。学級担任として事前指導をしなさい。

□「円周角と中心角」の単元で，「円周角と中心角の関係とその証明」を指導する授業において，生徒の興味・関心を高めるような導入の指導をしなさい。

□「関数$y＝ax^2$」の単元で，「関数$y＝ax^2$の表，式，グラフ」を指導する授業において，生徒の興味・関心を高めるような導入の指導をしなさい。ただし，単元の学習目標を示す工夫を取り入れること。

□進路学習の一環として，自分が興味を持っている職業・資格について「調べる」宿題を出します。学級担任として，目的・方法などについて指導しなさい。

□理科1分野「仕事とエネルギー」の単元について，その最初の授業を想定して，生徒の興味・関心を高めるような導入の指導をしなさい。ただし，単元の学習目標を示す工夫を取り入れること。

□入学式直後の学級活動で，学級担任として，学校生活の過ごし方

について指導をしなさい。

□「平面図形」の単元で，「図形の移動」を指導する授業において，生徒の興味・関心を高めるような導入の指導をしなさい。

□理科1分野「身の回りの物質とその性質」の単元について，その最初の授業を想定して，生徒の興味・関心を高めるような導入の指導をしなさい。ただし，単元の学習目標を示す工夫を取り入れること。

□「比例，反比例」の単元で，「比例，反比例の意味」を指導する授業において，生徒の興味・関心を高めるような導入の指導をしなさい。ただし，単元の学習目標を示す工夫を取り入れること。

□避難訓練が終わり，クラスの生徒が教室に戻って来ました。学級担任として，訓練の意義，防災意識などについて事後指導をしなさい。

□団体鑑賞(「能」)へ出かける前日に，学級担任として，社会的なマナーに触れながら，事前指導をしなさい。

□理科1分野「中和と塩」の単元について，その最初の授業を想定して，生徒の興味・関心を高めるような導入の指導をしなさい。ただし，単元の学習目標を示す工夫を取り入れること。

□理科2分野「花のつくりと働き」の単元について，その最初の授業を想定して，生徒の興味・関心を高めるような導入の指導をしなさい。ただし，単元の学習目標を示す工夫を取り入れること。

□「空間図形」の単元で，「直線や平面の位置関係」を指導する授業において，生徒の興味・関心を高めるような導入の指導をしなさい。

□「文字を用いた式の四則計算」の単元について，その最初の授業を想定して，生徒の興味・関心を高めるような導入の指導をしなさい。ただし，単元の学習目標を示す工夫を取り入れること。

□一学期の終業式後の学級活動において，クラスの生徒に，夏季休業期間中の生活についての指導をしなさい。

□「連立二元一次方程式」の単元について，その最初の授業を想定

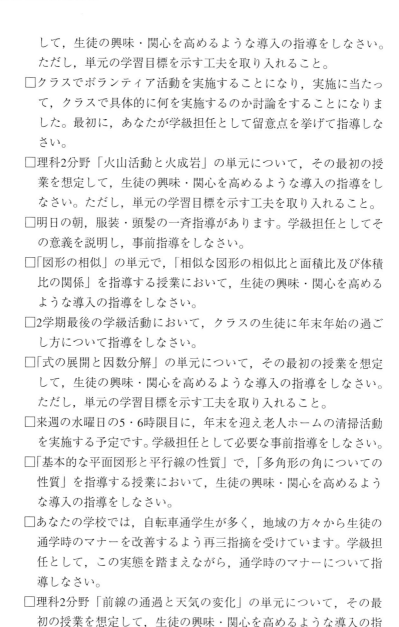

して，生徒の興味・関心を高めるような導入の指導をしなさい。ただし，単元の学習目標を示す工夫を取り入れること。

□クラスでボランティア活動を実施することになり，実施に当たって，クラスで具体的に何を実施するのか討論をすることになりました。最初に，あなたが学級担任として留意点を挙げて指導しなさい。

□理科2分野「火山活動と火成岩」の単元について，その最初の授業を想定して，生徒の興味・関心を高めるような導入の指導をしなさい。ただし，単元の学習目標を示す工夫を取り入れること。

□明日の朝，服装・頭髪の一斉指導があります。学級担任としてその意義を説明し，事前指導をしなさい。

□「図形の相似」の単元で，「相似な図形の相似比と面積比及び体積比の関係」を指導する授業において，生徒の興味・関心を高めるような導入の指導をしなさい。

□2学期最後の学級活動において，クラスの生徒に年末年始の過ごし方について指導をしなさい。

□「式の展開と因数分解」の単元について，その最初の授業を想定して，生徒の興味・関心を高めるような導入の指導をしなさい。ただし，単元の学習目標を示す工夫を取り入れること。

□来週の水曜日の5・6時限目に，年末を迎え老人ホームの清掃活動を実施する予定です。学級担任として必要な事前指導をしなさい。

□「基本的な平面図形と平行線の性質」で，「多角形の角についての性質」を指導する授業において，生徒の興味・関心を高めるような導入の指導をしなさい。

□あなたの学校では，自転車通学生が多く，地域の方々から生徒の通学時のマナーを改善するよう再三指摘を受けています。学級担任として，この実態を踏まえながら，通学時のマナーについて指導しなさい。

□理科2分野「前線の通過と天気の変化」の単元について，その最初の授業を想定して，生徒の興味・関心を高めるような導入の指

導をしなさい。ただし，単元の学習目標を示す工夫を取り入れること。

□クラスで進路学習を行います。学級担任として，働くことの意義について，具体的に生徒に指導しなさい。

□「図形の合同」の単元で，「三角形や平行四辺形の基本的な性質」を指導する授業において，生徒の興味・関心を高めるような導入の指導をしなさい。

□昨日実施した地域清掃のボランティア活動で，一緒に参加した地域の方から，実施状況や後かたづけが不十分であると注意を受けました。これを受け，学級担任として，今後のボランティア活動に対する心構え等についてクラス全体に指導しなさい。

□福祉施設に介護体験ボランティアとして参加する生徒に対して，事前指導を行います。学級担任として，注意事項や心構え等を含めて，意欲的に生徒が参加できるよう指導をしなさい。

□理科2分野「遺伝の規則性と遺伝子」の単元について，その最初の授業を想定して，生徒の興味・関心を高めるような導入の指導をしなさい。ただし，単元の学習目標を示す工夫を取り入れること。

□「どうしてボランティア活動に参加しなければならないのですか？」とクラスで生徒が質問しました。クラスには，このように疑問に思っている生徒が数人いるようです。この質問を受け，学級担任としてクラス全体に指導しなさい。

□あなたの学校では，クラスで環境について調べ学習をし，その成果発表会を行うことになりました。学級担任として，調べ学習を始めるに当たり，導入の指導をしなさい。

□「一次関数」の単元で，「二次方程式と関数」を指導する授業において，生徒の興味・関心を高めるような導入の指導をしなさい。ただし，単元の学習目標を示す工夫を取り入れること。

□電子メールを使ったコミュニケーションとファックスや電話を使ったコミュニケーションの利点と欠点を生徒に考えさせる指導を

行いなさい。

□理科2分野「月の運動と見え方」の単元について，その最初の授業を想定して，生徒の興味・関心を高めるような導入の指導をしなさい。ただし，単元の学習目標を示す工夫を取り入れること。

□あなたのクラスは3年生で，2学期にインフルエンザが流行する兆しがあります。クラス全体に注意喚起と感染予防の指導をしなさい。

□「確率」の単元で，「確率を用いること」を指導する授業において，生徒の興味・関心を高めるような導入の指導をしなさい。ただし，単元の学習目標を示す工夫を取り入れること。

□「平方根」の単元について，その最初の授業を想定して，生徒の興味・関心を高めるような導入の指導をしなさい。ただし，単元の学習目標を示す工夫を取り入れること。

□校内合唱コンクールが終わりました。生徒たちは精一杯取り組みましたが，残念ながら担任をしている学級は入賞することができませんでした。学級担任として，クラス全体に指導しなさい。

□理科1分野「化学変化と熱」の単元について，その最初の授業を想定して，生徒の興味・関心を高めるような導入の指導をしなさい。ただし，単元の学習目標を示す工夫を取り入れること。

□「一次関数」の単元で，「一次関数の表，式，グラフ」を指導する授業において，生徒の興味・関心を高めるような導入の指導をしなさい。ただし，単元の学習目標を示す工夫を取り入れること。

□あなたのクラスでは席替えをするにあたり，「席は自由にしてほしい」という生徒がいます。このことについて，学級担任としてクラス全体に指導しなさい。

□あなたのクラスでは清掃活動をさぼる生徒が多く，まじめにやっている生徒が不満を持っています。学級担任としてクラス全体に指導しなさい。

□「確率」の単元で，「確率の必要性と意味」を指導する授業において，生徒の興味・関心を高めるような導入の指導をしなさい。た

だし，単元の学習目標を示す工夫を取り入れること。

□理科2分野「生物の変遷と進化」の単元について，その最初の授業を想定して，生徒の興味・関心を高めるような導入の指導をしなさい。ただし，単元の学習目標を示す工夫を取り入れること。

□あなたの学校ではオーストラリアの学校とインターネットを利用した国際交流を行うことになりました。学級担任としてクラス全体に事前指導を行いなさい。

▼高等学校

【指示項目例】

□春の校外学習(ハイキング)に向けて事前の指導をしなさい。

□次の単元または学習内容の最初の授業を想定して，生徒の興味・関心を高めるような導入の指導をしなさい。

　古文「源氏物語」

□「無理数」の単元を指導する第1時間目が本時であるとして，その導入の指導をしなさい。

□「集合」の単元を指導する第1時間目が本時であるとして，その導入の指導をしなさい。

□次の単元について，その最初の授業を想定して，生徒の興味・関心を高めるような導入の指導をしなさい。ただし，単元の学習目標を示す工夫を取り入れること。

　高齢者の生活と介護

□理系への進学を希望しているものの，具体的に興味のある分野を見いだせない生徒が多い講座において，あなたの専門性を生かし，理科を学ぶことの意義や有用性を実感させ，科学への関心を高めるような授業となるよう，次のa〜dの4つの単元から1つを選び，その最初の授業を想定して，導入の指導をしなさい。

　なお，a〜dのうち，選んだものに○を付けること。

※　a〜dの組合せは，次の表中の項目を無作為に組み合わせたものである。

	a		b
1	力学的エネルギーの保存	1	人間生活の中の化学
2	物質と電気抵抗	2	熱運動と物質の三態
3	運動量の保存	3	物質量
4	万有引力	4	酸・塩基と中和
5	波の回折と干渉	5	電池
6	電気回路	6	炭化水素

	c		d
1	生物の共通性と多様性	1	太陽系の中の地球
2	遺伝情報とDNA	2	火山活動と地震
3	植生と遷移	3	大気と海水の運動
4	生態系のバランスと保全	4	日本の自然環境
5	刺激の受容と反応	5	地球の内部構造
6	生命の起源と生物の変遷	6	地球の自転と公転

□クラスの生徒を，ボランティアとして地域の行事へ参加させる指導をしなさい。

□新入生に高校生活の心構えを学習面を中心に指導しなさい。

□「式の展開」の単元を指導する第1時間目が本時であるとして，その導入の指導をしなさい。

□次の単元または学習内容の最初の授業を想定して，生徒の興味・関心を高めるような導入の指導をしなさい。

　古文「枕草子」

□「因数分解」の単元を指導する第1時間目が本時であるとして，その導入の指導をしなさい。

□新入生に部活動への加入を奨励し，勉強と部活動の両立について指導しなさい。

□次の単元または学習内容の最初の授業を想定して，生徒の興味・関心を高めるような導入の指導をしなさい。

　古典入門「古典を学ぶ意義」

□1年生にとって初めての1学期中間考査に向けて，学習面の指導をしなさい。

□次の単元または学習内容の最初の授業を想定して，生徒の興味・

関心を高めるような導入の指導をしなさい。

　古文「徒然草」

□「微分」の単元を指導する第1時間目が本時であるとして，その導入の指導をしなさい。

□次の単元について，その最初の授業を想定して，生徒の興味・関心を高めるような導入の指導をしなさい。ただし，単元の学習目標を示す工夫を取り入れること。

　社会福祉の理念

□高校1年生の体育理論の授業で，「体力トレーニングの意義と目的」について，生徒に説明しなさい。

□秋の文化祭で行うクラス演劇について，その内容や役割を決める指導をしなさい。

□次の単元または学習内容の最初の授業を想定して，生徒の興味・関心を高めるような導入の指導をしなさい。

　古文「大鏡」

□「一次不等式」の単元を指導する第1時間目が本時であるとして，その導入の指導をしなさい。

□「鋭角の三角比」の単元を指導する第1時間目が本時であるとして，その導入の指導をしなさい。

□次のa〜dから1つを選び，その単元の最初の授業を想定して，生徒の興味・関心を高めるような導入の指導をしなさい。

　　ただし，単元の学習目標を示す工夫を取り入れること。

　　なお，a〜dのうち，選んだものに○を付けること。

　※a〜dの組合せは，次の表中の項目を無作為に組み合わせたものである。

a （世界史）	b （日本史）	c （地 理）	d （公 民）
アジア・アフリカ民族主義の進展	立憲国家の成立	アメリカ（項目ごとに調べる）	アリストテレス
アメリカ独立戦争	安土桃山時代の文化	オセアニア（自然環境に着目して）	キリスト教の成立
イスラーム帝国の成立	院政	ヨーロッパ（EUの統合に着目して）	ソクラテス
イスラーム文明の発展	応仁の乱	世界の居住・都市問題	ブッダの思想
インドの古典文明	化政文化	気候からみた世界	プラグマティズム
ウィーン体制	開国と幕末の動乱	居住・都市問題	プラトン
ヴェルサイユ体制下の欧米諸国	鎌倉文化	近隣諸国と日本（大韓民国）	功利主義
オスマン帝国	鎌倉幕府成立	近隣諸国と日本（中華人民共和国）	孔子と儒家の思想
ゲルマン民族の移動	元禄文化	現代世界の貿易	基本的人権の尊重
シルクロードの文化	元寇	工業からみた世界	国会の制度
フランス革命	古墳とヤマト政権	産業の発達と変化	国際社会と国際法
ムガル帝国の興隆	明治維新	資源の生産と消費	国際通貨制度
ルネッサンス	鎖国	消費・余暇活動からみた世界	国民所得
ローマ帝国の成立	室町文化	世界のエネルギー問題	産業構造の高度化
ロシア革命	室町幕府の成立	世界の環境問題	市場経済の機能
漢の成立	聖徳太子の政治	世界の食料問題	資本主義経済の仕組み
産業革命	摂関政治	世界の人口問題	外国為替相場の仕組み
宗教改革	戦国時代	世界の民族問題	自由貿易と保護貿易
十字軍	戦国大名の登場	世界を結ぶ交通・通信	内閣の制度
南北戦争	荘園の成立	地形からみた世界	日本の選挙制度
秦の成立	大化の改新	日本のエネルギー問題	日本銀行と金融政策
世界恐慌	天平文化	日本の環境問題	消費者問題と消費者保護
清代の中国と隣接諸地域	南北朝時代	日本の自然の特徴と人々の生活	自我の発見と形成
明の成立	平安京成立	農業と水産業からみた世界	生命倫理

□喫煙やバイク乗車などの問題行動を事前に防止するための指導をしなさい。

□次の単元または学習内容の最初の授業を想定して，生徒の興味・関心を高めるような導入の指導をしなさい。

古文「伊勢物語」

□3年生の1学期期末考査に向けて，学習面の指導をしなさい。

☐「鈍角の三角比」の単元を指導する第1時間目が本時であるとして，その導入の指導をしなさい。

☐次の単元について，その最初の授業を想定して，生徒の興味・関心を高めるような導入の指導をしなさい。ただし，単元の学習目標を示す工夫を取り入れること。

児童家庭福祉と社会福祉サービス

☐次の単元または学習内容の最初の授業を想定して，生徒の興味・関心を高めるような導入の指導をしなさい。

古文「平家物語」

☐次の単元または学習内容の最初の授業を想定して，生徒の興味・関心を高めるような導入の指導をしなさい。

古文「古今和歌集」

☐1年生の1学期を振り返って，その反省や2学期への展望を持たせる指導をしなさい。

☐「正弦定理」の単元を指導する第1時間目が本時であるとして，その導入の指導をしなさい。

☐「余弦定理」の単元を指導する第1時間目が本時であるとして，その導入の指導をしなさい。

☐「二次関数とそのグラフ」の単元を指導する第1時間目が本時であるとして，その導入の指導をしなさい。

☐「二次関数の最大・最小」の単元を指導する第1時間目が本時であるとして，その導入の指導をしなさい。

☐1年生の進路学習において，自分の将来について考える指導をしなさい。

☐次の単元または学習内容の最初の授業を想定して，生徒の興味・関心を高めるような導入の指導をしなさい。

古文「土佐日記」

☐明日実施される避難訓練に向けて事前の指導をしなさい。

☐あいさつ，言葉遣いについて，生徒自身の将来と関連させて指導しなさい。

□「三角関数」の単元を指導する第1時間目が本時であるとして，その導入の指導をしなさい。

□「円の方程式」の単元を指導する第1時間目が本時であるとして，その導入の指導をしなさい。

□次の単元または学習内容の最初の授業を想定して，生徒の興味・関心を高めるような導入の指導をしなさい。

「現代詩」

□次の単元または学習内容の最初の授業を想定して，生徒の興味・関心を高めるような導入の指導をしなさい。

国語表現における「3分間スピーチ」

□2年生の2学期を振り返って，3学期や次年度に展望を持たせる指導をしなさい。

□交通安全について，特に登下校の安全について指導しなさい。

□次の単元または学習内容の最初の授業を想定して，生徒の興味・関心を高めるような導入の指導をしなさい。

古典文法「用言の活用」

□「二次関数と二次方程式」の単元を指導する第1時間目が本時であるとして，その導入の指導をしなさい。

□「二次関数と二次不等式」の単元を指導する第1時間目が本時であるとして，その導入の指導をしなさい。

□1年生の最後のホームルームで1年間を振り返り，次年度以降に展望を持たせる指導をしなさい。

□「対数関数」の単元を指導する第1時間目が本時であるとして，その導入の指導をしなさい。

□次の単元または学習内容の最初の授業を想定して，生徒の興味・関心を高めるような導入の指導をしなさい。

小説「こころ」

□2年生の進路学習において，仕事をすることの大切さを指導しなさい。

□次のa～dから1つを選び，その単元の最初の授業を想定して，生

徒の興味・関心を高めるような導入の指導をしなさい。

ただし，単元の学習目標を示す工夫をとり入れること。

なお，a～dのうち，選んだものに○を付けること。

※ a～dの組合せは，次の表中の項目を無作為に組み合わせたものである。

a	b	c	d
直線運動の加速度	人間生活の中の化学	生物の共通性と多様性	宇宙のすがた
力のつり合い	化学とその役割	細胞とエネルギー	太陽と恒星
運動の法則	原子の構造	体内環境	太陽系の中の地球
物体の落下運動	電子配置と周期表	体内環境の維持の仕組み	地球の形と大きさ
力学的エネルギーの保存	イオンとイオン結合	免疫	地球内部の層構造
運動エネルギーと位置エネルギー	金属と金属結合	遺伝情報の分配	プレートの運動
熱と温度	分子と共有結合	遺伝情報とDNA	火山活動と地震
熱の利用	単体・化合物・混合物	遺伝情報とタンパク質	地球の熱収支
波の性質	熱運動と物質の三態	植生と遷移	大気と海水の運動
音と振動	化学反応式	生態系と物質循環	地層の形成と地質構造
物質と電気抵抗	物質量	生態系のバランスと保全	古生物の変遷と地球環境
電気の利用	化学反応式	生命現象とタンパク質	地球環境の科学
エネルギーとその利用	酸・塩基と中和	呼吸	日本の自然環境
物理学が拓く世界	酸化と還元	光合成	地球の形と重力
剛体のつり合い	気体の性質	遺伝子の発現調節	地球の内部構造
斜方投射	固体の構造	減数分裂と受精	プレートテクトニクス
運動量の保存	溶解平衡	遺伝子と染色体	変成作用と変成岩
単振動	電気分解	初期発生の過程	日本列島の成り立ち
万有引力	電池	刺激の受容と反応	大気の運動と気象
気体の状態変化	反応速度	動物の行動	海洋の構造
波の回折と干渉	電離平衡	個体群	地球の自転と公転
光の伝わり方	遷移元素	生態系の物質生産	太陽の活動
電気回路	炭化水素	生命の起源と生物の変遷	恒星の性質と進化
電流による磁界	芳香族化合物	進化の仕組み	銀河系の構造

□体育理論の授業で，目的別に見たトレーニング方法を指導することになりました。筋力，瞬発力，柔軟性・調整力，持久力の中から1つ選んで，留意点を説明しなさい。

□クラスが授業中騒がしくなってきています。改善のための指導をしなさい。

□次の単元または学習内容の最初の授業を想定して，生徒の興味・
関心を高めるような導入の指導をしなさい。
1年生で学ぶ最初の「評論」教材(『水の東西』他)

□次の単元または学習内容の最初の授業を想定して，生徒の興味・
関心を高めるような導入の指導をしなさい。
小説「羅生門」

□「条件付き確率」の単元を指導する第1時間目が本時であるとして，
その導入の指導をしなさい。

□「データの分析」の単元を指導する第1時間目が本時であるとして，
その導入の指導をしなさい。

□クラスで茶道の外部講師の指導を受けることになりました。事前
の指導をしなさい。

□次の単元または学習内容の最初の授業を想定して，生徒の興味・
関心を高めるような導入の指導をしなさい。
漢文「史記」

□次の単元または学習内容の最初の授業を想定して，生徒の興味・
関心を高めるような導入の指導をしなさい。
小説「山月記」

□「複素数」の単元を指導する第1時間目が本時であるとして，その
導入の指導をしなさい。

□学校で3年生に実施される補習への参加について指導しなさい。

□次の単元または学習内容の最初の授業を想定して，生徒の興味・
関心を高めるような導入の指導をしなさい。
漢文「思想」

□「組み合わせ」の単元を指導する第1時間目が本時であるとして，
その導入の指導をしなさい。

□次の単元または学習内容の最初の授業を想定して，生徒の興味・
関心を高めるような導入の指導をしなさい。
古典文法「助動詞」

□「確率とその基本的な法則」の単元を指導する第1時間目が本時で

あるとして，その導入の指導をしなさい。

□沖縄への研修旅行に向けて，事前の注意事項について指導しなさい。

□次の単元または学習内容の最初の授業を想定して，生徒の興味・関心を高めるような導入の指導をしなさい。

　漢文「再読文字」

□クラスで服装，頭髪の校則違反が増えてきています。改善のための指導をしなさい。

□「指数関数」の単元を指導する第1時間目が本時であるとして，その導入の指導をしなさい。

□次の単元または学習内容の最初の授業を想定して，生徒の興味・関心を高めるような導入の指導をしなさい。

　漢文「故事成語」

□次の単元または学習内容の最初の授業を想定して，生徒の興味・関心を高めるような導入の指導をしなさい。

　聞くこと・話すことの指導としての「ディベート」

□クラスで清掃活動をさぼる生徒が増えてきています。改善のための指導をしなさい。

□クラスで遅刻をする生徒が増えてきています。改善のための指導をしなさい。

□次の単元または学習内容の最初の授業を想定して，生徒の興味・関心を高めるような導入の指導をしなさい。

　漢文「唐詩(漢詩)」

□卒業間近の学年に，自身の高校生活を振り返るとともに，将来に展望を持たせる指導をしなさい。

□次の単元または学習内容の最初の授業を想定して，生徒の興味・関心を高めるような導入の指導をしなさい。

　漢文入門「訓読のきまり」

□「順列」の単元を指導する第1時間目が本時であるとして，その導入の指導をしなさい。

▼特別支援学校

【指示項目例】

□簡単な話し言葉が理解できる小学部の児童が，プール学習に取り組みます。水の苦手な児童を集めて，当日の持ち物や体調管理などについて事前指導をしなさい。

□小学部ダウン症児童がバスで登校後，昇降口で座り込んでしまいました。そこから自分の教室に移動できるよう指導しなさい。

□軽度な知的障害のある高等部の生徒が，宿泊学習の中で調理実習に取り組みます。具体的な献立を設定し，事前指導をしなさい。

□2学期の終業式の日に，簡単な話し言葉が理解できる小学部の児童に，「2学期にがんばったこと」を発表させることになりました。その準備をさせる指導をしなさい。

□簡単な話し言葉が理解できる小学部の児童が，描くことや文字に興味をもってきました。その興味を引き出し，発展させるよう指導をしなさい。

□簡単な話し言葉が理解できる小学部の児童が，地域の商店へ買い物学習に出かけます。事前の指導をしなさい。

□軽度な知的障害のある高等部の生徒が，1学期の終業式で，1学期に印象に残ったこと，がんばったことなどを発表することになりました。その事前指導をしなさい。

□小学部の児童が，いろいろな楽器を使って「いろいろな音があることを知る」ことをめあてとして，楽器あそびをすることにしました。児童に与える楽器を設定し，指導しなさい。

□軽度な知的障害のある高等部の生徒が，電車に乗って校外学習(飯ごう炊さん)に出かけることになりました。その事前指導をしなさい。

□簡単な話し言葉が理解できる小学部の児童に対して，一人一人の障害や発達段階等に応じた様々な方法で七夕飾りを作ります。多様な方法を想定して，指導をしなさい。

□自閉症で発達段階が5，6歳程度の小学部児童がいる学級で，朝の

会の指導をしなさい。

□簡単な話し言葉が理解できる歩行不安定な小学部の児童が，少しずつおしっこがしたいというサインを出せるようになってきました。排尿の確立に向けた指導をしなさい。

□発達段階が6，7歳程度の高等部の生徒が，お金の計算に取り組んでいます。その際の指導をしなさい。

□簡単な話し言葉は理解できるが，まだ話し言葉を習得していない小学部の児童がいます。表情や発声で要求を表すことはできます。給食指導において，表情や発声による要求を大切にした指導をしなさい。

□高等部の生徒が，進路学習の一環として，学校で働く人達について学習します。学習のねらい，展開等を踏まえて，事前指導をしなさい。

□簡単な話し言葉が理解できる小学部の児童が，算数においては，数と量の関係が少しずつ理解できるようになってきました。このような児童たちに，3+5の計算の仕方を指導しなさい。

□軽度な知的障害のある高等部の生徒が，卒業を控え，全校集会で学校生活を振り返っての思い出や卒業後の決意等を発表することになりました。その事前指導をしなさい。

□自閉性障害を併せ有する生徒を含む高等部の軽度知的障害のある生徒のクラスにおいて，作業学習で製作した製品の販売を地域で行う場合の事前学習をしなさい。

□中学部の生徒を対象にして，野外活動センターで林間学習を実施することになりました。活動計画の立案も含めて，事前指導をしなさい。

□簡単な話し言葉が理解できる小学部の児童が，音楽を用いて楽しく身体を動かす学習に取り組みます。導入の指導をしなさい。

□卒業式を終えた小学部6年生とその保護者に対して，学級担任として，贈る言葉を述べなさい。

□高等部の生徒が，作業学習で本立てを作ることになりました。安

全面に留意して，事前指導をしなさい。作業内容は，予め用意された木材を釘打ちして製作するものとします。

□話し言葉を獲得する段階の小学部児童に，食事前の手洗いの習慣を身につけさせるための指導をしなさい。

□簡単な話し言葉が理解できる小学部の学級担任として，児童の毎朝の健康を観察するために声かけをしなさい。

▼養護教諭

【指示項目例】

□小学校新1年生のオリエンテーションにおいて，健康面で気を付けてほしいことについて指導しなさい。

□高等学校新1年生のオリエンテーションにおいて，健康面で特に気を付けてほしいことについて指導をしなさい。

□中学校新1年生のオリエンテーションにおいて，保健室の利用の仕方について指導をしなさい。

□高等学校で定期健康診断が始まります。初日の発育測定を前に定期健康診断の予定及び説明と事前指導をしなさい。

□来週，小学校6年生の修学旅行で1泊2日で伊勢に行きます。体育館で全体の事前指導の後，女子だけを対象にした指導をしなさい。

□高等学校2年生の修学旅行でスキーに出かけます。事前の学年集会において，保健面で特に気を付けるべきことについて指導しなさい。

□小学校で4月の発育測定が終わりました。結果から，肥満傾向の児童を集めて健康教室を開きました。第1回目の教室でその目的や予定について指導しなさい。

□中学校で1月の発育測定時，著しく体重の減少した女子生徒が5名いました。すぐに呼んでそれぞれに状況を聞き，その後心配されることについて指導しなさい。

□高等学校において，今年度第1回目の生徒の保健委員会で，今年度の活動方針及び取組について説明しなさい。

□中学校で5月に入り，「麻しん」の罹患が続きました。修学旅行前でもあるので2年生の学年集会で説明することになりました。簡単な状況説明と注意事項について話をしなさい。

□小学校5年生のT君が保健室登校をすることになりました。T君の学級の児童に対して，そのことについて話をしなさい。

□中学校で本年度からスクールカウンセラーが配置されることになりました。始業式において，その紹介と活用について話をしなさい。

□中学校3年生保健の授業で小単元「感染症の予防」の1時間目を担当します。感染症の3つの予防方法について指導しなさい。

□小学校3年生を対象として体育科・保健領域の授業を担当します。「心と体の調子がよいなどの健康の状態は，主体の要因や周囲の環境の要因がかかわっていること」を理解できるようにするために「健康状態」について指導しなさい。

□高等学校の生徒の保健委員会で「喫煙と健康」についての啓発キャンペーンを行うことになりました。第1回目の委員会で趣旨説明と自発的な活動を促す指導を行いなさい。

□中学校の保健委員会で「薬物乱用と健康」についての啓発キャンペーンを行うことになりました。第1回目の委員会で趣旨説明と自発的な活動を促す指導を行いなさい。

▼栄養教諭
【指示項目例】

□小学校3年生で給食に地場産物を納入してくれている地元生産者を招待して交流給食を実施します。生産者の紹介と地場産物の良さについて説明しなさい。

□小学校6年生の授業で，バランスのとれた食事について説明するとともに家庭での食生活において留意すること等を指導しなさい。

□小学校6年生の授業において，保健学習とも関連づけながら生活

習慣病に関して食がもたらす影響について指導しなさい。

☐痩身願望の強い児童生徒に対して，ダイエットの健康への影響を理解させ，無理なダイエットをしないように指導しなさい。

☐小学校4年生の特別活動の中で，朝食の大切さについて説明し朝食を食べてくるように指導しなさい。

☐今日は小学校1年生がはじめてランチルームで食事をします。給食時間に食事のマナーについて指導しなさい。

☐小学校6年生の特別活動のなかで，「バランスのよい食事について」学校給食の献立を例に用いて指導しなさい。

☐小学校で4月の発育測定が終わりました。その結果に基づき，肥満傾向の児童を集めて健康教室を開きました。第1回目の教室でその目的や予定について指導しなさい。

☐小学校2年生の授業において，食物アレルギーを取り上げ食と体の関係の説明とアレルギーに対する正しい認識について指導をしなさい。

☐小学校1年生のオリエンテーションにおいて，偏食傾向が体に与える影響について指導しなさい。

●書籍内容の訂正等について

　弊社では教員採用試験対策シリーズ（参考書，過去問，全国まるごと過去問題集），公務員試験対策シリーズ，公立幼稚園・保育士試験対策シリーズ，会社別就職試験対策シリーズについて，正誤表をホームページ（https://www.kyodo-s.jp）に掲載いたします。内容に訂正等，疑問点がございましたら，まずホームページをご確認ください。もし，正誤表に掲載されていない訂正等，疑問点がございましたら，下記項目をご記入の上，以下の送付先までお送りいただくようお願いいたします。

> ①　**書籍名，都道府県（学校）名，年度**
>   （例：教員採用試験過去問シリーズ　小学校教諭 過去問　2025 年度版）
> ②　**ページ数**（書籍に記載されているページ数をご記入ください。）
> ③　**訂正等，疑問点**（内容は具体的にご記入ください。）
>   （例：問題文では"ア～オの中から選べ"とあるが，選択肢はエまでしかない）

〔ご注意〕
○ 電話での質問や相談等につきましては，受付けておりません。ご注意ください。
○ 正誤表の更新は適宜行います。
○ いただいた疑問点につきましては，当社編集制作部で検討の上，正誤表への反映を決
　定させていただきます（個別回答は，原則行いませんのであしからずご了承ください）。

●情報提供のお願い

　協同教育研究会では，これから教員採用試験を受験される方々に，より正確な問題を，より多くご提供できるよう情報の収集を行っております。つきましては，教員採用試験に関する次の項目の情報を，以下の送付先までお送りいただけますと幸いでございます。お送りいただきました方には謝礼を差し上げます。

（情報量があまりに少ない場合は，謝礼をご用意できかねる場合があります）。

◆あなたの受験された面接試験，論作文試験の実施方法や質問内容
◆教員採用試験の受験体験記

送付先	○電子メール：edit@kyodo-s.jp
	○FAX：03-3233-1233（協同出版株式会社　編集制作部 行）
	○郵送：〒101-0054　東京都千代田区神田錦町2-5
	協同出版株式会社　編集制作部 行
	○HP：https://kyodo-s.jp/provision（右記のQRコードからもアクセスできます）

　※謝礼をお送りする関係から，いずれの方法でお送りいただく際にも，「お名前」「ご
　住所」は，必ず明記いただきますよう，よろしくお願い申し上げます。

教員採用試験「過去問」シリーズ

京都府の
論作文・面接 過去問

編　集	ⓒ 協同教育研究会
発　行	令和6年1月10日
発行者	小貫　輝雄
発行所	協同出版株式会社
	〒101-0054　東京都千代田区神田錦町2‐5
	電話　03－3295－1341
	振替　東京00190－4－94061
印刷所	協同出版・POD工場

落丁・乱丁はお取り替えいたします。